탈식민주의의 안과 밖

탈식민주의의 안과 밖

변광배 · 신규섭 · 이명희 외 지음

HUEBOOKs

본 저서는 국제어문학회의 학술연구비를 지원받아 발간되었습니다.

머리말

탈식민주의는 한때 유행담론이었다. 근대 전환기에 짧지 않은 기간 동안 일본 제국주의의 식민지였고 그로부터 벗어나면서 그 과거를 원활하게 정리하지 못한 한국사회, 한국학계에 있어 탈식민주의론은 상당히 매력적인 것이었다. 하지만 어느 순간부터 논의는 시들해졌고 그 결과인지 기대만큼 구체적이고 심층화된 성과를 산출해내지 못한 것으로 여겨진다. 이와 같은 상황에서, 탈식민주의 논의의 현재적 의미를 검토하고 그것이 한국 사회와 학계에 어떤 의미가 있는지, 그간의 성과와 한계는 무엇인지를 점검해보는 것이 필요하다고 판단하였다.

이를 수행하기 위해, 먼저 1장에서는 지식의 세계화가 가져오는 의식의 식민성을 다룬 글과 탈식민주의의 3대 이론서라고 일컬어지는 『문화의 위치』, 『포스트 식민 이성 비판』, 『오리엔탈리즘』에 대한 동양적 재해석을 시도한 논의를 실었다. 2장에서는 탈식민주의의 관점에서 한국문학에 대해 검토한 다섯 편의 논의를 실어 한국문학 속에 풍부하게 내재해 있는 탈식민성을 조명하였다. 3장에서는 해외의 경우를 다룬 글을 모았는데 싱가포르의 화문시가, 프란츠 파농의 『대지의 저주받은 자들』의 '서문', 아프리카 연극 등에 대해 논의하고 있다. 4장에서는 탈식민주의적 관점을 확장한 두 편의 글을 실었는데 그것들은 재현 매체들이 만드는 가공 현실에 숨어 있는 권력의 문제, 사진치료를 통한 다문화사회의 문화소통에 대해 분석하였다.

이상과 같은 논의들은 다양한 문화, 문학권에서 제기된 탈식민주의 논의의 파생성을 폭넓게 보여준다. 이것은 서로 다른 역사와 상황을 배경으로 전개되어 온 탈식민주의 논의를 호환하면서 서로를 조명하는 데 도움이 될 것이다. 이러한 고찰과 논의는 식민잔재가 뿌리 깊게 파생되어 있는 한국 사회와 문화의 세부를 인식하고 진정한 탈식민을 사유하는 데 기여할 것이라 기대한다.

이 책을 저술하는 데 함께 한 연구자들은 월례 독회모임의 다양한 학문을 전공한 구성원들이다. 그때그때 쟁점이 되는 주제를 확인하고 그에 따른 최신의 책을 읽으며 토론을 벌여 학문의 현재성을 담보하고자 하는 것이 모임의 발기 취지였다. 2~3년의 모임을 통해, 진행과정에서의 임의성을 배제하고 보다 전망 가능한 독서와 연구에의 실질적 기여를 염두에 두자는 논의가 있었다. 그 결과 주제별로 읽고 토론하기라는 방식으로 선회하면서 탈식민주의론의 고전을 다시 읽게 되었고 연구물들을 내게 되었다. 그것의 가시적인 결과가 이 책이라고 할 수 있다.

2004년 10월 첫 모임을 시작한 이후 단 한 차례만 빼고 매월 모임을 가져 2013년 2월에는 100회 모임을 가지게 될 것이다. 이 즈음 이 책이 발간될 것으로 보이므로 독회모임에는 작지 않은 경사가 될 것이다.

12편의 글이 한 권의 책으로 묶여질 수 있게 된 실질적인 계기는 국제어문학회의 학술연구비 지원을 받은 것이다. 이 자리를 빌려 학회 측에 감사드리며 학회의 발전을 빈다. 또한 여러 차례의 교정 과정을 인내하고 멋진 책으로 만들어 주신 한국외국어대학교 출판부 관계자분들께도 감사드린다.

2013년 새해를 맞으며

필자 일동 삼가 적음

목차

1 탈식민주의 논의를 위해

지식의 세계화가 의식의 식민성의 시근이다*

박 치 완

1. 소비 대상으로 전락한 지식

기초과학 분야는 말할 것도 없고, 개별 역사와 언어교육까지도 글로벌 인재양성이라는 슬로건 하에 모국어가 아닌 영어로 강의하고 있는 나라들이 늘고 있는 것을 보면 세계화의 파급력, 파괴력이 얼마나 큰지 짐작이 갈 것이다. 인문학도라면 아무도 그리 믿고 싶지는 않겠지만, 현대에 이르러서는 이렇게 모든 것이 미국 주도의 시장(Global Market), 다시 말해 금융과 자본을 축으로 회돌이 하면서 일종의 '상품(재화 가치)'으로 그 존재 가치를 평가받는, 문자 그대로 '상품 소비의 시대'의 막이 오른 것이다. 보드리야르 같은 사회학자(?)가 "소비사회에 대한 비판이나 비난까지도 소비사회에 대한 신화의 일부"[1]를 구성한다고 재깔대며, 20세기를 '풍부함'으로 넘쳐나는 시대라고 억측을 부리기까지 하는 이

* 이 글은 국제어문학회 학술대회(2011. 10)에서 발표한 것을 『해석학연구』 제29집(2012. 04)에 게재한 바 있으며, 이를 수정·보완한 것임.

1 장 보드리야르, 『소비의 사회』, 이상률 옮김, 문예출판사, 2002, 304쪽.

유가 여기에 있다.

본 연구에서 우리는 이렇게 모든 것이 '시장경제의 먹이', '소비의 대상'으로 전락해버린 작금의 현실, 비유컨대 슈퍼마켓이나 백화점 등에서 일반 소비재와 함께 전시되고 판매되는 '상품화된 지식'에 대해 성찰의 기회를 가지면서 아래 세 가지 물음을 해명해볼까 한다.

1) 자연과 세계, 인간과 사회에 대한 가치체계나 통일적 원리를 제공하는 것을 본분으로 해왔던 지식(나아가 지혜)이 과연 시장경제의 논리에 종속돼 한낱 소비상품처럼 생산되고 소비되어도 되는 것일까?
2) 문화, 전통, 역사와 불가분의 관계가 있는 인문학적 지식은 기본적으로 소비상품과 구분되어야 하는 것은 말할 것도 없고, 자연과학이나 경영·경제학 등에서 범설(汎說)하고 있는 형태의 수리·계량적 지식과도 구분되어야 하는 것 아닌가?
3) 오직 개인이나 기업의 사적인 이익과 자본주의의 팽창만을 애써 변호하는 신자본주의에 전염된 지식, 그로부터 파생된 사사로운 이론들 역시 우리 모두가 궁극적으로 추구하고 삶의 지도리로 삼아야 할 지혜와는 너무도 거리가 먼 것 아닌가?

이상에서 우리가 제기한 세 물음이 다소 극단적인 현실분석으로 보일 수도 있다. 하지만 필자를 비롯하여 많은 사람들은 이러한 '기운'과 '경향'은 최소한 감지하고 있으리라. 그리고 인문학적 지식이 그 고유한 지위와 본래적 기능을 외부적인 요인에 의해 탈취당하거나 아니면 자발적으로 포기하고서 일종의 소비상품으로 전락하여 시장이나 자본의 노예가 되어도 상관없다고 말하는 사람도 없으리라. 세계화의 파급력이 아무리 크고 또 설사 그 과정에서 지식까지도 마치 수입재처럼 외부로부터 끝없는 내침(來侵)이 일어나고 있는 시대라고는 하지만, 필자는 기본적으로 지역(현지[2])의 지식인들이 자국의 문화에 대한 자긍심으로만 잘 무장되어 있어도 지식의 세계화 및 상품화는 막을 수 있을 것이라는 믿음을 가지고 있다.

이를 위해서 우리는 먼저 어떻게 전 세계가 이와 같은 상황, 즉 '글로벌 증후군'에 시달리고 있는지부터 살펴볼까 한다. 주지하듯, 전 세계를 쥐락펴락하고 있는 작금의 슈퍼자본주의의 3대 공격수는 '세계화'를 비롯해 '탈규제'와 '신기술'이다. 이들 3대 공격수가 각 지역의 경제는 물론이고 문화 및 지식(인)까지도 시장경제의 논리로 탈색시켜 거대소비사회를 신화화시키면서 미국의 주도권을 유지시켜주고 있다.[3] 신자유주의, 슈퍼자본주로 무장한 미국이 타국의 경제적 사안들에 개입하는 것은 다반사이고, 정치 및 인권까지도 자국의 이익을 위해서라면 제물로 삼는 현실이다. 개별 국가 위에 군림하는 다국적 기업들이 '광고하는' 사회적 책임, 공적 자선, 지구적 공공선 등의 실현은 단지 명분에 불과할 뿐이다. 이들의 본래 관심은 전 세계의 국가를 상대로 '자유무역'을 하는데 있으며, '국경 없는 국가' 위에서 할보하는 것이 목표라는 것을 모르는 사람은 없다.

이것이 소위 '아메리칸 드림'의 환상이며, 성장과 풍요의 이데올로기이다. 인간도 인간의 "도덕성도 시장의 다른 상품처럼 가격만 맞으면 살 수 있는"[4] 이 시대의 현주소다. 본고에서 우리가 어쩌면 이미 지난한 논

---

2 물론 <global>의 상대 개념으로서 <local>은 이미 일국의 경계에 국한 된 것이라고 볼 수는 없지만 본고에서 우리는 <local>을, 특별한 경우가 아니면, '지역'으로 번역하고자 하며, 이 번역어 속에는 <region>, <area>의미도 포함된다.

3 J.-C. Guillebaud, *La refondation du monde,* Seuil, 1999, pp.225~259("Le fantasme américain") 참조. 기의보는 미국화(américanisation)에 다름 아닌 (mondialisation)는 결국 미국의 "경제와 영어(langue anglaise)의 주도권을 복무하는" 다분히 "제국주의적 술책"에 다름 아니라고 비판하고 있다.

의라고 여길 수도 있는 문제를 이렇게 재론해보려는 것은, 일차적으로 국내에서도 여전히 회자되고 있는 인문학의 위기가 결코 시장경제의 세계화와 무관한 것이 아니라는 점을 밝혀보려는데 있고[5], 두 번째로는 시장경제의 세계화나 문화의 세계화에 대한 비판서는 많은데 정작 지식의 세계화에 대한 글은 찾아볼 수 없었기 때문이다. 하지만 필자의 판단엔 지식까지도 세계화되는 날이면, 그 때는, 문자 그대로 '모든 것'을 영어(American English)로 말하고 영어로 생각해야 할 것이며, 문화적 다양성, 언어적 다양성은 아예 우리의 사유의 목록에서 빠지게 될지도 모른다는 것을 경고하기 위해서다.

2. 문화와 지식의 세계화

시장경제·문화·지식의 세계화로부터 자유롭지 못한 나라가 어디 대한민국뿐이겠는가! 대부분의 문화·지식의 약소국들에서도 미국이 전세계의 "경제군림(écorègne)"[6]을 위해 제시한 기준, 소위 '글로벌 스탠더드'를 마치 문화와 지식의 선진화의 범례(範例)라도 되는 냥 좇고 있다. 달러가 기축통화로 계속 유지되는 한 어쩌면 지식의 생산과 소비도 영어로부터 자유로울 수 없을 것이다.

---

4 로버트 라이시, 『부유한 노예』, 오성호 옮김, 김영사, 2001, 227쪽. 그의 또 다른 책인 『슈퍼자본주의』, 형선호 옮김, 김영사, 2008 참조.

5 실제 국내에서도 인문학의 위기에 대한 진단과 대안은 아직도 제기되고 있는 실정이다: 김용규, 「대학의 변화와 '지금-여기'의 인문학」, 『대동철학』 제57집, 2011; 손영삼, 「인문학 진흥의 토대에 관한 연구」, 『대동철학』 제57집, 2011 참조.

6 J.-C. Guillebaud, *op. cit.*, p.239 이하 참조. 이 용어는 모리스 벨레가 창안한 것으로, 작금의 경제제일주의는 인간의 유전자(patrimoine génétique de notre espèce)를 변형시켜 오직 맹목적인 경제의 확장만을 추구하게 한다고 지적하면서, 이는 전통의 '인간' 개념으로는 도저히 설명할 수 없는 제2의 형질이 아니겠느냐고 강조하고 있다 - Maurice Bellet, *La Seconde Humanité. De l'impasse majeure de ce que nous appelons l'économie,* Desclée de Brouwer, 1994 참조.

이렇게 영어는 글로벌 지식(global knowledge)의 모어(mother tongue)로 둔갑하여 전 세계인에게 영향력을 행사하면서 '영어권 지식'을 점점 세계 곳곳의 지역들에 확산시켜나가고 있다. 이를 혹자는 '학문어(academic language)로서 영어의 전 세계적 사용'이라고 분석하기도 하지만[7] 실제 영어에 대한 열기는 단지 학교 교육이나 학문 분야에만 국한된 현상이라고 보기는 어렵다. 영어가 문화적 차이에 따라 지역적 수용(local adaptations)을 달리하기는 하지만 중요한 것은 그 차이들 위에 군림하는 것은 어디까지나 '영어(English-language)'라는 사실이다.

그런데 이 영어권 지식은 그 이면을 자세히 들여다보면 이미 19세기 식민지 지배시기로부터 지구촌을 문명화시킨다는 미명 하에 확장된 서구의 보편적 지식(savoir universel occidental)의 망령과 하등 다를 것이 없다. 19세기의 대영제국화, 프랑스화가 20세기에 접어들어 미국화로 옷을 갈아입은 것이라고나 할까.[8] 산업화, 근대화가 세계화, 달러화, 정보화로 그 얼굴을 위장한 것이라고나 할까.

일찍이 한나 아렌트는 "철학적 진리가 시장(place du marché)에 진입하면 그 본질이 바뀌어 '의견'이 된다"[9]고 했다. 그런데 오늘날의 지식은, 인문학이며 예술과 철학 분야를 포함하여, 그 본분을 망각하고 지나치게 시장의 눈치를 보고 있다. 아니 자신의 연구를 스스로 시장을 두둔하는 '의견'으로 전락시켜 시장의 상품이 되기를 자처하고 있다.

철학까지도 이렇게 시장의 논리를 따른다는 것은 결국 철학이 철저히 자신의 도리를 망기(忘棄)하고 있다는 반증이며, 아마르티아 센의 지

---

7 Carmen Pérez-Llantada & Gibson R. Ferguson(eds), *English as a GloCalization Phenomenon,* Valencia: Publication de la Universitat de València, 2006 참조.

8 물론 최근엔 중국화를 경계해야 한다는 목소리도 높다 - NEAR재단, 『신삼국지, 중국화 파고 속의 한국』, 매일경제신문사, 2011 참조.

9 H. Arendt, *La crise de la culture. Huit exercices de pensée politique,* trad. de l'anglais sous la dir. de Patrick Lévy, Gallimard, 1972, p.303.

적대로라면 '지식의 세계화(globalization of knowledge)'를 사람들은 마치 '서구화(미국화)'로 착각하고 있는 것이다.[10] 하지만 그 결과는 불행히도 지식이 시장경제의 세계화에 종속되는 것으로 귀결되고 만다는 사실!

결국 인문과학, 철학이 자신의 본분을 포기하고서 의견에 다른 의견을 덧대는 일로 소일하는 한 사회 전체는 필경 필요 이상의 상품 생산과 과잉소비의 도가니로 빠져들 수밖에 없다. 그런 사회에는 "윤리도 도덕도 없으며, 논쟁을 잠재울 민주적 절차(décision démocratique)도 작동되지 않는다."[11] 세계화론자들이 기만하듯, "시장이 유일한 조정자"[12]라고 할 수 있을까? 하지만 시장을 지배하는 자들은 책임은 회피하고 힘만을 과시하지 않던가.[13] 문화의 창출과 지식의 생산에 있어 역량이 미약한 나라일수록 이런 까닭에 진리와 의견의 위치가 뒤바뀔 확률은 높다.

여기서 우리는 '보편적 지식'이란 것이 '무엇'을 일러 하는 말이며, 대체 '누구'를 위한 것인지 자문해볼 필요가 있다. 현대처럼 경제 규모나 시장이 글로벌 차원으로 확대되기 이전에도 소위 '보편적 지식'은 세계화의 첨병 역할을 했던 것 같다. 그래서 더 늦기 전에 우리의 문화와 지식을 '글로벌한' 수준에 이를 수 있도록 "영어권 의견"에 도움을 청해야 할까? 그렇게 미국 주도의 신자유주의적 세계화의 물결에 편승해야만 우리의 문화가 풍요로워지며 세상을 보는 견문이 넓어지는가?

시장경제의 세계화에 편승한 21세기형 보편적 지식이란 이렇듯 그 이전 세기의 지식과는 비교할 수도 없을 정도로 세속화되어 있으며, 그

---

10 아마르티아 센, 『정체성과 폭력: 운명이라는 환영』, 이상환·김지현 옮김, 바이북스, 2009, 206쪽.

11 J.-C. Guillebaud, *op. cit.*, p.238.

12 *Ibid.*

13 Craig N. Murphy, "Power and Responsibility in the Global Community", *The Ethics of Global Governance,* ed. by Antonio Franceschet, Lynne Rienner, 2009, pp.159~168 참조.

에 비례하여 지배력은 강화되고 있다. 그 결과 실제 모든 문화권의 로컬(지역) 지식들까지도 영어를 매개어 삼아 번역되고, 번역되어야 하는 현실이 되고 말았다. 단적으로 말해 '영어권 지식'으로 세계의 모든 지식이 통합·단일화 돼가고 있으며, 지역어(local language), 지역의 지식으로 남아 있을 때는 국제 사회에서 참고·논의 기회마저 잃게 된다.

영어권 지식, 영어로 번역된 지식이 이렇게 세계 지식 시장의 전면에 부상한 것은 전 세계를 하나의 망으로 묶어낸 신기술, 즉 정보기술, 특히 인터넷의 발달이 큰 작용을 했다고 볼 수 있다. 주지하듯 현재 전 세계 인터넷의 약 70% 가량이 영어로 운영되고 있다. 이는 전 세계인에게 영어의 실용성이 얼마나 큰지를 보여준다. 또한 규모나 조직이 다국적으로 구성된 학회나 조직일수록 이렇듯 소통의 수단이 되는 1순위 언어는 언제나 영어이다. 특히 "순수과학을 위해 필요한 매체로서의 영어의 지배력은 거의 완벽하다"[14]고 해도 과언이 아니다.

이와 같은 상황으로 미루어 볼 때, 영어권 지식은 단지 영어 사용지역에서 생산된 지식만을 의미한다고 볼 수 없다. 제3국에서 영어로 말하고 영어로 기술되고 번역된 것들도 결과적으로는 영어권 지식의 일부라 할 수 있기 때문이다. 우리 대한민국의 지식계 상황은 후자와 깊게 연루되어 있으며, 이제는 우리 글, 우리 생각까지도 단지 비즈니스 영어에 불과할 뿐인 월리시(Wallish)로 각색해야만 하는 전대미문의 상황이 도래한 것이다.

반만년의 역사를 가진 이 땅, 대한민국에서도 철학이나 인문학의 볼멘소리가 4반세기 이상 지속되고 있지만 '세계는 하얗다', '세계는 평평

14 C. P. 스노우, 『두 문화. 과학과 인문학의 조화로운 만남을 위하여』, 오영환 옮김, 사이언스북스, 1996, 184쪽 참조. 심지어는 자신들 언어의 위대성과 역사적 지위를 가장 잘 의식하고 있는 프랑스에서도 1989년에 가장 오래된 과학출판물의 하나인 파스퇴르연구소연보(Annales de l'Institut Pasteur)를 미생물학연구(Research in Microbiology)로 바꾸고 논문 전체를 영어로 바꾸었을 정도다.

하다'고 믿는 시장경제의 세계화의 전도사들(acteurs globaux)[15]과 그들의 이념에 동조하는 내부의 식민적 영혼의 소유자들에게는 이러한 우리의 비판의 목소리가 단지 대한민국이라는 지역에서의 쟁란(諍亂)을 일삼고자 하는 '얼간이'의 행동 정도로 비칠지 모르겠다. 이들 '과잉세계화론자들'이 주창하는[16] 유일한 '지식'은 주지하듯 '자본학(Studies of Money)'이다. 자본학은 가장 단순하게 정의해 '사고파는 것을 가르치는 학문'이라 할 수 있다. 즉 상술(Business Policy)이다. 그래서 이들에게는 문화며 지식의 경우도 상품처럼 시장에 내다 팔아서 이윤이 발생하지 않으면 아무런 가치가 없는 것으로 치부된다.

시장경제의 세계화는 한 사회나 국가를 넘어서 전 세계와 온 인류를 대상으로 부당이득을 챙기는 것이 은폐된 목표이기에 우리는 이제라도 자본에 의해 무뎌져버린 지성·이성의 촉수를 되살릴 필요가 있다. 세계화의 신화를 탈신화하는 것, 성장과 번영의 신화로부터 벗어나는 것이 시급한 이유이다.[17] 문화의 정체성, 지식의 독자성은 경제강국이나 다국적 기업들의 배를 부르게 해줄 뿐인 자본(상품, 사물)의 논리를 해체시키지 않고서는 성립불가능하다. 서구·미국을 추종하는 의식의 식민성으로부터 벗어나지 않고서 지식은 제 토양에서 뿌리를 내릴 수 없다. 지역의 문화적 토대며 지식까지도 초토화시키는 작금의 세계화론, 오직 사적 이윤 챙기기에만 여념이 없는 자본주의가 각 지역의 현실적 문제

15 세계화의 전도사 토마스 프리드먼이 대표적이라고 할 수 있다. 그에게 세계는 '평평'하며, 이는 IBM의 PC가 출현한 1980년을 전후해 가속화된 인터넷의 보급, 포털사이트의 등장, 웹 베이스의 표준화 등에 힘입어 정보혁명이 일어났고, 이에 근거해 소위 '글로벌시대'가 열린 것이라고 분석하고 있다. 글로벌시대가 되어 결국 국가 간의 장벽이 허물어지고 '세계가 마침내 하나로 연결되었다'는 것이다 - Thomas L. Friedman, *The World is Flat,* Farrar, Straus and Giroux, 2005 참조.

16 데이빗 헬드 외, 『전 지구적 변환』, 조효제 옮김, 창비, 2002, 15쪽 이하 참조. 참고로 헬드는 세계화를 대하는 진영을 다음과 같이 셋으로 나누고 있다: 과대세계화론자(hyperglobalizers), 회의론자(sceptics), 변환론자(transformationalists).

17 파스칼 브뤼크네르, 『번영의 비참』, 이창실 옮김, 동문선, 2003, 30쪽.

들을 해결해줄 것이라고 믿는 것은 어불성설이다.[18]

이런 아주 단순한 이유 때문에도 우리는 다분히 '폭군의 논리', '제국주의의 논리'일 뿐인 세계화의 논리, 즉 동일성과 보편성의 논리로부터 벗어나야만 한다.[19] 그렇지 못하면 영영 우리는 주변부적 이타성으로부터 헤어나지 못 할 것이다.

서로 다른 문화적 정체성은 차이의 배려와 인정이 관건이다.[20] 하지만 그 차이가 극단화된 경우도 역시, 그것은 동일성의 옷을 거꾸로 입은 것에 불과하기 때문에, 문화 간 갈등을 전혀 해소시키지 못하고 오히려 증폭시킨다. 타국가, 타문화를 도덕·윤리적으로 자국가, 자문화와 동등한 것으로 배려하는 것이 그래서 중요하다. 그런즉 경제 강국들, 다국적 기업들이 유포하는, 하나의 '상품광고'에 불과한 시장경제의 세계화에 대한 환상은 이제 버려야 한다. 그리고 자신이 속한 지역의 문화를 자율적으로 추스려 재영토화시키고, 이미 탈영토화되어 있는 지식이라면, 이를 새롭게 영토화시킬 수 있는 방법을 모색하면서, 그 세력의 확장을 늦출 기미가 없는 세계화의 피해를 미연에 예방해야 할 때다. 혹자는 탈영토화를 "세계화 그 자체처럼 변증법적인 밀고 당기는 과정에 의해 특징지어진다"고, "탈영토화는 지역성의 종말을 의미하지 않고 더 복합적인 공간 속에서의 변형을 의미한다"고, 다소 희망적인 객담을 늘어놓고 있지만[21], 그 여력은 나라마다 다르고, 여력이 미약한 나라일수록 재영토화의 노력이 진행될 것이라고 기대하기도 어렵다. 대한민국의 인문학

---

18 그 때문에 우리에게 필요한 것은 이기상의 지적대로, "현대화라는, 세계화라는 미명 아래 서양을 추종하는 식민주의에서 벗어나" "우리 스스로가 주체적으로 우리의 문제, 세계의 문제를 풀어나가는 '세계 속의 한국인'"이 되어야 한다 - 이기상, 『이 땅에서 우리말로 철학하기』, 살림, 2003, 9~10쪽.

19 Michel Meyer, *Petite métaphysique de la différence,* Librairie Générale Française, 2000, p.16 참조.

20 박치완, 「(문화-)세계화: 동일성의 폭력인가, 차이의 배려인가?」, 『이문논총』 제29집, 한국외국어대학교 대학원, 2009 참조.

21 존 톰린슨, 『세계화와 문화』, 김승현·정영희 공역, 나남출판, 2004, 212~213쪽.

자들처럼 계속해서 이념적으로 자신이 속한 지역의 상대성과 특수성을 멀리하고 오직 '그리스·서구·미국적' 보편성에 갇혀 있을 때 시장경제의 세계화는 문화적 영토를 탈영토화시키는 것도 모자라 심지어는 지식까지도 그들의 제물로 헌납하라고 강요하게 될 것이 불 보듯 빤하다.[22] 그 때가 된다면 우리는 지난 일제 강점기 때처럼 우리의 문화도, 언어도, 이름도 가질 수 없는 상황이 재연될 수 있다.

철저히 세계화 주도국과 특정 슈퍼기업들의 이득을 도모할 뿐인 시장경제의 세계화는 이렇듯 문화·경제적 약소국, 저개발국가들의 문화적 뿌리를 송두리째 흔들고 있을 뿐만 아니라 지식의 영역에 있어서까지도 연구자들을 자발적 식민 상태에 처하게 만드는 '끔찍한 기계'와도 같은 존재다.[23] 우리의 말글인 한글이 사라지고 '영어'로 의사를 전달하고 생각을 표현해야 하는 상황이 전개된다고 가정해보자.[24] 그렇게 되면 우리의 영혼도 몸도, 우리의 문화적 지혜까지도 사라지게 될 것이다. 그런데도 유독 '미국식 영어'에 대해 관대한 태도를 보이는 이유가 뭔가? 영어가 실용적 측면에서 필요하다고 해서 영어와 영어권 지식의 확장에 대한 정당한 비판이 그저 반세계화론자의 푸념 정도로 치부되어도 될까?

초국적 슈퍼자본주의는, 재삼 강조하지만, 미국화(américanisation)의 이명(異名)이다.[25] 미국화는 현상적으로는 시장경제의 맥도날드화, 코카콜라화, 디즈니랜드화를 대표하지만, 보다 심층적으로는 삶의 획일화와

22 이상에서의 논의는 박치완, 「탈영토화된 문화의 재영토화」, 『철학연구』 제42집, 고려대학교 철학연구소 편, 2011, 61~66쪽 참조.

23 피에르 부르디외, 「신자유주의에서 벗어나기」, 『프리바토피아를 넘어서』, 최연구 옮김, 백의, 2003, 19~23쪽 참조.

24 실제 최근 한 보고에 따르면, 100년 후 한글은 이 지구상에서 사라지고 영어, 스페인어, 중국어만 남게 될 것이라고 한다 - ≪아시아경제≫(2012년 1월 18일자 기사: "100년 후 미래예측 "한글이 사라진다고?") 참조.

25 Jean-Pierre Warnier, *La mondialisation de la culture,* coll. ≪Repères≫, La Découverte, 3e éd., 2004, pp.103~104 참조.

상품문화로의 동질화 그리고 지식과 기술의 표준화의 대명사이기도 하다. 하지만 미국화는 각 지역들이 처한 사회·정치적 현안들의 해결이나 문화의 다양성을 보존하고 살리는 일로 고민하지 않는다. 국경이 무너진 글로벌 시장에서 오직 자국의 사사로운 이윤을 취하는 것만이 미국화의 최종 목표이며, 그들이 만든 '문화'라는 옷을 입은 상품들이 전 세계의 지역 시장에서 더 많이 소비되어 자신들에게 그 이윤이 돌아오기만을 바랄 뿐이다.[26]

이런 점에서 슈퍼자본주의는 근대의 성찰적 인간의 본질이라고 할 수 있는 호모 사피엔스(homo sapiens)의 권위마저 위협하고 있다.[27] 아니 그 본질이 이미 변질되어 호모 데멘스(homo demens)가 되어간다고 염려하는 학자들도 있다.[28] 호모 데멘스의 서자인 호모 이코노미쿠스(homo economicus)는 이성보다는 감성과 욕망을, 의무보다는 권리를, 공유(公有)보다는 사유(私有)를, 사회적 윤리나 공적 가치의 실현보다는 개인이나 사기업의 이득을, 지구촌 전체가 당면한 기아나 빈곤 문제의 해결, 고통의 분담보다는 오직 자신들 국가의 경제 성장과 부의 축적만을 최우선 과제로 삼는다.[29]

우리가 경계해야 하는 것은 그들의 이러한 욕망 속에는 현재보다 더 많은 지역들을 지배하기 위한 고도의 전략이 작동되고 있다는데 있다. "전통적 의미의 철학자나 인문학자가 자신이 속한 현실로부터 초연해 이상세계에 갇혀 관념의 유영을 즐겼다면, 이들 호모 이코노미쿠스는 철저히 자신이 소속된 국가라는 지역성으로부터 벗어나 전 세계를 아무

26 D. Howes, *Cross-cultural Comsumtion: Global Markets, Local Realities*, London: Routledge, 1996 참조.

27 G. Durand, *L'imaginaire. Essai sur les sciences et la philosophie de l'image,* Hatier, 1994 참조.

28 E. Morin, *Le paradigme perdu, la nature humaine,* Seuil, 1973 참조.

29 피터 싱어, 『세계화의 윤리』, 김희정 옮김, 아카넷, 2003, 252~256쪽 참조.

런 통제 없이 넘나들고자 한다."[30] 하지만 호모 이코노미쿠스의 문제점이 무엇인지를 모르는 사람은 없다. 호모 이코노미쿠스는 "물질적 재화의 생산을 사람에 우선하는 것"[31]으로 믿고 있기 때문에, 시장경제의 세계화 과정 속에서 "지구상 인류 대다수가 잊혀지고 있다."[32]

바로 이런 까닭에라도 우리는 이미 실패한 것으로 평가된 미국 주도의 세계화 정책[33], '미국의 신세계 프로젝트(Projet for a New American Century)'에 대한 정확한 이해가 필요하다. "미국의 원칙과 이해관계에 유리한 새로운 세기"[34]는 현실적으로 실현 불가능하며, 그런 폭력의 세기가 연장되어서도 곤란하다. 미국 역시 지구촌에 존재하는 많은 지역 국가들 중 하나의 국가일 뿐이다. 그런데 미국에게만 유리할 뿐인 세계화 프로젝트에 우리가 동상이몽을 꾸어서 될까?

3. 인문학이 추구해야 할 보편성

시장경제의 세계화를 지지하는 편인 사람들은 '세계가 평평하다'고 믿는다. 그리고 그들이 주장하는 것은 오직 자본으로 모든 것이 설명되는 세상, 즉 '보편적 자본주의(universal capitalism)'의 구현이 바로 그들의 최종 목표다. 따라서 이들은 문화적 지역성(cultural locality)이나 문화적 정체성(cultural identity)을 연구대상으로 하는 인류학, 사회학 전통은

---

30 박치완(2011), *op. cit.*, p.63.

31 파스칼 브뤼크네르, *op. cit.*, p.121.

32 *Ibid.*, p.30.

33 미 외교전문지인 포린폴리시(FP)는 2009년 12월 30일 인터넷판에서 21세기 첫 10년을 평가하는 자리에서 최고의 승자로 버락 오바마 현 대통령을, 최악의 패배자로 조지 W. 부시 전 대통령을 꼽았으며, '세계화론자와 자유무역'을 패배자 중 11위에 올린 바 있다 - 자세한 기사 내용은 《인터넷한국일보》(2009년 12월 31일) 참조.

34 피터 싱어, *op. cit.*, p.8 참조.

물론이고 시대별로 철학(사)를 구분하는 일반적이고 상식적인 경향(고대철학, 근대철학, 현대철학 등)마저도 웹3.0시대에 걸맞지 않는 아날로그적 발상이라며 되레 농구(弄口)한다. 요인즉 현대와 같은 '포스트상황'에서는 탈근대, 탈식민, 탈전통, 탈구조, 탈영토화가 화두란다.[35] 그러니 기존의 모든 지역·국가적 경계를 허물고 자신들이 고안해 놓은 글로벌시스템 안으로 동참하란다.

이들 탈근대론자들, 보편적 자본주의자들에게는 결국 모든 인문학적 연구가 효용성을 멸한 것으로 비칠 수 있다. 이들에게는 국가·지역별(그리스철학, 독일철학, 프랑스철학, 영미철학, 아랍철학, 한국철학)로 혹은 종교적 특징에 맞추어(기독교철학, 불교철학, 유가철학, 이슬람철학) 철학을 구분하는 것도 다분히 구시대적인 발상으로 여겨질 수 있다.

하지만 여기서 우리가 분명히 해야 할 것이 하나 있다. 논리학이나 수학, 물리학 등 객관적이고 과학적인 지식, 즉 소위 범세계적 지식(universal knowledge)과 달리 인문학은 태생적으로 '지역의 색깔', 즉 문화, 전통, 역사의 켜와 결을 벗어날 수 없다는 사실을! 이는 인문학에 있어서는 문화적 지역성이 세계적 보편성에 우선하며, 상대성과 특수성이 문화의 고유한 특질을 반영한다는 주장을 내포한다. 부언컨대 철학, 넓게 보아 인문학은, 논리학이나 수학 또는 과학이나 기술과 달리, 이렇게 지역, 즉 문화적 전통, 고유한 역사 등을 간과하고서는 논의될 수 없으며, 그러하기에 부득이 '지역의 색이 배어있는' 학문이라는 점을 인정해야 한다. 데리다가 헤겔의 정신(Geist)을 인류 보편의 정신이 아니라 '독일 정신(esprit allemand)'이라고 비판 했던 것도 같은 맥락이다.[36]

---

35 이러한 현대의 문화적 상황을 일러 마르쿠스와 피셔는 '포스트상황'이라고 정리한 바 있다 - G. E. Marcus and M. J. Fischer, *Anthropology as Cultural Critique,* The University of Chicago Press, 1986, p.134 참조.

36 J. Derrida, *De l'esprit. Heidegger la question,* coll. ≪La philosophie en effet≫, Galilée, 1987 참조.

이럴진대 경제 영토(economic territory)의 확장만을 꿈꾸는 자들은 자신의 문화, 전통, 역사마저 버리고 '글로벌호'에 동승하여 포스트상황을 만끽하고자 한다. 그 결과 인문학까지도 문화·경제 강국들이 주문하는 경제 보편주의, 기술·도구적 비트 논리에 포섭되어 그 고유의 색깔을 잃게 된다. 인문학이 21세기에 접어들어 소위 재계량화의 길로 접어든 배경이 이와 무관하지 않다. 빌렘 플루서 같은 학자가 '컴퓨터 프로그래머'를 미래의 직업으로 추천한 이유도 또한 그 뿌리가 같은 발상이라고 볼 수 있다.

그에 따르면 컴퓨터 프로그램을 위해서는 "어떠한 형이상학도 [철학] 필요치 않다."[37] 필요한 것은 오직 계산(가능성)이다.

> "컴퓨터화는 계산들의 집합이고, 모든 계산 가능한 것 역시 컴퓨터화될 수 있다. (…) 객체뿐만 아니라 주체를 컴퓨터화할 수 있는 가능성은 말할 것도 없고, 주체들 역시 계산이 가능하다."[38]

플루서의 주장인즉, 계량화되지 않은 것은 학문이 될 수 없다는 것이다. 다소 극단적인 예를 소개했는지도 모르겠지만, 최근 들어 인문학까지도 이렇게 기술·도구적 논리(h지수, g지수)에 휘둘리고 있다는데 문제의 심각성이 있다. 마치 서로 다른 국가의 빅맥 지수(Big Mac Index)를 비교분석하여 경영전략을 짜듯이 최근 문화적 토양이 서로 다른 곳에서 생산되는 논문이나 저서들까지도 '글로벌 기준'에 준해 평가하는 시대가 전개되고 있기에 하는 말이다. 심지어는 '문화적 예외'를 외쳐대던 프랑스에서도 미국이 제시한 이러한 평가방식을 수용한 상태이다.[39]

---

37 빌렘 플루서, 『피상성 예찬: 매체 현상학을 위하여』, 김성재 옮김, 커뮤니케이션북스, 2004, 277쪽.

38 *Ibid.*, pp. 271~272.

39 *Le Monde diplomatique*(한국판), 2009년 1월호, 제24쪽 참조.

이는 전 세계의 지식계를 하나의 '글로벌 평가시스템'안에 넣어 관리하겠다는 도구-전체주의가 부활한 결과다.

문제는 이를 아무런 저항없이 따르는 지식인들의 '의식의 식민성'에 있다. '비판'을 학문함의 출발점으로 해왔던 철학의 정신이 제대로 작동되지 못한데 그 직접적 원인이 있는 것이다. 기술도구주의와 자본주의를 비판해야할 이성(raison critique)이 되레 그것을 지지하는 이성(raison affirmée)[40]으로 둔갑한 것이고, 그 조정자는 요의 '시장의 질서(ordre marchand)'이다.[41] 대한민국도 이러한 시장경제의 세계화가 몰고 온 비문화적이고 비인륜적인 폭력 행사 앞에 결코 자유롭지 못하다. 이기상은 일찍이 "외국이론의 대리전쟁터"[42]가 돼버린 우리 지식계를 준엄히 비판하면서 "우리의 눈"[43]으로 세상을 해석하고 이해하는 것을 포기했으니, "이론소외, 이론척박, 이론부재"[44]의 상황에 처하게 된 것 아니냐고 지목한 바 있다.

> "[그런데 불행히도] 우리는 이것을 극히 당연하게 세계화 또는 지구화의 한 과정이라고 생각하고 있다. (…) 우리의 역사와 문화마저도 그들의 시각으로 고찰하면서, 그것이 객관성과 보편타당성을 부여하고 있다고 착각하고 있다."[45]

우리의 지적인 토양이 이러한 지경에 이르다 보니 '서구의 보편 지식', '글로벌 지식'에 경도된, 결과적으로는 '글로벌 시장'에 종속된 지식인들에게 자신이 소속된 대한민국이라는 지역의 생활-세계(문화)가

---

40 J.-C. Guillebaud, *op. cit.*, p.233 참조.
41 *Ibid.*
42 이기상, *op. cit.*, p.7.
43 *Ibid.*, p.10.
44 *Ibid.*, p.7.
45 *Ibid.*, pp.7~8.

눈에 들어올 리 만무하다. 그들은 여전히 서구의 보편적 지식관으로 학문하기(globally thinking)에 연연해하고 있다. 그들이 추종하는 '지식의 세계화'가 결과적으로는 이 땅에서의 지식의 생산과 창조력을 원천봉쇄한다는 사실을 그들은 전혀 인식하지 못하고 있는 것이다. 그들에게 중요한 것은 역사도 문화도 아니다. 오직 권력이며 미국 주도의 세계화에의 편입이다.

하지만 여기서 우리는 '지식의 토착화', 다소 어폐가 있는 표현 같아 보이긴 하지만, '진정한 지식의 세계화', 더 정확히 말하면 '지식의 지역세계화(glocalization of knowledge)'가 어떻게 가능할지를 고민하는 일군의 학자들이 존재한다는 사실에 일말의 희망을 갖게 된다. 우리가 이 자리에서 소개하려는 의젠과 뚜웨이밍 그리고 아마르티아 센[46]이 바로 그들이다. 그들은 공히 '서구적 보편성'과 비교·응대 차원에서 '동양의 보편성(oriental universality)'을 부르짖는다. 물론 이와 같은 우리의 선택이 전방위적으로 지식의 식민화에 처해 있는 대한민국의 인문학적 정체성을 되찾고 재영토화하는데 있어 직접적 도움이 될 수 있는지에 대한 평가는 나중으로 미루기로 하자. 또 같은 동양권 학자라고는 해도 중국이나 인도는 한국과는 지적 풍토와 환경이 사뭇 다를 수도 있다. 그럼에도 불구하고 본고에서 우리가 의젠, 뚜웨이밍, 센이 제시한 일종의 '반서구화론'을 소개하기로 마음먹은 것은 '서구에서 논의되고 있는 보편성'이 최소한 '동양에서 이해되고 있는 보편성'과 어떻게 다른지를 나름대로 정리해보는 것은 필요하다고 생각했기 때문이다.

이들 학자 중 특히 중국계로 미국의 인디아나대학교의 교수로 재직 중인 으젠(欧阳桢)은 서구적 보편성을 하나의 '종족(민족지)적 논리

46 뚜웨이밍, 『문명들의 대화』, 김태성 옮김, 휴머니스트, 2006; 아마르티아 센, 『정체성과 폭력: 운명이라는 환영』, 이상환·김지현 옮김, 바이북스, 2009; Eugene Chen Eoyang, *Two-Way Mirrors. Cross-Culture Studies in Glocalization,* Lexington Books, 2007 참조.

(ethno-logic)'라고 분명하게 못 박는다. 그에 따르자면 비교문화적 관점에서 볼 때 지식은 서로 다른 주체성(different subjectivities)을 수용하는 것이 일차적 관건이다. 부언컨대 자신과 다른 문화권의 주체는 자신과 다르게 대상을 이해한다는 것을 먼저 수용해야 한다. 역설적으로 말하면 상대 문화권에 대한 오해는 누구에게나 있을 수 있다. 하지만 이보다 더 중요한 것은 자신이 상대 문화에 대해 오해한 것들을 스스로 깨달아 제대로 알게 될 때 비로소 그 문화를 지적으로 '발견'하는 것이란 점이다.[47] 의젠에 따르자면 결국 '지식의 체계(system of knowledge)'는 오해와 이해, 실수와 실수의 깨달음 간의 간극이 좁혀질 때 비로소 작동된다.[48] 이런 그의 입장에서 볼 때 서구적 보편성은 그동안 다른 문화권에 대한 오해를 이해로 착각한 것이고, 자신들이 지적으로 저지른 실수를 정당한 것으로 오인하고서도 적반하장 격으로 상대에게 이를 받아들이도록 강요했다는 것이다.

으젠과 동일선상에서 중국인으로 하버드대 교수를 지낸 뚜웨이밍도 서구의 추상적 보편주의(abstract universalism)를 탈피해 이제는 문화적 다양성, 다원성을 전제한 '구체적 상대주의'를 연구할 때라고 강조한다.[49] 또한 아시아인 최초로 노벨경제학상을 수상한 바 있는 인도의 뱅골 출신으로 현재 하버드의 레이먼트 대학 교수로 재직 중인 센은 외래적인 식민지 권력과의 관계에 기생하는 식민화된 정신, 자신은 서구인들과는 다르다는 '타자 의식'으로부터 벗어나 '자신만의 [정신·문화적] 근거지'를 재고해 각기 문화적 정체성을 회복할 것을 역설한다.[50]

---

47 Eugene Chen Eoyang, *op.cit.*, p.172 참조.

48 *Ibid.*

49 뚜웨이밍, *op. cit.*, p.78. 물론 뚜웨이밍은 그의 사상적 뿌리(신유학론)를 중국의 유교전통에서 찾고 있으며, 한국과 일본을 같은 유교 문명권의 영향 하에 있는 것으로 보고 있다.

50 아마르티아 센, *op. cit.*, pp.157~161.

이들 세 학자의 주장을 의젠의 표현으로 정리하면 다음과 같다: 서구인들이 이야기해온 보편성은 결국 '그들의 역사(theirstory)' 내에서의 보편성일 뿐 우리 모두가 추구해야 할 인류의 역사(ourstory)와는 거리가 멀다는 것이다.[51] 요인즉 왜곡된 서구식의 보편성(보편주의)은 전체 인류를 위한 담론이었다고 평가하기는 어렵다는 것이다. 그 때문에 인류 미래의 역사(ownhistory)와 각자의 문화적 토양을 자양분 삼아 담론을 재영토화하는 일이 필급한 과제다. 라투크도 언급하고 있듯, 서구적 문명화는 실제 '비인륜적'이고 '반문화적인' 것이었다는 것이 만천하에 밝혀지고 있다.[52] 게다가 모든 것을 상품화하려는 미국화에 밀려 서구·유럽에서까지도 최근 자신들의 문화·지리적 지역성이 흔들리고 있다는 자성의 목소리가 높다. 특수한 지역들의 문화적 다양성을 자신들의 눈으로 재단한 결과가 부메랑이 되어 되돌아온 셈이다.[53] 이런 점에서 의젠이 '우리 모두의 역사'를 새로운 사유 지평으로 제안한 것은, 비록 또 다른 종류의 거대 담론에 불과하다는 비판에 직면할 수도 있지만, 서구적 보편성으로부터의 탈출을 본격적으로 제시했다는 측면에서 보면 시사하는 바가 크다. 이는 현재의 미국 주도의 세계체제가 결국은 '강자에 의해 전유된 권리'일 뿐이라는 것을 역설하기 때문이다. 월러스틴의 지적대로, 서구(유럽)의 보편성은 이제는 더 이상 정당성을 가질 수 없기에 '보편적 보편주의'[54]로 거듭나지 않으면 안 될 시점이다.

물론 의젠과 월러스틴의 제안이 과연 새롭고 특별한 주장인가를 이

---

51 Eugene Chen Eoyang, *op. cit.*, p.150.

52 S. Latouche, *The Westernization of the World,* Cambridge: Polity Press, 1996, p.43.

53 *Ibid.*, pp.12~13: "나는 (서구)를 오늘날 익명의, 그리고 그것의 역사적·지리적 기원으로부터 탈영토화되고, 뿌리 뽑힌 일종의 거대기계로 분석한다. (…) 그것은 더 이상 지구 위에 산재한 일단의 사람들에 의해 공유된 믿음의 집합이 아니다. 나는 그것을 비인격적이며 영혼이 없는, 오늘날 주인이 없는, 그리고 그것의 서비스 속으로 인간을 몰아넣는 하나의 기계(machine)로 파악한다."

54 이매뉴얼 월러스틴(2008), *op. cit.*, pp.55~56 참조.

지면에서 논하기는 어렵다. 하지만 이러한 그들의 제안이 서구화, 세계화를 어떻게 치유할 것인지 차원에서 제기되었다는 점에서 우리가 그 의의를 반추해볼 가치는 충분히 있다. 일차적으로는 이들의 제안은 서구화, 세계화에 대한 일종의 적극적 반응(反應)으로 제시된 것이기에 그렇고, 또한 기존의 추상적 지식이나 동일성에 기초한 서구의 보편주의에서와는 다른 길을 제시하고 있기 때문에도 그렇다.

이들 세 학자의 제안인즉, 결국 동양과 서양을 범학문적으로 한데 아우르는 상위 형태의 지식을 창안하자는데 있다. 그리고 그 기조는 서구(유럽)의 보편성이 간과한 '수양과 도리에 기초한 아시아적 가치의 재평가'(센)[55]와 '개인과 사회, 자연과 천도(天道)를 축으로 하는 유학 인문주의'[56](뚜웨이밍)를 통해 그 지형도(知形圖)를 새롭게 그려보자는데 있다. 이들은 최소한 서구의 논리와 방법으로는(또는 그 연장선상에서 '그들의' 보편성을 강조하는 것만으로는) 현대사회가 직면한 제반 문제들을 설명할 수도 해결할 수도 없다는데 공감하고 있다.

이렇게 자신이 속한 정신적·문화적 지역성에 기초해 새로운 사유의 길을 모색하거나 제시하는 경우는 지난 세기만 해도 찾아보기 힘든 풍경이었다. 문화적 자긍심을 갖는다는 것이 그래서 중요하다. 문화적 자긍심 없이는 감히 서구적 보편성에 도전장을 낼 수가 없다. 물론 이러한 자긍심이 '준식민지 이론'이나 '대항 세계화론'으로 전락하지 않도록 경계할 필요는 있다. 이들이 새롭게 제안한 거대 담론이 서구화(현대화, 세계화)의 논리보다 더 유동적이며 더 포용적인 이론틀을 갖추지 않으면 서구의 보편성이 자행(恣行)해온 동일한 폭력을 반복할 수도 있기 때문이다. 여기서 중요한 것은 서구의 논리만이 보편성을 대변하는 논리가 아니라 동양의 논리, 구체적으로 말해서 불교의 논리나 인도(이슬람)

55 아마르티아 센, *op. cit.*, pp.162~166 참조.

56 뚜웨이밍, *op. cit.*, p.297.

의 논리, 유교의 논리에서도 늘 보편성을 추구해왔고, 또 그 보편성이 서구에서 이해되고 있는 것과는 다른 방식으로 논의되었다는 것을 인식하는데 있다.

종합적으로 평가할 때, 그동안 공간적으로뿐만 아니라 문화·심리적으로 양분되었던 동양과 서양이 이제는 각기 상대에게서 보완해야 할 점들 찾아야 할 시점이 되었다. 바로 이것이 지역-세계화 시대의 역운(歷運)인지 모른다. 지역세계화 시대는 지난 세기처럼 더 이상 "단순한 정의나 기준 통일의 문제"로 고민할 때가 아니라 유연하게 타자들을 적극 수용해야 한다.[57] 그러기 위해서는 '학문간 연대'(의젠)는 말할 것도 없고, '전통 및 로컬(지역)과의 연대'(뚜웨이밍) 또한 중요하며[58], '세계도덕(global morality)을 세우는 일'(센)도 급선무다. 이것이 시장경제의 세계화에 맞서는 '지적인 연대(intellectual solidarity)'이다.[59]

요인즉 서양과 동양의 생래적 차원의 논리적이고 문화적인 차이가 양자 간의 지속적인 대화와 연대 속에서 모름지기 '제3의 공간'을 창조할 수 있을 때 비로소 21세기를 위한 새로운 지식(glocal knowledge)이 탄생할 수 있을 것이란 뜻이다.[60] 이상에서 개략한 의젠, 센, 뚜웨이밍의 제안은 우리에게 다음 두 가지 사실을 환기시킨다.

1) 그동안에 우리가 줄곧 추종해왔고 또 대개는 보편적인 것이라고 착각해온 서구의 지식, 이의 연장선상에 있다고 여겨지는 지식의 세계화 경향은 결국 서구·미국식의 지식의 식민화를 앞당길 것

57 박치완·김성수·조소연 외, 『글로컬문화콘텐츠, 어떻게 그리고 왜?』, 한국외국어대학교 출판부, 2009, 17쪽.
58 Eugene Chen Eoyang, *op. cit.*, p.169.
59 아마르티아 센, *op. cit.*, pp.204~207.
60 호미 바바, 『문화의 위치: 탈식민주의 문화이론』, 나병철 옮김, 소명출판, 2002, 92~93쪽 참조.

이다.

2) 진정한 지식의 세계화를 꿈꾼다면 이제 우리는 동서양 각자의 특수성(상대성)을 보존하면서 '하나의 세계(지구촌)'와 '온 인류'를 위해 '모순의 융합'과 같은 보다 더 유기적이고 통합적인 논리에 대해 고민해야 한다. 그리고 이렇게 새롭게 구성될 지식은 동양과 서양(지역과 세계)을 아우르는 지식의 지역-세계화(glocalization of knowledge)를 달성하는데 그 목적이 있기 때문에 결코 지식의 보편화라는 환상에로 재귀하거나 후퇴해서는 곤란하다.[61]

결국 19세기의 서구·유럽, 20세기의 미국 중심의 가치체계로의 편입이나 조악한 보편주의에로의 귀결이 인문학적 지식의 상대성을 극복하는 탈출구라는 '사이비믿음'은 이제 버릴 때가 된 것이다.[62] 이러한 반성 없이는 기본적으로 정신의 탈식민화가 촉발될 수 없다. 물론 뚜웨이밍도 예시했듯, 우리가 지식의 동서통합을 위해 지향해야 할 길이 우리에게 아주 친숙한 길이라는 것이 그나마 다행이다 싶다. 주지하듯 "'우리 아니면 그들'의 이분법"을 극복하는 것이 관건이며[63], 이를 뚜웨이밍의 표현대로하자면, "음(陰)속에 양(陽)이 있고, 양속에 음이 있다"는 명제로 요약된다. 그런데 우리는 우리에게 이토록 익숙하고 간명한 가르침을 왜 그토록 가벼이 여겨온 것인가! "음과 양 사이에는 갈등과 충돌도 있지만 그 둘은 충분히 서로를 보완할 수 있다."[64] 부분과 전체, 지역

---

61 Eugene Chen Eoyang, *op. cit.*, p.166.

62 유명기, 「문화상대주의와 반문화상대주의」, 『비교문화연구』 창간호, 서울대 비교문화연구소, 1993, 31~56쪽 참조.

63 뚜웨이밍, *op. cit.*, p.98. 주지하듯 2010년 중국의 GDP는 일본을 제치고 세계2위에 등극되었다. 이에 따라 중국에서는 최근 세계화에 대한 인식도 변화하고 있는데, 그동안의 구호(全球一體化, 面向世界)가 "중국문화가 세계를 주도해나가자(中國文化走出去)"로 바뀌었다는 것이 특징이다(向勇, 『北大講壇: 面向 2020, 中國文化産業新十年』, 金城出版社, 2011 참조).

과 세계의 관계도 마찬가지이다. 우리가 궁극적으로 추구해야 할 지역세계적 보편성(glocal universality)의 핵심이 바로 여기에 있다. 그리고 이제 우리에게 필요한 것은 서구인들이 '진리'라고 말한 반진리(demi-vérité)와 나머지 반(동양의 진리)을 포괄할 수 있는 새로운 사유틀을 마련하는데 있으며, 그것을 통해 각 지역의 생활세계, 전통, 역사, 언어의 고유한 측면을 십분 살리면서 새로운 지식(glocal knowledge)의 창출을 우리의 탐구 목표로 삼아야 할 때다. 그 때 그 지식은 더 이상 상대성이나 특수성이 항타성(抗他性)으로 작용하지 않을 것이며, 상대성과 특수성은 오히려 서로에게 도움이 되는 역동성, 운동의 요인으로 기능하게 될 것이다.

4. 이제는 '글로컬 지혜'를 탐구할 때다

인문학적 진리는 기본적으로 공론의 장을 무대로 설득력을 득해야 하며, 여기에 서로 다른 의견들을 제압할 수 있는 절대 기준이란 게 미리 주어져 있을 수 없다. 또한 인문학자의 문화적 뿌리가 동양인가 서양인가는 크게 문제되지 않는다. 그자가 제시한 의견이 문화적 편견과 파당성에 갇혀 있느냐 그렇지 않느냐가 더 중요하다고나 할까. 인문학적 진리는 의견이 경직되고 고정되어 있을 때 불소통의 문제를 야기할 수 밖에 없다.

미셸 메이에르도 그의 '문제제기론'을 통해 강조하고 있듯[65], 인문학적 진리는 이렇게 '형성 과정(processus de formation)'에 그 본의가 있다. 이 '과정'에 동참하는 것이야말로 인문학을 탐구하는 매력이며, 바로 그

64 *Ibid.*, p.76.

65 Michel Meyer, *De la problématologie. Philosophie, science et langage,* P. Mardaga, 1986 참조.

러한 연대적 공동 노력 속에서 공평무사함을 견지하는 것이 관건이다. 하지만 글로벌 시대라고는 하지만 여전히 문화적, 지리적 거리(cultural distance)가 상존(常存)하고 있는 것이 엄연한 현실이다. 국가/문명 간의 대화가 일신되어야 하는 것도 이 때문이다.

> "21세기 들어서 국제적 안전에 가장 큰 위협은 경제적이거나 정치적인 것이 아니라 문화적인 것이다. (…) 문명의 대화는 희망사항이 아니라 반드시 필요한 것이 되었다."[66]

문화적 대화의 촉매제는 기술이나 상품이 아니라 인문학적 진리다. 이를 '소유'하려는 것도 문제지만 '자본'으로부터 독립시키는 것도 급선무다. 소유나 자본에 연루된 지식은 이미 지식의 영역을 이탈한 사이비 지식일 뿐이다. 소유로 전락해버린 지식은 결국 그 지식을 소비 시장에 내놓게 될 것이며, 그렇게 하나의 상품이 돼버린 지식은 '맥월드' 안에서 쇼핑에 길들여진 사람들에 의해 마치 '일용상품'처럼 소비되고 말 것이다.

벤자민 바버도 지적하듯, 거대 기업들의 이윤을 극대화하기 위해 조직된 맥월드는 이렇게 심하게는 "인간까지도 변모시킨다."[67] 이렇게 소비의 대상으로까지 전락해버린 인문학적 지식을 회복하는 길은 인문학자 스스로가 자신에게 부여된 고유한 임무와 영지(領地)를 잘 견수(堅守)할 때라야 가망이 있다. 그리고 이를 위해서는 당연히 자본학이나 신자유주의를 위해 발 벗고 나서서 시장경제의 세계화의 조력자가 되려는 사심(邪心)을 버려야 한다. 모름지기 '지식'은 인류의 공공재산이요, 모든 지역의 민(民)에게 유익하고 이로운 것이어야 하기 때문이다.

---

66 뚜웨이밍, *op. cit.*, p.97.
67 Benjamin R. Barber, *Jihad vs. McWorld,* New York: Random House, 1995, p.97.

야마와키 나오시도 강조하듯, 모든 지역까지 두루 살피는 공공철학은 로컬리즘이나 문화적 상대주의, 일국 중심의 문화론, 단선적 진보사관, 역사적 국지주의의 한계들을 초월하고 '글로컬 공공철학'으로 거듭났을 때 그 본래 의미를 확보한다.[68] 글로컬 공공철학의 밑그림을 위해 나오시가 제시한 것이 다음 셋이다. 자기-타자-공공 세계. 여기서 우리는 마지막 항인 '공공 세계'가 '자기'와 '타자'를 동시에 수용하는 무대이자 미래의 지식이 지향해야 할 궁극 목표라고 생각한다. 그곳, 공공 세계에선 지역과 세계, 특수와 보편, 과거와 미래가 함께 터를 잡는다. 나오시가 이렇게 "문화·역사적 다양성에 기초한"[69] 자신의 글로컬 공공철학이 "내셔널 공공철학, 글로벌 공공철학, 로컬 공공철학"과 구분된다고 말한 것도 이 때문이다.[70]

이렇게 로컬과 글로벌이 하나로 엮이고, 지식이 공공 세계를 위해 복무할 때 우리는 마침내 "문화적 인간(cultura animi)"으로 거듭날 수 있다.[71] 문화적 인간은 시장경제의 세계화만을 추종하고 선전하는 자들이 기대하는 것과는 정반대로 인간의 정신은 결코 상품의 논리, 소비의 논리에 의해 식민화되지 않는다는 점을 강력히 호소한다. 인문학 "고유의 보편성(permanence relative)"[72], 인문학만의 보편성을 회복하자면 우리는 무엇보다도 상품(사물에) 빼앗긴 정신부터 가다듬어야 할 것이며, 자연과학이나 사회과학에서 요구하는 수량화의 늪에서 하루 속히 벗어나야 할 것이다. 자연과학이나 사회과학, 자본학 등에서처럼 계량화될 수 없

---

68 야마와키 나오시, 『공공철학이란 무엇인가』, 성현창 옮김, 이학사, 2011 참조.
69 *Ibid.*, p.201.
70 *Ibid.*, p.199.
71 H. Arendt, *op. cit.*, p.271.
72 *Ibid.*, p.260. 이를 어의적으로 번역하자면 당연히 '상대적 영원성'이 옳을 것이다. 하지만 필자가 이를 굳이 '고유의(한) 보편성'으로 번역한 것은 인문학이 인문학 고유의 목표를 달성하는데 있어 굳이 자연과학이나 사회과학에서 요구하는 학문적 객관성과는 다른 유형의 보편성을 추구해야 한다는 의미를 강조하기 위해서다.

는 소위 '정신적 질(qualité spirituelle)'을 추구하는 인문학 고유의 비판정신과 창의성을 되살려내려면 말이다.

이런 입장에 서고 보면 인문학의 역할은 비록 시대가 세속화, 상품화의 길로 접어들었다고 해도 결코 줄어든 것이라고 예단할 수 없으며, 곧 종명(終命)할 것이라고 지레 회의론자가 될 필요도 없다. 세계는 자본학이 아닌 인문학에 의해 화합하는 날이 곧 도래하게 될 것이라 믿기 때문이다.[73] 이를 앞당기기 위해서는 공평무사한 정신으로 각지고 그늘진 지식의 생산을 멈추어야 한다. 모든 인간과 문화적으로 다양한 세계가 하나의 원 속에서 조화를 이루는 '지혜'를 찾는데 목표를 두어야 한다고나 할까.[74]

세계는 결코 평평하지만은 않다.[75] 세계가 울퉁불퉁하다는 것을 우리 모두가 겸허히 수용할 때 지식도 문화도, 나아가서는 경제도 현재처럼 강자 중심의 지배논리에 휘둘리지 않고 각기 주어진 대로 제 고유한 역량을 발휘할 수 있을 것이다. 시선이나 관점이 또는 입장이나 방향이 이미 고정된, 그래서 주어진 사유 대상에 집착하는 논리로는 세계의 '그러함(道)'을 설명할 수 없다. 이 시대가 궁극적으로 요구하는 것은 아는데 그치는 지식을 쌓는데 있는 것이 아니라 삶을 살아가는데 필요한 지혜를 닦는데 있다.

경쟁하는 지식이 지혜의 단계로 진입하기 위해서는 세계(사물)를 "판단(재단)하지 않고 이해하는" 노력이 필요하다. 다시 말해 "그 어떤 것도 버리거나 배제하지 않는"[76], 편파적 지식이 아닌 "공통이해(com-préhension)"

---

73 『易經』: "觀乎人文, 以化成天下."

74 프랑수아 줄리앙, 『현자에게는 고정관념이 없다』, 박치완·김용석 옮김, 한울, 2009, 218쪽 참조.

75 데이비드 스믹, 『세계는 평평하지 않다』, 이영준 옮김, 비즈니스맵, 2009; 하름 데 블레이, 『공간의 힘』, 황근하 옮김, 천지인, 2009 참조.

76 프랑수아 줄리앙, *op. cit.*, pp.244~245.

[77]로서 지혜가 곧 우리 모두의, 모든 학문의 공동목표여야 한다. 사적 감각(sensus privatus)은 학문 자체를 사도(邪道)로 이끌 위험이 크다. 공통감각(sensus communis)만이 모든 사람들에게 봉사하는 학문의 길을 제시할 수 있고, 공동체 감각(community sense) 또한 살릴 수 있다.[78]

77 *Ibid.*, p.291.

78 한나 아렌트, 『칸트 정치철학 강의』, 72쪽 - 홍원표, 『아렌트 - 정치의 존재이유는 자유다』, 한길사, 2011, 146~147쪽에서 참조.

참고문헌

김용규, 「대학의 변화와 '지금-여기'의 인문학」, 『대동철학』 제57집, 2011.
박치완, 「(문화-)세계화: 동일성의 폭력인가, 차이의 배려인가?」, 『이문논총』 제29집, 한국외국어대학교 대학원, 2009.
______, 「탈영토화된 문화의 재영토화」, 『철학연구』 제42집, 고려대학교 철학연구소 편, 2011.
박치완·김성수·조소연 외, 『글로컬문화콘텐츠, 어떻게 그리고 왜?』, 한국외국어대학교 출판부, 2009.
손영삼, 「인문학 진흥의 토대에 관한 연구」, 『대동철학』 제57집, 2011.
이기상, 『이 땅에서 우리말로 철학하기』, 살림, 2003.
NEAR재단, 『신삼국지, 중국화 파고 속의 한국』, 매일경제신문사, 2011.
데이비드 스믹, 『세계는 평평하지 않다』, 이영준 옮김, 비즈니스맵, 2009.
데이빗 헬드 외, 『전 지구적 변환』, 조효제 옮김, 창비, 2002.
뚜웨이밍, 『문명들의 대화』, 김태성 옮김, 휴머니스트, 2006.
로버트 라이시, 『부유한 노예』, 오성호 옮김, 김영사, 2001.
______, 『슈퍼자본주의』, 형선호 옮김, 김영사, 2008.
빌렘 플루서, 『피상성 예찬: 매체 현상학을 위하여』, 김성재 옮김, 커뮤니케이션북스, 2004.
아마르티아 센, 『정체성과 폭력: 운명이라는 환영』, 이상환·김지현 옮김, 바이북스, 2009.
야마와키 나오시, 『공공철학이란 무엇인가』, 성현창 옮김, 이학사, 2011.
이매뉴얼 월러스틴, 『유럽적 보편주의: 권력의 레토릭』, 김재오 옮김, 창비, 2008.
장 보드리야르, 『소비의 사회』, 이상률 옮김, 문예출판사, 2002.
존 톰린슨, 『세계화와 문화』, 김승현·정영희 공역, 나남출판, 2004.
파스칼 브뤼크네르, 『번영의 비참』, 이창실 옮김, 동문선, 2003.
프랑수아 줄리앙, 『현자에게는 고정관념이 없다』, 박치완·김용석 옮김, 한울, 2009.
피에르 부르디외, 「신자유주의에서 벗어나기」, 『프리바토피아를 넘어서』,

최연구 옮김, 백의, 2003.
C. P. 스노우, 『두 문화. 과학과 인문학의 조화로운 만남을 위하여』, 오영환 옮김, 사이언스북스, 1996.
피터 싱어, 『세계화의 윤리』, 김희정 옮김, 아카넷, 2003.
하름 데 블레이, 『공간의 힘』, 황근하 옮김, 천지인, 2009.
호미 바바, 『문화의 위치: 탈식민주의 문화이론』, 나병철 옮김, 소명출판, 2002.
向勇, 『北大講壇: 面向2020, 中國文化産業新十年』, 金城出版社, 2011.
Arendt(H.), *La crise de la culture. Huit exercices de pensée politique*, trad. de l'anglais sous la dir. de Patrick Lévy, Gallimard, 1972.
Barber(B. R.), *Jihad vs. McWorld*, New York: Random House, 1995.
Derrida(J.), *De l'esprit. Heidegger la question*, coll. ≪La philosophie en effet≫, Galilée, 1987.
Durand(G.), *L'imaginaire. Essai sur les sciences et la philosophie de l'image*, Hatier, 1994.
Eugene Chen Eoyang, *Two-Way Mirrors. Cross-Culture Studies in Glocalization*, Lexington Books, 2007.
Friedman(Th. L.), *The World is Flat*, Farrar, Straus and Giroux, 2005.
Guillebaud(J.-C.), *La refondation du monde*, Seuil, 1999.
Howes(D.), *Cross-cultural Comsumtion: Global Markets, Local Realities*, London: Routledge, 1996.
Latouche(S.), *The Westernization of the World*, Cambridge: Polity Press, 1996.
Marcus(G. E.) and M. J. Fischer, *Anthropology as Cultural Critique*, The University of Chicago Press, 1986.
Meyer(M.), *De la problématologie. Philosophie, science et langage*, P. Mardaga, 1986.
______, *Petite métaphysique de la différence*, Librairie Générale Française, 2000.
Morin(E.), *Le paradigme perdu*, la nature humaine, Seuil, 1973.
Murphy(C. N.), "Power and Responsibility in the Global Community", *The Ethics of Global Governance*, ed. by Antonio Franceschet, Lynne Rienner, 2009.

Pérez-Llantada(C.) & Gibson R. Ferguson(eds), *English as a GloCalization Phenomenon*, Valencia: Publication de la Universitat de València, 2006.

Warnier(J.-P.), *La mondialisation de la culture*, coll. ≪Repères≫, La Découverte, 3e éd., 2004.

2

탈식민주의의 3대 이론서에 대한 동양적 재해석*

신규섭

1. 들어가며

세 권의 탈식민주의 이론서를 읽으면서, 나는 또 한 번 좌절을 맛보아야 했다. 서구에서 발간된 대부분의 철학 번역서들이 읽기 힘들지만, 탈식민주의 서적들은 몇 년 전에 독회 모임을 통해 훑어 본 적도 있고 해서 좀 편할 거란 생각을 했다. 서구 출신이 아닌 3세계 학자들의 저술이어서 우리에게 좀 더 가까이 느껴지기도 한다. 그러나 에드워드 사이드와 더불어 탈식민주의 이론에 관한 3대 대가로 불리는 호미 바바와 스피박의 저술서는 그야말로 난공불락의 요새처럼 느껴졌다.

필자가 강의를 나가는 대학에는 매달 1권씩 책을 읽는 문학(소수의 철학 전공 교수도 참여하고 있음)전공 학자들의 독회모임이 8년째 지속되고 있다. 이 모임에는 프랑스 문학과 철학, 독일 문학과 철학을 위시

---

* 이 글은 『지중해지역연구』 제13권 제2호(2011)에 수록한 서평의 일부 내용을 수정·보완한 것임.

해 국문학, 중국과 일본 문학을 비롯한 다양한 전공 분야의 4-50대 중견 학자들이 참여하고 있다. 그러나 이런 류의 번역서를 온전히 이해한다는 것이 거의 불가능하다고 느끼는 게 현재의 중론이다. 지금까지 수년 동안 읽어 온 서적들은 불어를 번역한 인문학 서적들이 주종을 이룬다. 불어판 서적들이 세계 인문학 시장에서 최근 십 수 년간 대세(?)를 이뤘기 때문이다. 꽤 많은 이런 서적들을 읽고 토론했지만, 공허함이 참석한 연구자들의 마음에 남아있다.

필자의 전공 영역은 동양과 서양을 매개해 온 페르시아학(Persian Studies)으로서 박사학위를 준비하면서, 본격적으로 페르시아 철학에 관해 연구했고 동서양의 인문학이 유기적으로 연결되어 있다는 작은 단서들을 찾기 시작했다. 페르시아학은 동양과 서양 학문의 연결고리이자, 학문의 근간에 해당한다. 동양 내에서도 고대 페르시아학을 인도나 중국 학문과의 비교를 통해 보면 이런 사실을 쉽게 이해할 수 있다. 여기서 고대 페르시아권은 지금의 이란을 위시해서 중앙아시아, 아프가니스탄과 파키스탄 등의 지역을 말하며, 이 지역은 대체로 공동의 역사와 문화를 간직해왔다. 또한 현대의 인문학의 서적들은 현재 발간되고 있지만, 고대부터 계속돼온 동서양 학문의 소통과 교류의 결과이며 그 맥이 닿아 있다는 사실도 간파하게 되었다. 다시 말해 동서양과 그 중간 지대(페르시아학과 아랍학 등)에 있는 학문들의 계보를 고대의 뿌리부터 체계적으로 맞춰나가면, 상호간에 연결지점이 형성된다는 사실이다.

그리고 서구에선 이런 철학적 논의의 마지막에 자신들의 논리와 이념들을 내세우고 있다. 난해하게 씌어져 있는 이 책들을 우리는 두 손 놓고 무기력하게 바라다보아야만 하는 것인가? 그들의 논리를 추종하며 서글프게 모방하는 인문학에서 서서히 벗어날 때도 되었다. 그들이 말하는 논리가 뭔지 이제 알아야 한다. 그래야만 앞으로 전개될 아시아 문명 시대에 혼을 뺏기지 않고서 우리의 길을 제시하며 나아갈 수 있다.

2. 『문화의 위치』와 『포스트 식민 이성 비판』에 관한 斷想

『문화의 위치』나 『포스트 식민 이성 비판』은 워낙 두꺼운 책으로 읽기가 만만치 않으면서, 특히 『문화의 위치』는 그 내용을 파악하기가 힘들다. 서양의 학문은 그 학문의 틀 내에서 접근하고 이해해야 하는 게 원칙이다. 그러나 그 자체의 틀 내에서 이해가 어려운 경우 어떻게 해야 하나? 지금 서구에서 출간된 번역서들은 서양 학문의 틀 안에서 이해되지 않는 경우가 많다. 동양을 알지 못하고서 근대 서양의 일부 이론은 고립무원에 다름 아니며 한낮 언어적 유희에 불과할 수도 있다. 물론 우선 고대부터 동서양 학문의 교류나 그 흐름을 알아야 한다. 근대를 알기 위해서는 중세의 학문적 흐름을 알아야 하는 것과 같다. 여기서 이런 학문적 흐름과 교류를 밝히고자 하는 것은 아니며, 필자는 탈식민주의 이론서의 일부 쟁점을 언급하는데 충실하고자 한다. 세책의 내용은 워낙 방대한 내용이라 필자가 보기에 『문화의 위치(호미 바바 지음, 나병철 옮김), 소명출판』와 『포스트식민 이성 비판(가야트리 스피박 지음, 태혜숙, 박미선 옮김), 갈무리』의 주요 개념어중의 하나인 <수행>과 <정동>에 관해 추려서 서술하고자 한다.

우선 『문화의 위치』라는 책을 보자. 쉽지 않은 내용을 조금이나마 이해를 돕기 위해 동양과 페르시아적 관점에서 재해석을 시도해 보고자 한다. 인도 태생의 두 저자, 호미 바바와 스피박은 라캉과 같은 서구 이론가들의 영향을 받아 3세계의 탈식민주의 문화이론을 성립시켰기에, 우리는 서구 이론에 관해 세밀하게 들여다봐야 한다. 『문화의 위치』를 번역한 나병철 교수의 또 다른 저서를 먼저 살펴보면, 필자가 논하는 책에 관해서도 조금 나은 이해를 할 수 있을 것이다. 이 대목은 나병철의 『탈식민주의와 근대문학』에 나오는 내용(104-105쪽)이면서 『문화의 위치』의 역자 서문에도 일부 실려 있다.

…그리고 그처럼 권력의 시선이 인식론적으로 완전히 지배할 수 없는 부재영역에서, 이질성으로 살아남은 피식민자의 눈은 식민주의적 시선을 혼란시키는 응시로서 되돌아온다. 여기서 식민주의적 시선은 피식민자를 오리엔탈리즘에 가두고 문명의 담론에 동일화시키는데 실패함으로써 양가적으로 분열된다. 시선과 응시가 교차되는 바로 그 양가적인 분열의 순간에 라캉이 말한 실재계와의 만남이 이루어진다. 양가적인 분열이란 피식민자를 오리엔탈리즘적 상징계에 가두려는 권력의 시선이 혼란되는 순간이며, 이때 식민자/피식민자는 상징계와 실재계 사이의 공간에 위치하게 된다. 이처럼 양가적인 분열이 일어나는 곳은 상징계와 실재계의 '사이에 낀' 위치이며 그곳에서 문명의 언설은 언표작용(글쓰기)의 이중성으로 미끄러진다. 요컨대 바바의 양가성 이론은 서구의 상징계적 시선·담론의 권력이 타자의 이질성에 부딪혀 분열되면서 실재계를 드러냄을 논의한다.…

위의 의미가 뜻하는 게 무엇일까? 라캉이 말하는 상징계(언어구조, 현실)와 실재계에 대한 의미 파악과 더불어 부재영역의 뜻을 알아야만 한다. 필자는 동양적인 관점에서, 라캉의 용어인 상징계와 실재계를 설명함에 있어, 실재계를 상징계를 넘어서는 직관의 영역으로 보고 있으며 '부재'의 의미는 알아차리는, 깨닫는 순간으로 보고 있다. 물론 필자가 읽은 대부분의 서양 인문학자들의 저술서는 직관의 영역을 인정하지 않고 있다. 라캉이 말하는 위상학과 수학소 역시 직관심을 막기 위한 장치이다. "식민지배자와 피식민자의 시선이 교차될 때 실재계와의 만남이 이뤄진다"는 의미는 시선과 응시의 양가적 분열의 순간에 뭔가를 깨닫는 '알아차림'이 진행된다는 의미로 파악된다. 양가적인 분열이 일어나는 곳은 상징계와 실재계의 '사이에 낀' 위치라고 보았다. '사이에 끼여 있는 것'의 공간은 식민지배자와 피식민자 간에 문화적 혼성성들이 일어나고 상호 교섭하는 곳이다. 직관의 영역은 도달할 수 없는 세계인데, 이 영역에서 합일을 시도하고 혼종성이 이뤄지고 있는 곳으로 간주하는 듯 보인다. 즉 혼종성을 통해 합일을 이루려는 식민지배자와 피식민자가 만나는데, 깊이 있는 혼종성을 이뤄내는 의미가 실재계와의 만남으로 파악된다.

'사이에 낀'의 동양적 의미는 육체와 정신 사이 즉 정묘함을 얻는 단계까지 이르지 않지만, 저자는 직관의 초기 영역을 인정하는 듯 보인다. 현재 수없이 쏟아져 나오는 대부분의 서양 현대 철학자들의 저술서적들과 같이, 이는 인간이 직관의 마지막 단계인 깨달음에 이른다는 관점을 제거하고 있다. 동양인들의 궁극적 목적은 직관심이나 초월심에 이르는 것이 아닌가! 라캉은 직관의 초기 영역까지는 인정하고 그 이후부터의 영역을 배제하고 있지 않나 하는 생각이 든다. 식민자의 시선과 피식민자의 응시가 만나고 양가적인 분열이 일어날 때, 라캉의 실재계와의 만남이 실현된다. 다시 말해 동양적 관점에서 볼 때, '사이에 낀' 공간의 초기 영역은 이성의 사유 행위를 멈추고 그 이성이 끊어지는 지점으로 초기 직관의 영역으로 들어서는 단계이다. 라캉의 실재계에서 깨달음은 가능하지 않지만 동양적 재해석은 도를 깨치는 순간이며, 이를 두고 부재의 영역으로 부를 수 있다고 본다.

『문화의 위치』 1장 「이론에의 참여」에서 바바가 언급하는 내용을 보면, 동양적 시각에서 선종의 수행적 관점보다는 언표작용을 통한 교의적 측면을 강조함으로써 언어와 문자에 의지하는 인상을 강하게 받는다. 언표작용을 통해 문화적 동일화나 분열을 만들고, 그 기호들이 제3의 공간에서 새롭게 문화를 재구성한다고 보고 있는 듯하다. 물론 바바가 말하는 수행과 교의는 perform, pedagogy에 해당하지만, 필자는 이를 포함해 큰 틀의 전체적인 의미에서 서술하고 있다. 동·서양의 중간지대에 있는 페르시아적인 관점에서 볼 때, 외래 종교인 이슬람이 유입되기 이전 페르시아 철학과 문학에서 직관은 최고의 화두였다. 즉 페르시아 철학과 문학에서 가장 핵심적인 개념은 사랑론으로도 불리는 직관이며 이는 근대 서양의 이성론과 반대편의 지점에서 마주 보고 있다. 페르시아 인문학에서 이성에 대해 비판적인 관점을 견지하며, 더 나아가 부정적으로까지 보고 있다는 사실이다. 이런 배경을 염두에 두면서 『문화의 위치』 제 7장 「의고적인 것을 분절하기」-에서 바바가 언급하는 두 대목을 보자.

> 일상생활의 단편적인 조각들은 되풀이해서 일관된 민족적 문화의 기호로 전환되지만, 서사적 수행의 행위 자체는 국민적 주체들의 점점 확대되는 원환을 호명한다. 서사물로서의 국가의 생산과정에는, 연속론적이고 누적적인 교의적 시간성과 반복적이고 회귀적인 수행의 전략 사이에 분열이 존재한다. 근대사회의 개념적인 양가성이 국가를 글쓰기 하는 자리가 되는 것은 바로 그 분열의 과정을 통해서이다.(289쪽)

> 글쓰기에서 데리다의 대리보충의 이질적인 구조는, 국가의 서사적 언설을 나타내는 교의적인 것과 수행적인 것 사이의 고통스러운 양가적 운동에 의해 밀접하게 연결된다. 한편으로 보면 대리보충은 현존을 집적하고 모은다. 따라서 그것은 기술·테크네·이미지·표상·관습 등이 본질(자연)을 대리보충하는 것이며, 그처럼 전체를 모으는 기능(교의적인 것)으로써 이미지와 표상, 관습이 풍부해지는 것이다.(303쪽)

위의 이런 내용들을 어떻게 이해해야 할까? 이 책에서 가장 중요한 용어중의 하나가 '수행'인데, 두 대목에는 '수행'이라는 개념어가 나온다. 바바가 말하는 '수행(performance)'은 글자 그대로의 뜻에서부터 '글쓰기'의 의미 혹은 practice의 修行에 이르기까지 광범위하게 혼용되어 사용하는 듯 보인다. 바바는 라캉이나 데리다의 영향아래 그들의 이론을 끌어와서 설명하고 있다. 그 서구의 일부 이론들은 필자가 보기에 페르시아 혹은 이슬람 학문과의 직접적인 관계 속에 놓여 있다고 본다. 이

지역은 서구와 학문적으로도 직접적인 교류가 있었다.

서구는 중세 중동·이슬람 지역의 학문을 토대로 해서, 르네상스와 이후 근대 유럽 문명이 발전하는데 자양분을 공급받을 수 있었다. 중동 이슬람 지역의 인문학 분야뿐만 아니라 자연과학 역시 유럽으로 전파되었다. 여기서 반드시 지적해야 할 부분은 중세 유럽 문명이 아랍 문명에 의해 이룩된 것으로 알려져 있으나, 이는 이슬람 문명에서 페르시아와 아랍을 잘못 이해하고 있는데서 비롯된 것이다. 특히 페르시아 문명을 이슬람 문명으로만 파악함으로써 학문에서 엄청난 오류가 파생되었음을 기억할 필요가 있다. 예컨대 우선 중세 이슬람의 유일 신관과 고대 페르시아의 범신론은 정반대의 논리인데, 이런 차이에 대한 언급 없이 이슬람 문명과 문화가 아랍으로 대체되었다. 이는 서구와의 관계를 논하기 전에 이슬람 문명 내부에서 오류와 왜곡이 시작되고 있음을 의미한다. 다시 말해 이슬람 문명은 아랍이라는 외피를 두르고 있지만, 그 내부는 페르시아 문명으로 형성되어 있음을 잊어서는 안 된다. 이런 사실은 중동과 중앙아시아 지역을 벗어나 중세 스페인의 안달루스 문명에도 그대로 적용된다. 이에 대해서는 이후 좀 더 언급할 것이다.

서구에서 중동·이슬람의 인문학분야에서 끌어다 쓴 일부 학문은, 근대 이후 수많은 서구 학자들을 통해 정반대의 이론과 논리로 나타나고 있다. 이런 차이는 고대부터 동서양 학문에 그대로 반영되어 왔다. 즉 학문에서 동서양의 지향점은 대척점에 있다는 사실이다. 이런 내막을 토대로 해서 위의 두 대목들을 이해하기 위해 문구의 해석보다 큰 틀에서 맥락을 살펴보자.

언표작용이라는 글쓰기는 불립문자로 대변되는 불교와 동양적 사유방식에 정면으로 배치된다. 또 직지인심 견성성불(교리에 의지하지 않고 직접 사람의 마음을 지도하여 깨달음에 이르게 함)의 수행은 언어나 문자에 의지하는 수행과 전적으로 대척점에 있다. 특히 고대 페르시아는 수 세기 동안 불교국가를 이루었으며, 불립문자 교외별전을 특색으로 하는 선종은 페르시아의 道, 애르펀(Mysticism)의 계보에 놓여 있다. 이에 반해 서구 사상의 이론은 불립문자 교외별전의 대척점인 언표작용이나 언어 구조에 있으며, 철저하게 직관의 영역을 제거하고 있다. 직관이 이성의 고등 형태라는 관념은 페르시아의 철학과 문학에서 고대부터 지속돼왔다. 다시 말해 언표작용의 문자화 작업은 이성의 사유 행위를 가속화시켜 직관의 영역에 들어가지 못하며, 직관심을 박탈한다고 고대 페르시아 철학은 보고 있다.

스피박의 『포스트 식민 이성비판』은 독자의 흥미를 유발시키는 주제(철학, 문학, 역사, 문화)로 나열되어 있다. 그가 스스로 언급하듯이, 철학은 철학하기가 아니며, 역사도 역사적 작업에 관한 서술은 아니다. 인문학에 관한 총체적인 왜곡은 그야말로 상상을 초월하는데, 그가 서술하는 내용은 왜곡과 오류의 지적과는 거리가 있다. 일부 서구 학자들은 "모든 것의 기원은 인도다"라는 확신에 찬 오류로 인해 오늘날 얼마나 많은 학문적인 혼란이 일어나고 있는지에 관한 언급이 그의 책에는 없다. 인도는 학문적으로 오류와 왜곡이 시작되는 나라중의 하나이기 때문이다. 이는 영국의 친힌두 정책에 기인하는 것으로 보이며, 영국의 식민 지배 시기 적지 않은 학문적인 왜곡이 진행된 것으로 필자는 보고 있다. 그의 책의 한 대목(40-41쪽)을 보자.

> 1장에서 나는 "토착정보원"이라는 이름을 대문자 인간, 즉 보편 인간의 이름으로 인간 존재의 서막을 열어주는 정동을 실어 나르는 이름으로 암호화하는 현상을 죽 기입해 나갈 것이다. 우리가 여기서 정신병을 진단할 수 는 없겠지만, 『문명과 그 불만』을 쓰게 했던 프로이트의 윤리를 대리보충 할 수는 있다. 즉 정동의 거부야말로 문명화 사명을 활기 있게 성공적으로 방어하는 데 봉사했으며 현재도 그렇다고 생각함으로써 말이다.

....

이러한 안 - 밖의 두 단계를 자신의 안내자로 삼아 “라캉은 폐제를 … [프로이트를]자신의 언어로 번역하여 … ‘상징계로부터 폐제된 것이 실재계에서 다시 나타난다’고 정의한다.” 그리하여 폐제는 다음과 같이 “주체로의 입문과 주체로부터의 축출이라는 두 보완적 작동을 체현하는 과정, 즉 프로이트가 말한 ‘일차적 과정’”과 관련된다. 실재계는 이러한 축출의 표시이거나 그러한 표시를 지닌다.

나는 “토착정보원”이 인간이라는 이름으로부터의 축출을 가리키는 표식이라고, 윤리적 관계의 불가능성을 지워버리는 표식이라고 생각한다.

호미 바바의 『문화의 위치』에서 <수행>의 개념어와 비교하여, 스피박의 책에서는 <정동affect>이라는 개념어가 등장한다. 저자는 인용문에서 정동이 거부되어야 문명을 이룰 수 있다는 사고를 갖고 있는 것으로 보인다. 특히 토착정보원(Native Informant)이라는 이름을 인간 존재의 서막을 열어주는, 정동을 실어 나르는 이름으로 보면서, 정동의 거부야말로 문명화 사명을 활기 있게 성공적으로 방어하는데 봉사했다고 말한다. 철저하게 이성에 토대를 두면서 정동이라는 비이성적인 영역을 부정해 버린다. 또한 ‘주체로의 입문과 주체로부터의 축출’이 갖는 의미를 동양적 맥락에서 살펴보자. 이 의미는 ‘주체로부터 주체를 축출한다(페르시아어로 Az khod khod ra fani bovad)’는 이슬람 수피즘의 정의와도 일치하는데 자아 소멸을 의미한다. 주체는 서양에서는 Self로 사용되고, 동양에서는 Mind(性, 心)에 해당하는데, 동일한 용어로 파악된다. 이슬람 수피즘은 파나(Fana, 해탈)와 바가(Bagha, 신과의 합일 혹은 지속성)의 두 단계가 존재하는데, 위에 언급한 ‘파니(Fani)’는 ‘파나’의 형용사형에 해당한다. ‘파나’는 불교의 영향이 이슬람 수피즘에 그대로 남아있는 가장 큰 영향력 중의 하나이다. 즉 이슬람 수피즘은 페르시아 불교가 사라지고 그 사상 체계가 남아 이후 이슬람 시대에 존속한 종교 사상이기 때문이다. 페르시아가 수피즘의 고향이라는 의미를 다시 새겨 보았으면

한다.

라캉의 실재계를 재해석해 보면, 언어의 영역을 넘어서 있으면서, 결코 깨달음에 이르지는 못하지만 깨달음을 향한 과정이 아닌가 한다. 이런 의미와 맥락은, 예컨대 한국에서 도가철학과 칸트철학과의 관련성에 관한 논쟁과 결부시켜 파악할 수 있다. 다만 이 양자를 연결하며 매개 역할을 담당하는 동시에, 학문의 원형과 기원에 위치하는 페르시아학(Persian Studies)에 관한 이해의 부족은 마치 이 연구가 토대 없는 영역으로 간주하게 되었다고 판단된다. 페르시아학의 원형 연구에 등장하는 인물로 고대 동서양 종교에서 가장 중요한 예언자(동양적 개념으로는 성자로 번역할 수 있다) 중의 하나로 거론되는 조로아스터(고대 페르시아어로 짜라투스트라)를 언급하고자 한다. 조로아스터의 가르침은 한편으로 동양에서는 노자의 도가사상에, 다른 한편으로 서양철학의 기원과 토대에 해당하는 플라톤 철학에 영향을 끼치고 있어 조로아스터의 종교철학에 관해 연구할 필요성을 제기하고자 한다. 조로아스터의 가르침이 노자의 도가사상에 끼친 영향과 연관성에 대해서는 일부나마 발표한 바 있으며 조로아스터와 플라톤 철학과의 관계에 대해서는 다음 장에 몇 줄이나마 언급하고 있다.

『포스트 식민이성 비판』의 역자가 본문(165쪽)에서 자세하게 역주를 달고 있는 들뢰즈의 '기관없는 신체'는 동양적인 관점에서 볼 때, 인간을 유기체로 보는 페르시아 철학과 정면으로 배치된다. 이슬람 신학의 최고봉으로 불리는 가잘리(1058-1111)를 비롯한 중세 페르시아 철학에서 '기관없는 신체'는 상상도 할 수 없을뿐더러 각 신체 기관도 동등하지 않아 심장을 최우선 순위에 두고 있다. 페르시아 철학에서 말하는 마음은 구체적인 신체 기관 중에서 바로 이 심장에 해당하며, 가잘리는 중세 스콜라 철학의 대표적 인물인 토마스 아퀴나스에게 큰 영향을 끼쳤다. 이런 '차이의 철학'의 기원은 고대 페르시아와 그리스 학문의 연원에서 비롯되었다는 것이 필자의 생각이며, 페르시아나 아랍 학문에 대한 비하는 사이드가 『오리엔탈리즘』에서 밝히고 있는 것보다 훨씬 더 근원으로 거슬러 올라가야만 한다. 그래서 이 글에서는 오리엔탈리즘의 근간을 찾아보고, 페르시아와 아랍이라는 용어의 몰이해로 인해 서구학문과의 관계에서 얼마나 큰 오류와 왜곡이 발생하였는지 살펴본다.

3. 『오리엔탈리즘』에 관한 斷想

고대 페르시아 문화는 그리스 문화와 융합되어 헬레니즘 문화를 꽃피웠지만 그 중심에는 페르시아 문화가 있었다. 최초의 세계국가(대제국)라고 불렸던 페르시아 아케메네스(기원전559-330) 왕조가 알렉산드로스에 의해 멸망함으로써 동양의 거대한 문명은 서양으로 이식되었다. 이 헬레니즘을 우리는 대체로 그리스 문명으로 불러왔으며, 동서양의 왜곡된 인문학은 그리스로 시작되는 서구사상에 의해 굴절되면서 동서학문의 오류가 출현했다고 볼 수 있다. 서양철학의 시조로 알려진 플라톤의 철학이 조로아스터와 어떠한 관계에 있는지에 관해 천착한 연구물을 아직껏 보지 못한 것 같다. 그리스 철학은 페르시아의 예언자 조로아스터의 출현과 시기를 같이한다. 그리스인들은 전쟁과 무역의 결과로 고대 페르시아인들의 사상을 접하면서 페르시아 철학의 영향을 받았다. 헤라클레이토스는 아르테미스 사원 근처에서 조로아스터교의 사제들과 교제했다. 피타고라스, 엠페도클레스와 프로타고라스는 페르시아의 학문과 철학을 배우기 위해 페르시아에 들어왔다. 또한 기원전 6세기 말 데모케데스와 크테시아스는 페르시아 아케메네스 궁정에 발을 들이면서 그곳에서 의학에 몰두했다. 고대 페르시아의 조로아스터와 그의 종교가 고대 그리스 철학에 끼친 영향은 상기한 철학자를 비롯해 신플라톤주의와 소피스트에 남아 있다.

외관상 일신론의 종교로만 알려진 조로아스터교와 고대 페르시아 종교는 범신론의 토대위에 있다. 조로아스터교의 핵심 사상은 영혼론이며, 영혼 현시란 내면의 빛을 본다는 것으로 수피들이 지향하는 최고의 가치이기도 하다. 페르시아는 수피즘이 태동한 고향이다. 수피즘은 페르시아의 형이상학(Metaphysics)이다. 수피즘은 인문학에서 가장 중요한 학문 분야 중의 하나이다. 조로아스터교는 베다와 아베스타(조로아스터교의 경전)를 정점으로 끌어올렸으며, 피타고라스, 플라톤, 헤겔, 니체와 같은 위대한 철학가들이 스승으로 모셨던 인물이 조로아스터다. 스피박은 그의 저서에서 독일 철학의 핵심 3인방에 관해 논하는데, 이들은 헤겔, 칸트와 마르크스이다. 이들 3인은 조로아스터를 위시한 고대 페르시아의 종교철학자와도 적지 않은 관련성이 있는 것으로 보이는데, 지금 필자가 논하기에 힘든 작업이라 이 글에서는 논외로 하고자 한다. 다만 사이드가 그의 저서에서 마르크스에 관해 언급하는 내용의 일부는 이와 관련이 있어 보인다.

조로아스터는 근대의 니체뿐만 아니라 고대의 플라톤의 선구자였고 플라톤의 출현은 조로아스터의 부활로 받아들여졌다. 플라톤은 조로아스터 교리를 변형시켰고 조로아스터교를 구해낸 인물이었다. 고대 페르시아 문명은 그리스를 통해 유럽으로 전파되었을 뿐만 아니라, 아랍권을 통해 중세 안달루스 지방으로 유입되었다. 중세 스페인 문명과 학문에는 항상 '아랍'이라는 단어가 붙는다. 그러나 그 어떤 학문의 분야와 문명에도 '아랍'이라는 용어를 붙이는 것은 적합하지도 옳지도 않다. 다시 말해 문학, 철학, 신학, 수피즘 분야뿐만 아니라 음악, 건축과 예술에 이르기까지 모든 분야에서 페르시아학의 영향을 크게 받았다. 이런 이유로, 아랍 철학으로 알려진 중세 이슬람 철학에서 오류가 그대로 반복되며, 철학분야에서의 잘못 맞춰진 계보는 오늘날의 동서 철학으로 연결되고 있다. 필자가 이런 언급을 하는 이유는 현대 유럽의 일부 철학자들이 자신들의 철학사상의 기원을 그리스나 인도에서만 찾는데, 사실은 그 중간지대에 고대 페르시아가 존재하고 그곳에서 인도와 그리스로 학문과 문명이 전파되었기 때문이다. 물론 문명의 특성이 상보적이라는 데 대해 이견을 갖고 있는 것은 아니지만, 고대와 중세를 통해 학문적 교류가 상보적이라는 데만 매달린다면 문명의 전이과정과 학문의 계보학은 무슨 의미가 있다는 말인가!

고대 페르시아의 믿음체계는 미트라교-조로아스터교-페르시아 불교-수피즘-마니교로 이어지는 범신론적 신앙이며, 유대교-기독교-이슬람교로 연결되는 셈족의 종교와는 대척점에 있다. 페르시아에 유입된 외래종교, 이슬람교는 셈족의 종교로서 아리안(국가 이란은 아리안의 축약형)의 신앙 체계와는 근본적으로 정반대의 지점에 위치하고 있다. 그러나 7세기 중반 페르시아가 아랍에 의해 멸망한 후, 이슬람 국가로 출현하는 과정에서 고대 페르시아의 종교, 철학과 사상이 이슬람이라는 용어 속에 묻혀버리는 학문적 재앙이 일어난다. 이런 오류와 왜곡의 구체적인 실례는 서양철학과 중세철학사의 서적을 통해 그대로 재현되고 있다.

팔레스타인에서 태어난 아랍 학자, 사이드의 『오리엔탈리즘』은 근본적으로 앞서 밝힌 전제와 구도를 근간으로 '동양'이라는 용어가 사용될 필요가 있다. 그렇지 않을 경우, 오리엔탈리즘에 관한 근원적인 해결책은 찾기 어려우며 요원하기 때문이다. 그의 책, 곳곳에서 언급되고 있는 '동양'은 아랍을 위시한 이슬람 지역이지만, 어쩔 수 없다 하더라도, 아랍위주로 기술하고 있는 것도 사실이다. 필자의 이런 지적은, 학문적인 오류와 왜곡을 최소화할 수 있다는 신념아래 재차 자세하게 언급하고 있지만, 중세 서양의 르네상스가 이슬람 문명 중에서도 대체로 페르시아 문명을 토대로 성립되었다는 사실을 상기한다면, 아랍과 페르시아의 차이를 비롯해서 중세 이슬람의 구도를 정확하게 이해하는 것이 학문적으로 얼마나 중요한지 알 수 있을 것이다. 아랍과 이슬람 지역이 일천년 동안 동양을 대표하며 중세 문명을 주도했다고 사이드는 보고 있기 때문이다.

서구에서 발간되는 수많은 철학서적들의 번역본은 이해가 어려우며 암호로 이뤄져 있다 해도 과언이 아니다. 한국어 번역본이 읽혀지지 않는다고 해서 근·현대를 주도해온 그들의 정신사상을 쉽게 외면하지도 못한다. 앞으로 펼쳐질 아시아의 시대, 새로운 아시아학은 지금까지 구축해 놓은 서구 학자들의 책 내용을 이해하는 작업의 토대위에서 이뤄져야 한다. 그들이 표방하는 지식 체계를 적절하게 이해하는 동시에 그 속에 담긴 오류와 왜곡이 있다면, 이를 바로잡으려는 노력까지 병행해야 한다. 이에 대한 일갈이 에드워드 사이드의 『오리엔탈리즘』이라고 생각되지만, 제2부 2장에서 실베스트르 드 사시와 에르네스트 르낭을 비롯해 유럽의 동양학자들에 대한 사이드의 비판은 좀 더 구체적이고 적극적일 필요가 있다. 사이드는 드 사시를 동양에 대해 서술한 최초의 유럽학자로 보고 있다. 드 사시는 고대 동양의 이야기를 소생시키는데 커다란 역할을 수행했지만, 학문의 근간과 원형에 대한 연구가 빗나감으로써 학문적인 왜곡이 적지 않게 발생했다고 필자는 보고 있다. 학문의 근간과 원형에 관한 연구는 종국적으로 인류 최초의 문명과 관련되어 있다. 물론 이 글에서 최초의 문명과 관련해서 글을 전개하는 것은 아니며, 지금까지 인도설과 관련해서 19세기 독일학자 테오도르 벤파이(Theodor Benfey)가 주창하는 인도설의 오류를 앞으로 좀 더 깊이 있게 다룰 필요는 있을 것이다.

『오리엔탈리즘』이 좀 더 깊이 있는 논지를 전개하려면, 우선 이 책에서 동양에 대한 적절한 구분이 필요하다. 아랍과 페르시아, 아랍과 인도에 대한 논의가 시대와 지리에 따라 적절하게 분리되어 전개된다면 혼선을 빚지 않으면서, 셈계 동양의 아랍을 뚜렷하게 부각시킬 수 있지 않았나 생각된다. 이는 그가 다루고 있는 작품에도 그대로 적용된다. 작품에 대한 기본적인 배경 지식이 없는 독자들이 온전히 그 내용을 이해하는 것은 무리라고 본다.

한 작가의 문자와 언어에 대한 관점은 학문적 배경의 근간을 이루는데, 『오리엔탈리즘』을 통해 일례를 들어보자. 사이드는 자신의 책, 여러 곳에서 셈어와 인도·유럽어를 비교하는데, 셈어가 르낭과 같은 일부 학자들에 의해 인도·유럽어보다 열등한 언어로 취급당하는 사실에 분통을 터뜨리고 있다. 사이드가 보는 관점은 인도·유럽어중에 동양어가 존재하고 중동·이슬람 지역에서 셈어의 아랍권을 제외하고, 대부분의 언어는 인도·유럽어에 속한다는 사실이 빠져 있어 혼란이 불가피한 측면이 있다. 또한 언어학에서, 인도·유럽어라는 용어는 적절한 것인지, 인도·유럽어중에서 가장 오래된 언어로, 모든 언어에 대한 가설적인 기준으로 사이드가 삼는 산스크리트어는 고대 인도어로만 정의하는 것이 옳은 것인지에 대해 학문적인 논의가 필요하다. 고대 페르시아권에서 인도와 티베트로 언어를 비롯해 문명이 전파되었다는 사실에서 보면, 인도-유럽어라는 용어는 다분히 평면적인 의미만을 담고 있다는 게 필자의 견해이다. 또한 산스크리트어의 고향은 캐시미르이며, 이후 펀잡(펀자브)과 신드 지역 등으로 퍼져나갔고 캐시미르 지역은 이 천년 이상 산스크리트 학문이 성행했다. 산스크리트어로 된 불교 경전과 주해서가 캐시미르에서 쓰인 반면에, 인도 지역에서는 빨리어로 기록되었다는 점에서 극명한 대조를 이루고 있다.

필자는 근대 이후 유럽이 성취한 엄청난 학문적인 업적을 인정해야 하며, 이와 동시에 의도되었건 그렇지 않던 간에, 그들이 잘못 생산해낸 적지 않은 학문적 과오 또한 전 학문 분야에서 밝혀내어, 학문의 담론을 우리가 주체가 되어 새롭게 정립해야 한다고 본다. 탈식민주의 이론을 펼친 제3세계의 학자들 역시 유럽학자들의 이론을 바탕으로 자신들의 이론을 완성시켰기에, 이들이 인용한 서구 이론이 어떤 방식으로 접합되어 활용되고 있는지에 관해 정밀한 분석도 이뤄져야 할 것이다. 이와 더불어 동서양 학문 간의 구체적인 전이과정을 밝혀냄으로써 난해한 서구 이론이 체계적인 학문으로 분석되고 동양적인 관점에서 재해석하는 비교학문의 연구가 활성화되기를 기대해 본다.

참고문헌

탈식민주의의 3대 이론서

가야트리 스피박, 『포스트식민 이성 비판』, 태혜숙, 박미선 옮김, 갈무리, 2005.

에드워드 사이드, 『오리엔탈리즘』, 박홍규 옮김, 교보문고, 2007.

호미바바, 『문화의 위치』, 나병철 옮김, 소명출판, 2002.

2 탈식민주의 안, 한국문학

3

다시 읽는 민중-민족문학*

— 1970년대를 중심으로

강정구

1. 문제의식

이 논문은 1970년대 민중-민족문학의 저항적인 성격, 즉 저항성을 다시 한 번 논의에 붙이고자 한다. 여기에서 검토할 1970년대 민중-민족문학은 김지하의 담시 「오적」(1970)과 신경림의 시집 『농무』(1973)를 말한다. 이 두 작품을 검토의 대상으로 하는 이유는 민중-민족문학의 출발지점에 놓여 있으면서 비교적 대표성을 띤다는 점 때문이다. 지금까지 이 두 작품을 비롯한 민중-민족문학 속의 저항에 대해서 민중-민족문학론에서는 독특한 사고구조를 보여 왔는데, 이 글에서 문제 삼고자 하는 것은 바로 이 사고구조이다.

그 독특한 사고구조란 지배권력과 민중을 서로 대립적·상극적인 관

* 이 글은 『국제어문』 제46집(2009. 8)에 게재한 것을 본 연구서의 취지에 맞게 제목을 바꿔 재수록 한 것임.

계로 바라보는 것을 뜻한다. 민중-민족문학론에서는 민중-민족문학을 "현실권력에 의해 탄압받는 주변적·저항적 담론"[1]으로, 그리고 "다분히 강요된 근대에 주체적으로 대응하는"[2] 과정에서 요구된 문학으로 규정해 왔는데, 이러한 주장에는 '현실권력'과 민중을 이분법적으로 이해하는 인식이 전제되어 있는 것으로 판단된다. 이러한 인식은 민중을 개발독재에 맞서는 사회 변혁의 주체로 이끌어내면서 실사구시적(實事求是的)인 진실을 탐구해 나아가는 의미 있는 사유였지만, 문학 논의에서 지나치게 강조되면 작품을 해석할 때에 지배권력과 민중의 정체성을 일의적(一義的)인 것으로 바라보고 이분법적으로 사고하는 위험에 빠지기 쉽다.

이 논문에서 주목하는 것은 일부 민중-민족문학론에서 그러한 이분법적인 사고구조가 존재하고 있으며, 또 그러한 사고구조 속에서 문학을 바라본다는 점이다. 다시 말해서 문학 속의 지배권력과 민중을 상극적으로 대립하는 것으로 인식한 측면이 은연중에 있다는 것이다. 이렇게 되면 작품은 지배권력에 맞선 민중의 상극적인 저항으로 과도하게 해석되기 쉽다. 그렇지만 이러한 해석은 작품의 세밀하고 다양한 측면을 간과한다는 점에서 재론의 대상이 된다. 이 논문은 일부 민중-민족문학론자가 이항대립적인 인식을 지니고서 문학 속의 저항을 논의했던 것을 문제 삼으면서, 그러한 인식을 넘어설 수 있는 한 가능성으로써 탈식민주의론을 구축하여 저항의 성격을 재고(再考)하고자 한다.

이 논문에서 탈식민주의론이란 구체적으로 지배권력과 민중의 양가성(ambivalence)과 혼성성(hybridity)을 논의한 호미 바바(Homi Bhabha)의 담론을 의미한다. 바바가 지닌 기본적인 인식은 지배권력((신)식민자)

1 염무웅, 「민족문학의 상상적 경계들-그 착종된 역사성에 대하여」, 『영남대인문과학연소 학술회의 발표문』, 2000. 참조.
2 백낙청, 「근대성과 근대문학에 관한 문제제기와 토론」, 『통일시대 한국문학의 보람』, 창비, 2006, 111쪽.

대 민중(피식민자)의 관계를 이분법적으로 보지 말자는 것이다. 늘 지배권력은 우월하고 민중은 열등한 것이 아니라, 지배권력도 양가적이고 정체성이 분열되어 있으며, 민중 역시 지배권력의 근대화 욕망을 모방하는 혼성적 존재라는 것이다.[3] 이러한 바바의 논의는 백낙청의 민중-민족문학론이 지닌 이분법적인 사고구조를 비판하고, 나아가 김지하의 담시 「오적」에서 볼 수 있는 지배권력의 양가성과 정체성 분열을, 그리고 신경림의 시집 『농무』에서 보이는 민중의 혼성성과 모방성을 검토할 수 있을 것으로 기대된다.

일부 민중-민족문학론자가 저항을 이분법적인 인식 속에서 바라보기 시작한 것은 그 형성 단계부터였다. 그 주도자들은 보수적 민족문학론자의 논의에 반발해서 민족문학을 식민 대 반(反)식민이라는 대립 구도 속에서 바라보기 시작했고,[4] 『창작과 비평』지의 백낙청을 중심으로 해서 시대를 바라보는 기본적인 인식틀(episteme)로 이해했던 것으로 추측된다. 특히 백낙청은 민중-민족문학을 "민족생존권의 수호와 반(反)봉건적인 시민혁명의 완수"[5]라는 사명을 반영해야 하는 것으로 논의한 바 있었는데, 이것은 "민족생존권의 수호와 반봉건적인 시민혁명의 완수"를 지향하는 민중과 그것을 방해하는 지배권력을 구분하는 이분법적인 인식이 전제된 것이었다.

이러한 인식은 문학작품을 평가하고 이해하는 데에서 중요한 기준으로 자리 잡았다. 1970년대 초반 김지하는 "민중 위에 군림한 어떤 집단

---

3 H. Bhabha, 『문화의 위치』, 나병철 옮김, 소명출판, 2002 참조.;고부응 외, 『탈식민주의:이론과 쟁점』, 문학과지성사, 2003 참조.

4 민족문학에 대해서 임헌영은 "식민지적 예술 의식에서 벗어날 수 있는" 방법으로 인식했고, 염무웅은 "봉건적 양반지배 사회의 모순을 비판하고 참된 근대화"를 시도하며 "식민지 지배를 극복하는 작업"으로 이해했다.(임헌영, 「민족문학에의 길」, 『예술계』 1970. 겨울, 51쪽.;염무웅, 「민족문학, 이 어둠 속의 행진」, 『월간중앙』 1972. 3, 107쪽.)

5 백낙청, 「민족문학개념의 정립을 위해」, 『민족문학과 세계문학 I 』, 창작과비평사, 1978, 131쪽.

의 어떤 용서할 수 없는 악덕에 대해서"[6] 맹렬하게 비판하면서 공격적인 풍자를 창작방법으로 주장했고, 신경림은 "예술가가 현실 속에다 자기의 이상을 도입하고 그에 따라 현실을 개조하는 것"[7]이라면서 현실의 개조·변혁을 강조하였다. 뿐만 아니라 1970년대 후반의 한 좌담회를 살펴보면, 참여자들이 "통일에 대한 뜨거운 열정"과 "분단상황에 대한 체질적인 저항감"을 작품 평가의 중요한 기준으로 설정했는데,[8] 그것은 당대 현실에서 작품을 이해하는 방식을 단적으로 보여준 사례였다.

이러한 분위기 속에서 민중-민족문학론은 몇몇 비판이 있음에도 지속되었다가,[9] 1990년대에 들어와서 서서히 흔들리기 시작했다. 1990년 전후 현실 사회주의 붕괴 이후 "위기의 역사적 실체가 불분명해"[10]졌다거나, "'국수주의적 민족주의'와 구별하기 지극히 어렵다"[11]거나, 혹은 민중 자체가 "정체가 불분명한" "'공백의 기표'"[12]라는 비판이 그 예가 되었다. 그렇지만 그 비판은 민중-민족문학론의 논리와 이념에 관한 것이었을 뿐, 민중-민족문학을 다시 읽기(rereading) 위한 노력까지 나아가지 못했다. 민중-민족문학론에 대한 이러한 연구사를 살펴볼 때, 민중-

6 김지하, 「풍자냐 자살이냐」, 『민족의 노래 민중의 노래』, 동광출판사, 1984, 180-181쪽.

7 신경림, 「문학과 민중」, 『문학과 민중』, 민음사, 1977, 71-72쪽.

8 1978년 『창작과비평』지의 특집좌담인 「내가 생각하는 민족문학」에서 좌담의 참여자들은 현단계의 민족문학이 나아갈 방향에 대해서 논의했다. 이 좌담에서 백낙청은 "통일에 대한 뜨거운 정열"을, 그리고 구중서는 "분단상황에 대한 체질적인 저항감"을 문학 평가의 중요한 잣대로 설정했다.(고은 외, 「내가 생각하는 민족문학(좌담)」, 『창작과비평』 1978년 가을, 290 ~304쪽 참조.)

9 김주연은 민족문학론의 민중적 저항성이 "오히려 민족 자체의 분열을 조장한다는 인상을 씻기 힘들"음을(「민족문학론의 당위와 한계」, 『문학과지성』 1979. 봄, 『뜨거운 세상과 말의 서늘함』의 57쪽에 재수록), 그리고 정과리는 민중의 "싸움 의식을 고취하는 데 중점을 두고 있"음을(「민중문학론의 인식 구조」, 『문학과 사회』 1988. 봄, 123쪽) 지적한 바 있다.

10 이광호, 「<민족문학>의 역사적 범주에 관하여」, 『환멸의 신화』, 민음사, 1995, 59쪽.

11 김철, 「민족-민중문학과 파시즘」, 『'국민'이라는 노예』, 삼인, 2005, 220-221쪽.

12 황종연, 「민주화 이후의 정치와 문학」, 『문학동네』 2004. 겨울, 396쪽.

민족문학을 다시 읽기하는 작업이 필요함을 알 수 있다.

2. 민중-민족문학론의 저항성

민중-민족문학론에 나타난 저항의 논리를 검토하기 위해서는 '민족문학'의 개념을 정립하고 담론의 장을 주도해 나아간 백낙청의 논의를 주목해 볼 필요가 있다는 것이 본고의 판단이다. 물론 백낙청은 민중-민족문학론을 개진해 온 여러 논자들 중의 한 사람에 불과하지만, 그의 논의에서부터 민중-민족문학론이 본격화되었다는 점에서 어느 정도의 대표성을 띤다고 본다. 특히 이 논문에서 살펴보고자 하는 저항의 성격이 민중-민족문학의 개념 속에서 규정되고 논의되는 것이라면, 백낙청의 평론 「민족문학의 개념정립을 위해」를 논의의 중심에 놓는 것은 여러모로 의미가 있다고 하겠다.

이 평론에서 백낙청은 저항에 대하여 뭐라고 분명히 규정하지는 않는다. 그렇지만 그가 민중-민족문학의 개념을 정립하는 논리를 살펴보면, 저항을 어떻게 이해하는가에 대한 의문이 어느 정도는 해소될 수 있다. 그는 민중-민족문학을 "민족으로서 가능한 온갖 문학활동 가운데서 특히 그 민족의 주체적 생존과 인간적 발전이 요구하는 문학"[13]으로 개념화한 바 있다. 이 때 민중-민족문학은 "민족의 주체적 생존과 인간적 발전"이라는 목표를 지닌 것이 되는데, 이러한 목표는 "민족의 주체적 생존과 인간적 발전"을 어렵게 만드는 어떤 위기를 전제해야 가능한 것이다. 쉽게 말해서 백낙청은 "민족의 주체적 생존과 인간적 발전"이 어려운 상황과 그것을 극복하고자 하는 노력 속에서 민중-민족문학을 개념화하는 것이다.

13 백낙청, 「민족문학개념의 정립을 위해」, 『민족문학과 세계문학 I』, 창작과비평사, 1978, 124-125, 129쪽.

이렇게 본다면 백낙청이 현실을 바라보는 태도는 다분히 이분법적인 셈이다. 그의 평론에서는 "민족의 주체적 생존과 그 대다수 구성원의 복지가 심각한 위협에 직면해 있다는 위기"[14]라는 구절도 나오는데, 이 '위기'라는 표현은 제공자와 희생자가 있다는 이분법적인 인식 속에서 설명되는 것이다. 민중-민족문학 개념이 정립되는 과정을 좀 더 살펴보기로 한다.

> 즉 한국의 문학이 스스로 〈민족문학〉이어야 할 역사적 요청을 의식하고 이에 상당히 부응하기 시작했을 때 우리 문학사의 〈근대〉가 시작되었다고 말할 수 있을 것이다. 그런 의미에서 우리의 근대문학은 외세의 침입이 일부 지역 또한 일부 계층에 대한 위협이 아니라 민족 전체에 대한 침략으로 의식되는 가운데 싹텄다고 보겠다. 동시에 이러한 침략에 대해 무기력하거나 심지어는 영합적이기조차 한 국내 봉건세력을 이 민족적 위기의 일환으로 파악하는 의식 역시 그러한 근대의식의 일부가 될 것임은 물론이다. 문학을 통해 그것이 표현되기 시작한 정확한 연대의 설정은 앞으로 더 많은 연구를 통해 이루어지리라 믿지만, 여하간 그 본격적인 전개가 일본 제국주의의 침략에 맞선 일련의 반(反)식민·반(反)봉건 운동과 직결된다는 것은 명백한 사실이다.[15]

백낙청은 민중-민족문학의 "본격적인 전개가 일본 제국주의의 침략에 맞선 일련의 반(反)식민·반(反)봉건 운동과 직결된다"고 말한다. 이때 그가 문학을 이해하는 기본적인 사고구조를 살펴볼 수 있다. 그에게 있어서 민중-민족문학이란 민족의 위기를 의식하고 그것을 극복하는 데에 도움을 주는 것이어야 한다. 민중-민족문학의 장에서는 '외세'와 그 외세에 영합한 "국내 봉건세력"이 한 항으로, 그리고 "일본 제국주의의 침략에 맞선 일련의 반식민·반봉건"을 보여주는 세력(민중)이 또 다른

14 백낙청, 앞의 평론, 124-125쪽.
15 위의 평론, 126쪽.

항으로 설정되는 것이다. 이러한 대립항 구조 속에서 문학을 이해할 때에는 필연적으로 이분법적인 인식이 싹틀 수밖에 없다. 이러한 인식이 전제되면, 민중-민족문학은 '외세'와 "국내 봉건세력"에 저항하는 "반식민·반봉건 운동"의 일환으로 이해되는 것이다.

이 부분에서 민중-민족문학론의 저항성이 무엇이냐 하는 질문의 답을 찾을 수 있다. 저항이란 "반식민·반봉건 운동"이란 표현에서 알 수 있듯이, 식민·봉건에 맞선 행위인 것이다. 좀 더 구체적으로 말하면 저항이란 식민·봉건을 극복하고 해소하고자 하는 상극적인 행위인 것이다. 이러한 인식은 위기의 제공자를 식민주의·제국주의로 보고 그 희생자·극복자를 (지식인을 포함한) 민중으로 본다는 점에서 저항 민족주의(resistance nationalism)의 사고구조와 유사한 것이다.[16] 백낙청은 이러한 사고구조를 바탕으로 해서 문학적 저항의 성격을 선(先)규정하는 측면이 있다. 문학이 시민문학이어야 함을 강조하고, 시민문학이 곧 민족문학이어야 한다는 논리를 펼치는 민중-민족문학론의 전개과정에서는, '외세'와 "국내 봉건세력"에 저항하는 문학 개념이 분명하게 엿보인다.[17]

저항에 대한 이러한 인식이 지나치게 강조되다 보면 자칫 일의적이고 경직된 해석이 나타날 우려가 있다는 점에서 문제가 된다. 문학작품을 해석할 때에 저항을 (신)식민자에 맞선 피식민자의 대립적·상극적인 행위로 규정짓는 태도는, 세밀한 독서를 방해한다. 백낙청이 서구문학을 논의하는 부분을 보더라도 그의 인식이 다소 일의적인 측면이 있다.

---

16 백낙청의 논리는 저항 민족주의가 보여주는 이분법적인 것이지만, 저항 민족주의와 완전히 일치하지 않는 측면이 있다. 그는 저항 민족주의를 비롯한 민족주의 일반이 지닌 폐해도 잘 알고 있고, 그 민족주의를 극복하고자 인간해방론과 제3세계문학론을 전개한다(백낙청, 「인간해방과 민족문화운동」, 『인간해방의 논리를 찾아서』, 시인사, 1979 참조.; 백낙청, 「제삼세계와 민중문학」, 앞의 책, 참조). 그럼에도 그가 후속논의에서 지배권력 대 민중을 이분법적인 것으로 보는 태도는 여전하다.

17 백낙청, 「시민문학론」, 『민족문학과 세계문학 I』, 창작과비평사, 1978, 9-76쪽 참조.; 백낙청, 「한국문학과 시민의식」, 앞의 책, 77-81쪽 참조.

카프카의 경우 『성』이나 『심판』같은 작품은 …(중략)… 제국주의적 침략을 몸소 당한 후진국 민중과는 달리 이러한 비인간화 상태를 그 역사적 인과관계에서 파악한다거나 동포들과의 연대의식으로써 극복하려는 노력은 생각조차 못하고 있다. 그렇기 때문에 그러한 비인간화 상태를 마치 인간본연의 조건인 양으로 신비화함으로써 서구의 독자들에게조차 난해한 문학이 되고, 제국주의의 극복이 인류발전의 당면문제라 믿는 사람에게는 얼마간 수상쩍은 예술이 될 수밖에 없는 것이다.[18]

위의 인용에서는 백낙청이 문학을 바라보는 기본적인 태도를 분명히 알 수 있다. 그는 "제국주의·식민지주의에 대한 철저한 비판과 저항"[19]이라는 명확한 기준을 가지고서 문학을 바라본다. 이 때 "비판과 저항"은 반제(反帝)·반(反)식민이라는 민족주의적인 차원에서 이해되는 것이다. 이러한 이해에 따라서 그는 카프카의 작품 『성』이나 『심판』을 비판한다. 그 작품들이 "후진국 민중"의 입장에 서 보지 못한, 혹은 "반식민·반봉건 운동"을 전혀 고려하지 않은 문학이라는 것이다. 이러한 해석은 물론 작품의 한 측면을 민중-민족문학론적인 시각으로 바라본 것이고, 커다란 논리를 만들어 나아가는 하나의 과정 속에서 이해되는 것이다. 그럼에도 그 해석은 "반식민·반봉건 운동"이라는 측면을 너무 강조한 나머지, 애초 식민·봉건이나 "반식민·반봉건 운동"의 차원으로 씌여지지 않은 작품에 대해서도 일의적인 기준을 적용시킨다는 점에서 좀 무리가 따르고, 그 작품이 지닌 특유의 의미와 가치를 경시했다는 비판을 면하기 어렵다.

이러한 백낙청의 논의에서 엿볼 수 있는 사실은, 저항을 인식하는 일의적인 태도이다. 그에게 있어서 문학 속의 저항은 반식민·반봉건이라

18 백낙청, 「민족문학개념의 정립을 위해」, 『민족문학과 세계문학 I』, 창작과비평사, 1978, 134쪽.
19 위의 평론, 133쪽.

는 운동의 차원에서 이해되는 것이다. 저항이라는 개념 속에는 식민자 대 반식민자라는 이분법적인 사고구조가 견고하게 숨어 있는 것이다. 이런 상황에서 작품 읽기란 독아론에 빠지기 쉽다. 낯선 것보다는 자기가 잘 아는 것을 읽는 것이다. 이제 1970년대의 문학에서 민중-민족문학론이 읽지 못한 낯선 것을 찾아볼 필요가 있는 것이다. 이것이 1970년대에 발표되었던 주요 문학이 재고되어야 하는 한 이유이다.

3. 탈식민주의적인 독법의 모색

1) 지배권력의 양가성과 정체성 분열

김지하의 담시 「오적」은 개발독재에 맞선 저항의 문학으로 자주 언급되고 있다. 이 때 저항이란 "지배담론에 맞선 대항담론"[20]이나 "반근대성 담론"[21]의 차원으로 이해된다. 더욱이 김지하는 창작방법론의 성격을 지닌 평론 「풍자냐 자살이냐」를 발표한 바 있는데, 이 평론에서 시를 "시적 폭력으로 물신의 폭력에 항거"[22]하는 것으로 설명했다. 이러한 배경에서 「오적」은 재벌, 국회의원, 고급공무원, 장성, 장차관으로 대표되는 사회지도층의 부패와 타락을 비판하고, 그로 인한 민중의 희생과 억압을 다룬 작품으로 알려지게 된다.

이 때 저항은 억압하는 자에 맞선 억압당하는 자의 항거로 이해된다. 그렇지만 이러한 방식으로 저항의 성격을 이해하면 자칫 억압자와 피억압자의 정체성을 너무 일의화(一意化)·고착화(固着化)할 우려가 있다. 쉽게 말해서 늘 억압자는 억압하는 자이고, 피억압자는 억압당하는 자로 본다는 것이다. 이러한 이해는 당대의 문학작품을 볼 때 경직된 이분

20 이태숙, 「저항의 담론과 <오적>」, 『어문학』 88호, 391쪽.
21 임동확, 『김지하시연구』, 전남대학교대학원, 2000, 102쪽 참조.
22 김지하, 「풍자냐 자살이냐」, 『민족의 노래 민중의 노래』, 동광출판사, 1984, 173쪽.

법적인 논리를 발생시키며, 작품의 맥락에 따른 세밀한 읽기를 간과하게 만든다. 사실 김지하의 「오적」에서는 억압자와 피억압자의 이미지가 그리 견고하지 않다. 탈식민주의의 논리를 참고해 볼 때, 억압자이든 피억압자이든 간에 주체는 양가적이고 분열된 정체성을 지니는 존재이다.

우선 어휘의 측면을 보기로 한다. '오적'은 앞서 말했듯이 부패하고 타락한 사회지도층을 이르는 말이다. 김지하는 그들을 한자로 옮기면서 그들이 지닌 부패와 타락을 상징하는 뛰어난 언어유희를 보여준다. 예를 들어 재벌은 원 한자어가 재물을 쌓는다는 뜻의 '財閥'이지만, 김지하는 미친 개를 엮어놓는다는 뜻의 '재벌'로 적는다. 이러한 표현에서 중요한 점은 재벌이 원래 미친 개처럼 부패했다는 것이 아니라, 그들에게 그러한 측면이 함께 있다는 것이다. 다시 말해서 그들은 재물을 쌓는 자이면서도 미친 개 무리처럼 부패한 자라는 양가적인(ambivalent) 의미를 지닌다는 것이다.[23]

'오적'이 양가적인 존재라는 점을 주목하는 것은 이 담시를 읽을 때에 상당히 중요하다. 왜냐하면 그것은 작품을 읽는 기본적인 시각과 관련이 있기 때문이다. '오적'이 억압자라는 측면만 강조되면 김지하가 '오적'을 통해서 보여주는 정체성 해체의 전략을 세밀하게 보기 힘들기 때문이다. 즉 김지하가 서술하는 '오적'은 자신의 본분을 잘 알고 있는 표면과 함께 부패하고 타락한 이면을 양가적으로 지니기 때문이다. '고급공무원'을 묘사하는 부분을 보기로 한다.

> 셋째 놈이 나온다 고급공무원 나온다.

---

23 김지하는 다른 '오적'에 대해서도 재벌과 마찬가지로 언어유희를 보여준다. 국회의원을 '간교한 곱사등이와 불깐 원숭이'로, 고급공무원을 '우뚝 솟은 산봉우리에 걸터앉은 공(功)이 없는 돼지'로, 장성을 '어른 오랑우탕'으로, 장차관을 '눈에 백태낀 미친 개'로 훈독하게 만든다.

풍신은 고무풍선, 독사같이 모난 눈, 푸르족족 엄한 살,

콱 다문 입꼬라지 청백리(淸白吏) 분명쿠나

단 것을 갖다 주니 쩔레쩔레 고개저어 우린 단 것 좋아 않소, 아무렴, 그렇지, 그렇구 말구

어허 저놈 뒤좀 봐라 낯짝하나 더 붙었다

이쪽보고 히뜩히뜩 저쪽보고 헤끗헤끗, 피둥피둥 유들유들 숫기도 좋거니와 이빨꼴이 가관이다

단 것 너무 처먹어서 새까맣게 썩었구나, 썩다 못해 문들어져 오리(汚吏)가 분명쿠나

산같이 높은 책상 바다같이 깊은 의자 우뚝 나직 걸터앉아

공(功)은 쥐뿔 없는 놈이 하늘같이 높이 앉아 한 손으로 노땡큐요 다른 손은 땡큐땡큐

되는 것도 절대 안 돼, 안될 것도 문제없어, 책상위엔 서류뭉치, 책상 밑엔 지폐뭉치[24]

위의 인용에서 '고급공무원'은 양가적인 모습을 보임으로써 지배권력으로서의 정체성이 분열된다. "단 것을 갖다 주니 쩔레쩔레 고개저어 우린 단 것 좋아 않소"라는 말에서 알 수 있듯이 '고급공무원'은 자신이 '청백리'처럼 살아야 함을 잘 알고 있다. 그렇지만 그는 현실 속에서는 "단 것 너무 처먹어서 새까맣게 썩었구나, 썩다 못해 문들어"진 '오리'의 모습을 보이고 만다. 시인의 표현대로 그는 "한 손으로 노땡큐요 다른 손은 땡큐땡큐"하는 부패와 타락의 주체가 된다. 이 때 중요한 것은 시인이 이러한 '고급공무원'의 양가적인 모습을 묘사함으로써 그가 지닌 지배권력으로서의 정체성이 해체되고 있다는 점이다. 신식민담론에서 지배권력은 피식민자보다 모든 면에서 우월하고 월등한 존재로 설명되는데, '고급공무원'의 행태는 그러한 신식민담론의 논리가 모순됨을

24 김지하, 「오적」, 『오적』, 솔, 1993, 30쪽, 36쪽.

보여주는 것이기 때문이다.

김지하가 서술하고자 하는 지배권력은 신식민담론 내부의 우월자나 민중-민족문학론 내부의 억압자보다는, “정당함과 동시에 부당하고, 절제함과 동시에 탐욕스러”[25]운 양가성을 지닌 존재라는 맥콜리의 진술을 참조할 때에 더 잘 이해된다. ‘고급공무원’은 ‘정당’하고 ’‘절제’해야 함을 잘 알지만 ‘부당’하고 ‘탐욕’스러운 이면을 보이는 양가적인 존재인 것이다. 「오적」에서 이러한 양가성을 가장 잘 보여주는 자는 ‘포도대장’이다.

> 저게 모두 도둑질로 모아들인 재산인가
> 이럴 줄을 알았더면 나도 일찌감치 도둑이나 되었을 걸
> 원수로다 원수로다 양심(良心)이란 두 글자가 철천지 원수로다
> (중략)
> 만장하옵시고 존경하옵는 도둑님들
> 도둑은 도둑의 죄가 아니요, 도둑을 만든 이 사회의 죄입네다
> 여러 도둑님들께옵선 도둑이 아니라 이 사회의 충실한 일꾼이니
> 부디 소신껏 그 길에 매진, 용진, 전진, 약진하시길 간절히 간절히 바라옵고 또 바라옵나이다
> 이 말 끝에 박장대소 천지가 요란할 때
> 포도대장 뛰어나가 꾀수놈 낚궈채어 오라묶어 세운 뒤에
> 요놈, 네 놈을 무고죄로 입건한다.[26]

‘포도대장’의 심리가 양가적임을 보여주는 것이 위 인용의 핵심이다. ‘포도대장’은 자신이 양심을 지켜야 하고, 또 스스로는 양심을 지키고

25 T. B. Macaulay, “Warren Hastings”, *Critical and Historical Essays,* Vol. Ⅲ, London:Methuen, 1903, pp.85-86. H. Bhabha, 위의 책, 나병철 옮김, 197쪽에서 재인용.

26 김지하, 「오적」, 앞의 책, 42-43쪽.

있다고 생각한다. 하지만 그는 '오적'과 같이 자신보다 더 큰 권력 앞에서는 그러한 양심이 무용함을 느낀다. 그는 이 지점에서 양가적인 심리 상태를 여실히 드러낸다. "이럴 줄을 알았더면 나도 일찌감치 도둑이나 되었을 걸/원수로다 원수로다 양심(良心)이란 두 글자가 철천지 원수로다"라고 하면서도 "도둑은 도둑의 죄가 아니요, 도둑을 만든 이 사회의 죄입네다"라고 말하는 그의 심리적인 이중성은, 그 자체가 양가적이다. 그는 '양심'을 지켜야 된다는 사실을 잘 알지만, 현실적으로는 비양심적으로 살아가고자 하는 자인 것이다.

이 부분에서 '포도대장'으로서의 정체성이 분열되고 있음이 드러난다. '포도대장'은 '오적'을 잡아야 하지만, 오히려 그들을 옹호하기 때문이다. 이 때 '포도대장'이 분열된 정체성을 나름대로 극복하면서 '오적'을 인정하는 방법은 인식론적인 전도밖에 없다. '오적'은 "이 사회의 충실한 일꾼"으로, 그리고 불쌍하고 힘없는 '꾀수'는 죄수로 인식하는 것이다. '포도대장'의 이러한 심리 묘사는 「오적」에서 지배권력에 대한 가장 신랄한 냉소이자 풍자가 된다. 이처럼 담시 「오적」에서는 지배권력에 맞선 민중의 항거에서가 아니라, '오적'과 '포도대장'의 양가적인 모습과 그들의 정체성이 분열되었다는 사실을 드러내는 것에서 저항이 발생하는 것이다.

2) 민중의 혼성성과 모방

억압자와 피억압자를 양분화한 구도 속에서 바라보는 것이 곤란하다는 사실은, 신경림의 시집 『농무』에서도 확인된다. 그 동안 시집 『농무』에 나타난 지배권력과 민중의 관계는 다소 경직되게 논의된 감이 있어왔다. 시집 속의 민중에 대해서 "분명한 현실 극복 의지"[27]가 있다거나

27 이시영, 「70년대의 시」, 『동서문학』 1990. 겨울호, 180쪽.

"미래의 어떤 비존을 암시하는 측면"[28]이 있다는 논의는, 민중을 피억압자 혹은 현실극복자로 이해하는 태도에서 비롯된 것이다. 그렇지만 이러한 논의는 민중의 정체성을 너무 일의화시키는 것이 아닌가 싶다. 왜냐하면 시 속의 민중은 그러한 논리로 읽히지 않은 부분이 많기 때문이다.

민중의 정체성이 어떠하냐 하는 문제는 이 논문에서 말하고자 하는 저항과도 밀접한 관계가 있다. 민중이 현실에서는 피억압자이지만 가까운 미래에는 억압을 극복하는 해방자로 이해된다면, 그의 저항은 억압자와 맞서는 상극적인 행위가 된다. 민중과 지배권력이 이분법적인 구도 속에서 존재하는 것이기 때문이다. 그러나 신경림의 시에서 보이는 저항은 그러한 것이 아니라, 다분히 탈식민주의적인 것이다. 정확하게 말해서 민중이 혼성적이고 모방적인 모습을 보이기 때문에 오히려 저항적이라는 것이다. 이러한 주장을 좀 더 분명히 하기 위해서는 지배권력과 민중의 관계를 세밀하게 이해할 필요가 있다. 다음의 시를 보기로 한다.

> 학교 앞 소줏집에 몰려 술을 마신다
> 답답하고 고달프게 사는 것이 원통하다
> (중략)
> 보름달은 밝아 어떤 녀석은
> 꺽정이처럼 울부짖고 또 어떤 녀석은
> 서림이처럼 해해대지만 이까짓
> 산구석에 처박혀 발버둥친들 무엇하랴
> 비료값도 안 나오는 농사 따위야
> 아예 여편네에게나 맡겨 두고
> 쇠전을 거쳐 도수장 앞에 와 돌 때
> 우리는 점점 신명이 난다
> 한 달리를 들고 날나리를 불이거나

28 백낙청, 「시인과 현실(좌담)」, 『신동아』 1973. 7, 302쪽.

고갯짓을 하고 어깨를 흔들꺼나

-시「농무」 부분[29]

위의 시에서 "산구석에 처박혀 발버둥친들 무엇하랴/비료값도 안 나오는 농사 따위야"라는 구절이 강조되면, '우리'의 춤은 농촌현실을 궁핍하게 만드는 지배권력에 대한 역설적인 분노와 비판이 된다. 물론 이렇게 이 시를 읽을 수도 있지만, 이런 시각에서는 '우리'로 표상되는 농민의 심리를 너무 일의적으로 파악하는 것이 된다. 왜냐 하면 농민이 분노하고 비판하는 이유는 지배권력의 농촌근대화 정책을 순종하며 따라했는데에도 불구하고 삶이 개선되지 않기 때문이다.[30] 이 지점을 포착하는 것은 상당히 중요하다. 농민은 이미 지배권력의 욕망에 뒤섞여 있는 미메시스(mimesis)이자, 그 욕망을 자신의 것으로 완전하게 실현시키지 못하는 엉터리 모방자(mockery)이기 때문이다.[31] '우리'의 분노는 그 이전에 뒤섞임과 모방을 거친 것이다.

시「농무」에 대한 이해가 이렇게 바뀌면, 이 시 속의 민중이 보여주는 저항도 그 성격이 변하게 된다. 농민은 원래부터 지배권력과 이분법적인 대립구도를 보이면서 저항하는 자가 아니라, 오히려 지배권력의 농촌 근대화 욕망을 농민 자신의 것으로 모방하지만 그럼에도 삶이 개선되지 않는다는, 다시 말해서 지배권력의 농촌 근대화 기획이 성공적이지 않음을 증거하는 자라는 점에서 저항적인 존재가 된다. 이처럼 시집『농무』에서는 혼성적·모방적이면서도 저항적인 장면이 많이 보인다.

---

29 신경림,『농무』, 창작과비평사, 1975, 16-17쪽.

30 지배권력의 농업 근대화 정책은 수입 비료값을 고가로, 그리고 쌀값을 저가로 책정함으로써 도시노동자의 저임금 정책을 유지하게끔 했다. 촌민은 그러한 정책 속에서 근면하게 농사를 지었으나 늘어나는 빚을 감당하지 못하는 경우가 많았고, 그 결과 이농을 하여 도시로 가서 빈민이 된 경우가 빈번했다. (박세길,『다시 쓰는 한국현대사』, 돌베개, 1989, 173-186쪽 참조.)

31 H. Bhabha, 위의 책, 나병철 옮김, 182쪽 참조.

가령 “양곡 증산 13·4 프로”를 이루어냈음에도 마을에는 “누더기를 걸친 동리 애들”(시 「오늘」)로 가득 차 있는 있다는 것이나, “농지세 1프로 감세”함에도 촌민들이 “꽃처럼 밝아”(시 「꽃 그늘」)지지 않는다는 것은 모두 이러한 사례가 된다.

모방과 저항의 관계를 살펴볼 수 있는 것은 아래의 시에서도 가능하다.

> 이발 최씨는 그래도 서울이 좋단다
> (중략)
> 술독이 오른 딸기코와 떨리던 손
> 늦 어린애를 배어 뒤뚝거리던 그의 아내
> 최씨는 골목 안 생선 비린내가 좋단다
> 쉴 새 없는 싸움질과 아귀 다툼이 좋단다
> 이발소에 묻혀 묵은 신문이나 뒤적이고
> 빗질을 하고 유행가를 익히고
> 허구헌 날 우리는 너무 심심하고 답답했지만
> 최씨는 이 가파른 산동네가 좋단다
> 시골보다도 흐린 전등과 앰프소리가 좋단다
> 여자들이 얼려 잔돈 뜯을 궁리나 하고 돌아가는
> 동네에 깔린 가난과 안달이 좋단다
>
> —「골목」 부분[32]

위의 시에서 “이발 최씨”가 “그래도 서울이 좋단다”라는 구절은 주목에 값한다. “이발 최씨”의 생각을 따라가 보면 그가 살고 있는 ‘서울’은 “쉴 새 없는 싸움질과 아귀 다툼”이 있고 “여자들이 얼려 잔돈 뜯을 궁리나 하고 돌아가는/동네에 깔린 가난과 안달”이 있는 사실상 비참한 공간이기 때문이다. 그럼에도 그가 “서울이 좋단다”라고 말하는 데에는

32 신경림, 「골목」, 『농무』, 창작과비평사, 1975, 106-107쪽.

어떤 욕망과 깊이 관계한다. "어느 남쪽 산골 읍내에서 여관을 했다"[33]가 상경하여 갖은 고난을 겪으면서 변두리에 자리를 잡은 "이발 최씨"와 같은 이들에게 있어서, '서울'이란 지배권력의 도시화·근대화 욕망이 실현되는 공간인 것으로 여겨지기 때문이다.

1970년대의 '서울'은 변두리 빈민가와 함께 번화가의 눈부신 불빛과 엄청난 부가 모여 있는 모순적인 공간이다. 이 때 "이발 최씨"가 "그래도 서울이 좋단다"라는 말을 한 이유는 그런 부를 이룰 수 있는 욕망의 공간으로 '서울'을 이해했기 때문인 것으로 추측된다. '서울'을 이렇게 이해했을 때, "이발 최씨"가 "그래도 서울이 좋단다"라는 구절은 다시 읽힌다. 그가 "그래도 서울이 좋단다"라고 말하는 것은, 지배권력의 도시화·근대화 욕망을 지지하고 따르는 것과 관련이 있기 때문이다. 다시 말하면 "이발 최씨"에게 있어서 '서울'은 근대화가 진행되는 공간이자 그 근대화의 결실이 자신을 비껴가는 좌절의 공간이 된다. 이 점에서 "그래도 서울이 좋단다"는 "이발 최씨"의 말은 근대화의 이면을 보여주는, 다시 말해서 근대화의 모순과 한계를 살짝 들춰내는 것이 된다. "그래도 서울이 좋단다"라는 말은 지배권력의 도시화·근대화 욕망이 실패되고 있음을 암시한다는 점에서 저항적인 것이다.

4. 결 론

이 논문은 1970년대 민중-민족문학의 저항성을 재고하고자 하는 문제의식을 지녔다. 민중-민족문학론에서는 문학 속의 저항에 대해서 그들 나름의 독특한 이분법적인 사고구조를 지녔는데, 이 사고구조는 작품의 세밀하고 다양한 측면을 간과한다는 점에서 재론의 대상이 되었

33 신경림, 「골목」, 『농무』, 창작과비평사, 1975, 107쪽.

다. 이 글에서는 문학 속의 저항에 대해서 일부 민중-민족문학론자가 이분법적으로 인식했던 것을 비판한 뒤, 탈식민주의적인 독법을 모색하고자 했다. 이러한 시도는 그 시대의 지배적인 인식틀 역할을 했던 민중-민족문학론의 논리를 넘어서서 지난 시대의 문학과 담론을 다시 읽을 수 있는 중요한 계기가 되었다.

첫째, 민중-민족문학론의 저항성을 살펴보았다. 이를 위해서는 '민족문학'의 개념을 정립하고 담론의 장을 주도해 나아간 백낙청의 논의를 검토할 필요가 있었다. 그의 평론 「민족문학의 개념정립을 위해」에서는 현실을 바라보는 태도가 다분히 이분법적이었다. 민중-민족문학이란 '위기'의 상황에 직면해서 그것을 극복하기 위한 노력이었다거나, 혹은 그 본격적인 전개가 "일본 제국주의의 침략에 맞선 일련의 반식민·반봉건 운동과 직결"된다는 발상을 보면, 저항의 성격은 식민·봉건(지배권력)에 맞선 상극적·대립적인 것이 되었다. 또한, 저항의 성격을 지배권력과 민중 사이에서 발생하는 대립적인 것으로 이해하는 태도는 작품을 해석할 때에도 거의 그대로 적용되었다는 문제점도 있다. 백낙청이 서구문학을 비판하거나 문학을 인식하는 태도 속에서는 이러한 이분법적인 사고구조가 깊숙이 박혀있던 것이다.

둘째, 1970년대의 주요 작품인 담시 「오적」과 시집 『농무』를 대상으로 하여 탈식민주의적인 독법을 모색했다. 먼저, 김지하의 담시 「오적」에서 지배권력의 양가성과 정체성의 분열을 찾아보면서 탈식민주의적인 저항을 분석했다. 이러한 양가성과 분열이 가장 잘 드러나는 지점은 '오적'에 대한 명칭과 주체성이었다. '오적' 중 '재벌'은 재물을 쌓는 자로 음독되면서도 미친 개 무리처럼 부패한 자로 훈독된다는 점에서 양가적인 의미를 지녔다. 또한 '고급공무원'과 '포도대장'은 '정당'하고 '절제'해야 함을 잘 알지만 '부당'하고 '탐욕'스러운 이면을 보이는 양가적인 존재라는 점에서 지배권력으로서의 정체성이 분열되었다. 담시

「오적」에서 저항은 지배권력에 맞선 항거가 아니라, 이처럼 양가적인 모습과 정체성의 분열에서 드러나는 것이었다.

그리고, 신경림의 시집 『농무』에서 민중의 혼성성과 모방성을 탐색하면서 탈식민주의적인 저항을 검토했다. 신경림의 시 「농무」에서 저항은 민중의 정체성과 밀접하게 관계했다. 시 속의 민중은 현실에 대해서 분노하고 비판하는데, 그 이유는 지배권력의 농촌근대화 정책을 순종하며 따라했는데도 불구하고 삶이 개선되지 않았기 때문이었다. 민중은 미메시스이자 엉터리 모방자였던 것이다. 시 「골목」에서도 "이발 최씨"는 지배권력의 도시화·근대화 욕망을 지지하고 따르면서도 그것이 실현불가능한 것임을 보여줬다. 이처럼 민중의 혼성성과 모방은 지배권력의 근대화 욕망이 무화되는 지점에서 발생된다는 점에서 저항적인 것이었다.

민중-민족문학의 저항성에 대한 이러한 해석은 작품의 결을 세밀하게 본다는 점에서 우선 의미가 있다. 더욱이 민중-민족문학론의 이분법적인 사고구조를 극복하면서 탈식민주의적인 독법을 모색한다는 점에서 중요한 의미가 있다. 물론 이러한 독법은 민중-민족문학 전체에 해당되는 것이 아니고 여러 보완이 필요한 것이다. 그럼에도 민중-민족문학을 새롭게 다시 읽는 작업의 한 방법이 될 것으로 기대한다.

참고문헌

강정구, 「1970-90년대 민족문학론의 근대성 비판」, 『국제어문』 38집, 국제어문학회.

______, 「신경림 시에 나타난 민중의 재해석」, 『어문연구』 33권, 어문교육연구회.

고부응 외, 『탈식민주의:이론과 쟁점』, 문학과지성사, 2003.

고　은 외, 「내가 생각하는 민족문학(좌담)」, 『창작과비평』 1978년 가을.

고현철, 「장르 패로디로 본 김지하의 '오적'」, 『국어국문학』, 부산대학교국어국문학과, 1993. 12.

김　철, 「민족-민중문학과 파시즘」, 『'국민'이라는 노예』, 삼인, 2005.

김상일, 「민족문학의 기원」, 『월간문학』 1970. 10.

김주연, 「민족문학론의 당위와 한계」, 『뜨거운 세상과 말의 서늘함』, 『문학과지성』 1979. 봄.

김지하, 「오적」, 『오적』, 솔, 1993.

______, 「풍자냐 자살이냐」, 『민족의 노래 민중의 노래』, 동광출판사, 1984.

김　현, 「민족문학, 그 문자와 언어」, 『월간문학』 1970. 10.

박현채, 「민중과 문학」, 김병걸·채광석 편, 『민족, 민중, 그리고 문학』, 지양사, 1985.

백낙청, 「근대성과 근대문학에 관한 문제제기와 토론」, 『통일시대 한국문학의 보람』, 창비, 2006.

______, 「민족문학개념의 정립을 위해」, 『민족문학과 세계문학 I』, 창작과비평사, 1978.

______, 「민족문학론과 리얼리즘론」, 『통일시대 한국문학의 보람』, 창비, 2006.

______, 「발문」, 신경림, 『농무』, 창작과비평사, 1975.

______, 「시민문학론」, 『민족문학과 세계문학 I』, 창작과비평사, 1978.

______, 「한국문학과 시민의식」, 『민족문학과 세계문학 I』, 창작과비평사, 1978.

______, 「시인과 현실(좌담)」, 『신동아』 1973. 7.

______, 「인간해방과 민족문화운동」, 『인간해방의 논리를 찾아서』, 시인사.
______, 「제삼세계와 민중문학」, 『인간해방의 논리를 찾아서』, 시인사.
신경림, 『농무』, 창작과비평사, 1975, 참조.
염무웅, 「민족문학, 이 어둠 속의 행진」, 『월간중앙』 1972. 3.
______, 「민족문학의 상상적 경계들-그 착종된 역사성에 대하여」, 『영남대 인문과학연소 학술회의 발표문』, 2000.
이광호, 「<민족문학>의 역사적 범주에 관하여」, 『환멸의 신화』, 민음사, 1995.
이시영, 「70년대의 시」, 『동서문학』 1990. 겨울호.
이태숙, 「저항의 담론과 <오적>」, 『어문학』 88호.
임헌영, 「민족문학에의 길」, 『예술계』 1970. 겨울.
정과리, 「민중문학론의 인식 구조」, 『문학과 사회』 1988. 봄.
최원식, 「한국 문학의 근대성을 다시 생각한다」, 『민족문학과 근대성』, 문학과지성사, 1995, 백낙청, 「인간해방과 민족문화운동」, 『인간해방의 논리를 찾아서』, 시인사, 1979.
황종연, 「민주화 이후의 정치와 문학」, 『문학동네』 2004. 겨울.

E. Said, 『오리엔탈리즘』, 박홍규 옮김, 교보문고, 1991.
H. Bhabha, 『문화의 위치』, 나병철 옮김, 소명출판, 2002.

4

1940년대 만주국의 한국 초현실주의 시에 나타난 식민주의 비판*

이 성 혁

1. 서 론

1931년, 만주국을 세운 일본은 당시까지 만주 지역에 살고 있는 한인(漢人), 만주인, 조선인, 몽고인, 러시아인의 식민화에 따른 반발을 무마하고 일본인의 이식을 추진하기 위해 '민족협화(民族協和)' 내지 '오족협화(五族協和)'와 '왕도낙토(王道樂土)'라는 이데올로기를 내세웠다. '오족협화'는 원래 손문이 다민족 국가인 중국의 공화제 이념으로 채택한 이념인데, 일본제국주의가 이를 교묘히 차용한 것이다. 또한 '왕도'라는 유교적 이념은 만주국 이전 만주를 지배했던 장학량 정권과 서양의 '패도(覇道)'에 맞선 것이었다.[1] 그러나 인구의 대다수를 차지하던 한

* 이 글은 『우리문학연구』 제34집(2011. 10)에 실린 것을 수정·보완한 것임.

1 '오족협화의 왕도낙토'의 성격에 대해서는 야마무로 신이치, 『키메라-만주국의 초상』, 윤대석 옮김, 소명출판, 2009, 140-147쪽과 고마고메 다케시, 「만주국」, 『식민지 제국 일본의 문화 통합』, 역사비평사, 2008 참조.

인의 입장에서 보면, '오족협화'는 이제 막 유입되기 시작한 소수의 일본인에게 정치적 경제적 권리를 상당량 내주어야 하는 이데올로기였다. '왕도 낙토'의 건설을 내세우면서, 제국은 일본인 및 조선인에게 개척이민을 종용하고 원주민과 이민자들과의 '협화' 이념을 주입하지만, 이 이념은 "개척이민이라는 국책에 의해 중국인 농민이 자기 땅으로부터 강제적으로 떠나야 한다는 단순한 사실"[2]에 눈 감는 일이었다.

하지만 조선인에게 만주는 지배자인 일본인이나 피지배자인 중국인과는 달리 다소 복잡한 공간이었다. 일본의 반(半)식민지인 만주국에서는, 조선인은 일본인과 민족은 다르지만 일본국적을 가진 사람들로 취급되었기 때문에 표면적으로는 한인보다 더 우월한 위치에 있었다. 그래서 만주국 건국 이후 만주로 이민한 조선인은 급증한다. 특히 중일전쟁이 발발한 1937년 이후에는 식민지 조선인의 만주 이주가 안정화되어 청년이나 지식계급의 이주가 이루어지기 시작하면서, 만주 내 도시로의 이주자가 대폭 늘어난다.[3] 이주자 중에는 조선의 문학인들도 많았다. 염상섭을 비롯하여 김조규, 함형수, 유치환 등 시인들 역시 이때 만주로 이주했다. 그리하여 점차 '재만 조선인 문단'이 형성되었다.

1930년대 말에 이르러, '조선어'를 사용할 수 있는 지면이 점차 줄어들던 조선에서 만주는 문학인에게 매력적인 곳이었다. 왜냐하면 '오족협화'라는 이데올로기는 조선어 사용을 완전히 금지할 수 없게 하기 때문이다. 한인이 다수인 만주에서는 소수인 일본인이 다수인 한인을 흡수할 수 없기 때문에 일본으로서는 한인과 일본과의 '협화'를 주장할 수

---

2 川村 湊, 『異郷の昭和文學』, 岩波書店, 1990, 204쪽.

3 김경일, 「개관」, 김경일 외, 『동아시아의 민족이산과 도시』, 역사비평사, 2004, 47-48쪽. 그러나 한석정에 따르면 조선인은 2등 국민인 '중간자'의 위치에도 있지 못했다. 그들은 "중간자가 될 만한 돈도, 권력도 갖추지 못했"으며 "조선인 관리들이 적은 편"이었다고 한다.(한석정, 『만주국 건국의 재해석』, 동아대학교 출판부, 2007, 187쪽.)

밖에 없었고, 여기에 일본과 한족과의 갈등을 전위(轉位)시킬 수 있는 조선족이라는 존재가 필요했다. 이러한 상황에서는 일본으로의 조선족 흡수가 불가능했던 것이다. 그래서 조선족의 언어를 금지시킬 수 없었고, 비록 국책선전지의 성격이 강했지만, 조선어로 활자화되는 『만선일보』[4]가 종전 전까지 계속 발간될 수 있었다. 당시 만주에서도 창작물을 게재할 지면이 무척 부족했지만, 『만선일보』의 존재는 조선어로 창작된 문학작품을 발표할 수 있는 장이 되어주었다.[5]

조선보다는 상대적으로 자유롭게 조선어로 된 시를 발표할 수 있었던 만주는 이러한 측면에서 시인에게 조금이나마 숨을 돌릴 수 있는 공간으로 여겨졌을 것이다. 두 권의 시선집인 『만주시인집』(1942)과 『재만조선시인집』(1943)은, 전쟁이 점차 격렬하게 전개되고 검열이 엄중하던 1940년대 초반에 출간되었음에도 불구하고, 다양한 시의 면모를 보여주면서 국책적인 내용이 거의 보이지 않는 시들을 수록하고 있다. 그 두 시집에서 송철리와 천청성, 조학래 시인 등은 어쩔 수 없이 고향을 떠나야 했던 이주 농민들의 정서를 대변하여 애끓는 향수를 주로 표현했는데, 이러한 표현은 만주에서의 삶에 대한 부정을 드러내고 있기 때문에 국책에 부합하는 것이 아니었다. 그러나 향수를 주된 정조로 드러내는 그 시들은 근대적 현실에 맞서는 측면보다는 다소 퇴행적 정서에 의존하고 있다고도 평가할 수 있다.

이와는 다른 경향의 시를 쓰는 시인들도 있었다. 1930년대 말부터 평

4 만선일보의 기본적인 성격에 대해서는 오양호, 「<만선일보> 문예란의 성격」, 『일제 강점기 만주 조선인 문학연구』(문예출판사, 1996)를 참조.

5 가령 『만선일보』 기자였던 안수길은 1940년대 초반 "국내에서는 이미 발표 기관이 좁혀진 데다가 검열이 심했으므로 그들은 가끔 『만선일보』 학예면을 통해 작품을 발표했다. … 재만(在滿) 문인뿐 아니라 국내에서도, 예를 들면 신의주의 김우철씨를 비롯해 청진의 슈르리얼리스트인 『맥』 동인들이 소포로 원고를 보내오는 등"이라고 증언하고 있다(안수길, 「용정·신경 시대」, 강진호 엮음, 『한국문단이면사』, 깊은 샘, 1999, 264-265쪽). 청진의 『맥(貘)』 동인들은 앞으로 보게 될 '시현실 동인'의 중추가 된다.

양이나 청진과 같은 '북방'에서 만주로 이주한 일군의 시인들[6]은, 자신들이 처하고 있는 만주국 도시 특유의 식민지 근대에서의 체험을 초현실주의적인 표현으로 드러냈다. 당시 김조규의 초현실주의는 파시즘 체제의 억압에 민감하게 반응하면서 분열된 내면을 드러냈다. '시현실 동인'[7]의 초현실주의[8]는 당시 반식민지 만주의 도시가 내장하고 있는 여러 분열과 모순을 드러내고 그 분열과 모순을 은폐하려는 이데올로기를

---

6 김조규나 함형수, '시현실 동인' 등. 이들 시인들은 이주 이전부터 동인지 『맥(貘)』이나 『단층』을 통해 독특한 초현실주의적인 시를 발표하고 있었다.

7 '시현실 동인'은 『만선일보』 1940년 8월 23일에서 8월 28일까지 이수형(李琇馨), 신동철(申東哲), 김북원(金北原), 강욱(姜旭)의 시 6편이 '『시현실』 동인집'이라는 부제 아래 연재되면서 시단에 알려지게 되었다. 1940년 9월 3, 4, 5일에는, 황민(黃民)의 「禁域의 手帖」이라는 긴 초현실주의 산문시가 실려 있는데, 이 시에는 '『시현실』 동인집'이라는 부제는 붙지 않았지만 시인은 시의 말미에 "筆者 『詩現實』 同人"이라고 밝혀두고 있다. 즉 지금 확인할 수 있는 시현실 동인은 이수형, 신동철, 김북원, 강욱, 황민, 이렇게 다섯 명이다.

8 '시현실 동인'에 대한 연구는 많지 않은데, 중요한 연구들을 언급하면 다음과 같다.
오양호, 『일제 강점기 만주조선인 문학 연구』, 문예출판사, 1996. 오양호는 '시현실' 동인의 시에 대해 주로 초현실주의의 세계관과 기법에 대해서 논하고 있다. 하지만 초현실주의 일반론으로 환원하여 이들의 시를 논의하고 있어서, 당시 재만 조선인의 입장을 통해 창작된 초현실주의의 특수성에 대해서 조명하진 않았다.
조규익, 『해방전 만주지역의 우리 시인들과 시문학』, 국학자료원, 1996.
장인수, 『한국 초현실주의 시 연구』, 성균관대학교 박사학위 논문, 2006. 장인수는 '시현실' 동인의 시 작품이 가지고 있는 독특한 초현실주의적 특성을, 면밀한 작품 분석을 통해 해명하고 있다. 하지만 그러한 특성이 어디에서 기인했는가에 대해서는 천착하지 않고 있다. 이에 비해 본고는, 당시 만주의 식민성과 혼종성이 착종되어 있는 상황과 '시현실' 동인의 독특한 詩作 사이의 상관관계에 대해 탐구하고 그 이데올로기 비판적 성격을 밝히고자 한다.
연변에서는 한국보다 재만 조선인 시문학에 대해 좀 더 활발하게 연구되는 듯하다. 그리고 만선일보 소재의 시들도 상대적으로 충실하게 정리하고 있다. (연변 학자들을 중심으로 한국의 연구자들의 도움을 통해 정리된 식민지 만주 거주 시인들의 작품들은 한국에서 2006년 『김조규-윤동주-리욱』과 『현대시』라는 책으로 보고사에서 출판되었다.) 그러나 연변에서도 '시현실 동인'에 대한 연구는 김호웅과 김장선의 비교적 자세한 논의를 제외하면 찾아보기 힘들다.
김호웅, 『재만 조선인 문학 연구』, 국학자료원, 1997.
김장선, 『위만주국시기 조선인문학과 중국인문학의 비교 연구』, 역락, 2004. 이들의 논의에 대해서는 4장에서 간략하게 언급할 것이다.

전복하는 형상을 보여주었다. 이러한 '시현실 동인' 시의 특질은 당시 조선인이 만주의 혼종적인 도시에서 겪어야 했던 독특한 상황과 무관하지 않다. 이들 동인들은 '『삼사문학』 동인'과 같은 예전의 초현실주의가 제시한 '절연하는 논리'와 도시의 분열적 상황을 결합시켜, 새로운 초현실주의, 사회성 짙은 초현실주의를 창출했다.

'시현실 동인'이 지닌 이러한 성격은 한국 시사에서 새로운 것이고, 또 예전의 한국 초현실주의와는 완연히 다른 특성을 가지고 있었다. '시현실 동인'이 등장하기 이전에 초현실주의를 의식적으로 추구하면서 '절연의 논리'를 제시했던 그룹은 『삼사문학』 동인이었다. 그런데 『삼사문학』의 초현실주의는 서구 초현실주의가 가지고 있었던 사회성과 정치성을 탈각시킨 것이었다. 이와는 달리 만주국의 이데올로기를 비판하는 '시현실 동인'의 도시적 초현실주의는 초현실주의의 본래적 성격을 확보하고 있다. 하지만 그들의 새로운 초현실주의도 『삼사문학』의 초현실주의를 바탕으로 형성된 것이다. 즉, '시현실 동인'의 초현실주의의 형성은 『삼사문학』의 초현실주의의 소개와 만주 도시의 분열적인 상황을 배경으로 한 것이다.

2. 1940년대 재만 조선인 초현실주의의 형성 배경

1) 만주국 도시의 혼종성과 재만 조선인의 정신분열증적 상황

만주의 반식민화는 식민화에 의해 현상되는 근대성이 흥미로운 모습을 보여주고 있다. 제국주의에 의한 식민화는 근대의 또 하나의 본질적인 특성이라 할 '혼종성(hybridity)'을 가져오게 되는데, 만주의 경우 그 혼종성이 뚜렷하게 드러났던 것이다. 특히 만주국 건립 이후 만주의 도시에서는 이민족들의 혼거가 더욱 확대되어 도시의 혼종적인 성격이 강화되었다. 특히 일본에서 이주한 일본인들은 대도시에 거주하는 자가 많았다. 만주에 사는 일본인들의 7할이 만주국의 9대 도시에 거주했다고 한다.[9] 그래서 만주의 도시 공간은 지배-피지배의 권력관계가 관철되는 가운데, 일상생활을 통해 여러 이민족들이 몸을 뒤섞는 공간이었다.

그렇기에 도시 공간에서 '민족협화'는 더욱 중시되었겠지만, 이러한 이념이 지닌 이데올로기적 성격은 도시에서도 사라지지 않았다. 한 연구자에 따르면, "일본 제국주의에 의해 시행된 각종 성시계획과 주택정책에서 민족에 따라 차별화된 기준을 적용함으로써 민족적 차별정책을 그대로 드러냈"기에 "동일한 성시 구역 내에 양질의 환경을 갖춘 신시가구역과 정 반대로 최악의 열악한 환경을 지닌 중국인 거주구역이 공존하"[10]였던 것이 현실이기 때문이다. 도시에 있는 노동 시장에서의 민족적 차별 역시 심각했다. 오카베 마키오에 따르면, "숙련 작업을 일본인 노동자가, 단순 작업을 중국인 노동자가 담당하여, 그것이 그대로 직계제가 되어 있었"으며 임금격차도 일본인 임금을 100으로 할 때 중국인은 29였다. 조선인의 임금은 39였다.[11]

그런데 준準일본인인 조선인은 더욱 분열적인 상황에 놓인다. 조선인이 일본인처럼 일등 국민(지배자)으로서의 지위를 결코 갖지 못했음에도 불구하고, 도리어 조선인들은 일본의 침략을 위한 앞잡이로 인식되어 만주국 내 중국인들의 암묵적인 멸시와 증오의 눈길을 받아야 했다. 일본인의 체질화된 암묵적인 무시도 겪어야 하는 조선인은, 조선에서보다 만주에서 심적으로 더욱 착잡한 상황에 놓이게 되었다. 조선인은 지

---

9 한석정, 앞의 책, 2007, 190쪽.

10 이경찬, 「청대 이후 근대 만주 도시체계와 도시구조 변화과정」, 유지원 외, 『근대만주도시 역사지리 연구』, 2007, 280쪽.

11 오카베 마키오, 『만주국의 탄생과 유산』, 어문학사, 2009, 183, 184쪽. 또한 마키오는 "조선인은 그 임금상의 위치에서 일본인 기술공과 중국인 비숙련공의 중간으로 준準 일본인 역할을 하고, 일본인을 정점으로 하는 직계제를 보강하고 있었던 것을 알 수 있다."(같은 책, 184쪽)고 말하고 있다.

배자로서의 일본인과 피지배자로서의 중국인을 지속적으로 마주쳐야 하는 만주국 도시 공간에서 분열적인 일상을 살아야 했다. 이 상황 속에서 지배자 의식과 피지배자 의식이 모순적으로 공존한 조선인은 더욱 복합적인 정신분열적 무의식을 가지게 될 터였다.[12] 유진오가 말하듯이 "일계(日系)와 만계(滿系)[13]의 중간에 서서 선계鮮系의 지위는 복잡미묘한 것"[14]이었다.

조선인은 이러한 분열을 실재로는 피지배자이면서도 지배자와 같은 위치에 있다는 가상에 빠짐으로서 해결하려고 하게 된다. 조선인의 '만계'인에 대한 은근한 멸시는 이러한 가상에서 비롯된다.[15] 프란츠 파농의 관찰에 따르면 앙띨레스 흑인은 자신들이 세네갈과 같은 아프리카 흑인보다 더 문명화 되어 있고 그래서 백인에 가깝다고 생각한다. 그래서 그들은 "세네갈 출신의 촌닭들을 만만하게 여"기고 "자신이 세네갈 출신의 흑인으로 오해받을 때 매우 황당해" 한다. 그렇지만 그들은 또한 "백인들을 자극해 봐야 별반 이득 될 게 없다는 걸 알고 있"는 처세에 익숙해 있다.[16] 만주국의 조선인, 더 나아가 일제 말기 조선인들 역시 자신이 일본인에 가깝다고 여기면서도 일본인에게는 열등감을 갖고 처세에 임한다. 그들은 "노란 피부 노란 가면"[17]을 써야 하는 것이다.

---

12 식민지 조선의 '경성' 역시 마찬가지로 분열적인 공간이었다. 윤대석은 「경성의 공간분할과 정신분열」(『국어국문학』, 144호 국어국문학회, 2006)에서 경성 공간이 빚어내는 정신분열적 상황과 이에 대한 김사량, 박태원의 문학적 대응을 분석하고 있다. 그런데 만주국에서는 이러한 상황이 더욱 복합적이고 비틀려 있었다고 판단된다.

13 한인 역시 만계에 속한다. 만계는 만주인, 한인, 몽고인을 가리킨다. - 인용자 주.

14 유진오, 「신경」, 민족문학연구소 편, 『일제말기 문인들의 만주체험』, 역락, 2007, 273쪽.

15 이를 "내셔널리즘이 자기 모순적이기 때문에 그 모순을 감추기 위해 청나라에 대한 적개심을 선동하면서 조선 반도에 대한 식민주의적 침략의 야망으로 돌린" 일본인의 "식민지적 무의식이 식민주의적 의식이 매개 없이 결합한 현상"(고모리 요이치, 『포스트콜로니얼』, 송태욱 옮김, 삼인, 2002, 62쪽.)과 유사하다고 할 수 있을 것이다.

16 프란츠 파농, 『검은 피부, 하얀 가면』, 이석호 옮김, 인간사랑, 1998, 34-35쪽.

하지만 만주국의 도시 일상은 조선인이 일본인과 중국인 사이에서 계속 자리바꿈을 하도록 만들기 때문에 그들은 정체성을 갖기 힘들고 정신분열의 상황에 빠지게 된다. 조선인들은 이러한 정신의 분열 상태를 봉합하고 외면하기 위해 만주국의 차별적인 실재를 은폐하는 '오족협화'나 '왕도낙토' 이데올로기를 받아들이게 될 것이다. 그러나 '시현실 동인'은 만주국 도시의 혼종성과 마주치면서 일어나는 조선인의 정신분열적인 상황을 봉합하는 것이 아니라 도리어 시를 통해 더욱 분열적인 몽타주로 이를 표현했다. 이는 국가가 유포하는 봉합의 이데올로기에 그들이 포섭되지 않았다는 것을 의미한다.

2) 『삼사문학』의 형식적 초현실주의

초현실주의는 의식과 무의식의 융합을 통한 절대적 현실을 개척함으로써 삶의 혁명을 이룩하고자 했던 거대한 아방가르드 운동이었다. 초현실주의자들은 흔히 오해하듯이 현실을 도외시하면서 환상을 꿈꾸는 유파라고 할 수 없다. 물론 초현실주의자들에게 환상은 매우 중요하다. 하지만 그 환상은 합리적이고 계산적으로 짜인 자본주의 사회에서 상상력을 회복하여 절대적 현실을 탈환하기 위해 추구되는 것이다. 이본느 뒤플레시스는, "초현실주의자들의 기본적 태도는 합일에 대한 탐구이다. 그들은 그것을 현실도피 속에서 찾지 않고, 여러 사실 속에서 그것을 실현하려고 노력하며 현실적인 것에 반항한 후 그들은 풍부한 발견물을 가지고 그곳으로 되돌아온다."[18]고 말한다. 초현실주의는 현실로

17 이경훈, 「노란 피부, 노란 가면」, 상허학회, 『한국문학과 탈식민주의』, 깊은샘, 2005 참조. 이경훈은 1940년대 초의 임영빈의 소설을 분석하면서 식민지인이 "대동아의 지도민족"으로 비약하고자 하는 욕망을 분석한다. 그는 임영빈의 소설에서도 "일본인이 된 조선인을 중국인으로 보는 것에 대한 불쾌감"(같은 책, 61쪽.)이 드러나는 장면을 포착하고 있다.

18 이본느 뒤플레시스, 『초현실주의』, 조한경 옮김, 탐구당, 1993, 122쪽.

부터의 도피가 아니라 바로 현실에서 출발하면서, 또한 그 현실을 부정하면서 더 풍부한 절대적 현실을 생산하여 다시 현실로 돌아오고자 한다는 것이다. 그리하여 "초현실주의자들은 현실을 향해 돌아와서 인간 존재를 한정짓는 외적 여건을 되바꿀만한 사회적 행동이론 체계를"[19] 세웠다. 그렇기에 초현실주의자들의 노력은 사회혁명에의 지대한 열망을 낳는다.[20] 앙드레 브르통과 초현실주의자들은 절대적 반항과 사회혁명에의 지향은 결합될 수 있다고 보았던 것이다.[21]

그러나 1930년대 중반 한국의 초현실주의는 "이 지상에서 도달하고자 염원하는 완전한 해방의 상태만을 정당화시킬 수 있을 것"[22]이라고 말하는 앙드레 브르통의 혁명적 열정을 수용하지 못했다. 한국의 초현실주의 수용은 일본의 초현실주의를 통해 이루어졌다. 그런데 일본의 초현실주의를 포함한 모더니즘 시운동은 프랑스 초현실주의의 혁명적 정치성이 제거되어 있었다. 츠루오카 요시히사(鶴岡善久)는 "그들은 서구로부터 빨리 전달받았다. 다다 및 초현실주의 정신을, 단순히 그때까지의 상징파 서정파의 시에 대한 부정의 촉매제로서 받아들였다."[23]고 말한다. 즉 일본의 초현실주의는 당시 일본 시단에 만연했던 상징파, 서정파 시의 극복이라는, 기성문단을 비판하고 문학 내부에서의 새로움을

19 이본느 뒤플레시스, 앞의 책, 140쪽.

20 발터 벤야민은, 초현실주의에 대해서 "혁명을 위한 도취의 힘을 얻기, 이것이 초현실주의의 모든 책과 시도가 추구하는 목표이다."라고 말한다. (발터 벤야민, 「초현실주의」, 『역사의 개념에 대하여 외』, 최성만 옮김, 길, 2008, 162쪽.)

21 초현실주의는 포에지를 통한 삶의 절대적 혁명을 성취하고자 했기 때문에 사회혁명을 제창한 마르크스주의와 친화력을 가지고 있었다. 오생근에 따르면, 프로이트와 마르크스를 접합시키려고 한 브르통은, "혁명은 결국 세계와 사회를 개혁하는 차원에서 한정되는 것이 아니라 세계를 해석하고 인간정신을 해방하려는 의지의 차원에서도 완성되어야' 한다고 생각했다.(오생근, 『초현실주의와 문학의 혁명』, 문학과지성사, 2010, 37쪽.)

22 트리스탕 짜라, 앙드레 브르통, 『다다/쉬르레알리슴 선언』, 송재영 옮김, 문학과지성사, 1987, 156쪽.

23 鶴岡善久, 『日本超現實主義詩論』, 思潮社, 1970, 19-20쪽.

좇는 방향으로 나아갔던 것이다. 그래서 혁명 예술이 되고자 했던 프랑스의 초현실주의와는 반대로, 일본의 초현실주의는 프롤레타리아 문학에 대항하는 순수시 운동이라는 성격이 짙었다고 볼 수 있다.

1930년대 중반 한국의 초현실주의 역시 일본 초현실주의의 이러한 성격을 가지고 있었다. 초현실주의를 의식적으로 추구했던 『삼사문학』 그룹 역시 새로운 시적 기법과 논리라는 측면에서 초현실주의를 수용했지 정치적 전복성의 추구와는 거리가 멀었다. 『삼사문학』 3집에 실린 이시우의 「絕緣하는 論理」는 『삼사문학』의 초현실주의 시론을 잘 보여준다. 이시우의 시론은 당시의 조선 시단에 대한 비판적 평가를 수반하면서 전개된다. 그는 자유시가 결국 민요시, 정형시로 전환된다고 지적하면서, 이를 민중시, 프롤레타리아 시의 사상 우위성 때문에 생긴 것이라고 주장한다. 그는 그 대안으로 시의 현실성인 초현실주의를 내세운다. 더 나아가 그는 "헌 方法論的인 秩序를 必要치 않게 된 새로운 方法論的인 秩序로의 主知"로서 초현실주의를 주장하면서 "自由詩의 克服을 생각하는 것은, 歷史에서 歷史로 도라가는데 있다."[24]라며 자유시 소멸의 필연성을 주장한다. 초현실주의는 민요시, 민중시, 정형시, 자유시를 넘어서 도래할 '새로운' 시다.

결국 그가 내세운 새로운 시는 절연의 이미지로 구현된다. "絕緣하는 語彙, 絕緣하는 '센텐스'. 絕緣하는 單數的 '이메이지'의 乘인 複數的. '이메이지'. 絕緣體와 絕緣體와의 秩序잇는 乘은 絕緣하지안은 優秀한 約數를 낳는다. 그리고 絕緣體와 絕緣體와의 距離에 正比例하는 Poesie Anecdote(시적 경이-인용자)의 空間"[25]을 구현해야 하는 것이다. 이는 브르통이 「초현실주의 1차 선언」에서 소개한, "접근된 두 개의 현실의 관계가 보다 거리가 멀고 적절한 것일수록 이미지는 보다 강렬해질 것"[26]

24 李時雨, 「絕緣하는 論理」, 『三四文學』 3호, 1935. 3, 12-13쪽.
25 위의 책, 10쪽.

이라는 피에르 르베르디의 이미지 이론과 관련된다.[27] 하지만 이시우는 절연체와 절연체와의 거리가 멀수록 왜 시적 경이가 생기는지 말하지 못하고 있다. 그러나 다만 거리가 먼 절연체들을 결합하는 것으로서만 '시적 경이'를 만들어낼 수는 없다. 언어적 방법론만 내세운 초현실주의는 경이로 독자를 이끄는 것이 아니라 기성 문단의 시보다는 낯설고 난해한 언어 조립으로 새로움을 달성하고자 하는 데에 그치고 말 가능성이 많았다.[28]

'시현실 동인'의 초현실주의는 이러한 형식적 성격과는 거리가 멀었다. 하지만 그들이 『삼사문학』이 제시한 절연의 논리, 낯선 것과의 충돌이라는 몽타주 원리를 거부했던 것은 아니다. 도리어 그 원리를 더욱 활용했다. 그런데 '시현실 동인'은 절연의 논리를 도시 사회의 분열상을 분열적으로 드러내어 폭로하는 데 사용했다. '시현실 동인' 『삼사문학』의 이론을 끌어들이면서도 그것을 만주국 이데올로기에 대한 비판으로 전용하여, 『삼사문학』의 형식적 초현실주의와는 완연히 다른 정치적이고 비판적인 성격의 초현실주의를 창출했던 것이다.

---

26 트리스탕 짜라, 앙드레 브르통, 앞의 책, 128쪽.

27 브르통은 르베르디의 이미지 이론을 완전히 받아들이고 있는 것은 아니다. 그는 "거리가 먼 두 개의 현실이라고 명명한 것을 자발적으로 접근시킬 수 있으리라고는 느껴지지 않는다."(위의 책, 144쪽.)고 말하고 있다. 이와는 달리 "정신은 그를 황홀하게 하는 이미지한테 끌리어, 또는 손가락 끝에 이는 불꽃을 입김을 불어 끌 틈조차 없이 앞으로 내닫는 것이다. 이것이야말로 밤중에서도 가장 아름다운 밤, 곧 섬광의 밤이다."(같은 책, 145쪽)라고 말한다. 즉 브르통에 따르면 정신이 이미지를 조정하는 것이 아니라 이미지가 정신을 이끈다.

28 『삼사문학』에 실린 초현실주의 시들에서 그러한 폐단이 이미 나타나고 있었다. 가령 이시우의 "아아나의a priori는소나무처럼작고만작고만成長을하는도다."(李時雨, 「續」, 『三四文學 2호』, 1934. 12, 5쪽.)와 같은 시행은, 거리가 먼 절연체들인 소나무(구체적인 사물을 가리키는 한국어)와 a priori(철학적 개념인 라틴어)를 결합시키지만 어떠한 경이도 불러일으키지 못한다. 여기서는 다만 평범한 비유가 이루어지고 있을 뿐이다. 이시우의 「절연하는 논리」에 대한 좀 더 자세한 소개와 비판은 이성혁, 「1930년대 한국문학의 초현실주의 수용에 관한 연구」, 한국외국어대학교 한국어문학연구회, 1998, 229-232쪽 참조.

3. '시현실 동인'의 초현실주의에 나타난 전복성과 이데올로기 비판

1) '시현실 동인'의 전사(前史)로서의 『맥』과 김조규의 초현실주의 시

'시현실 동인'인 김북원, 신동철, 강욱, 황민은 청진에서 편집되던 『맥(貘)』에서 활동을 하고 있었던 시인들이다. 동인 중 이수형만 『맥』에 시를 싣지 않았지만 '『시현실』 동인집'이 발표되기 이전인 『만선일보』 1940년 3월 13일자에 「白卵의 水仙花」라는 초현실주의적인 시를 발표한 바 있다. 『맥』은 1938년 6월에 창간하여, 현재 1939년 5월에 출간된 5집까지 남아 있는데, 훗날의 '시현실 동인'뿐만 아니라 이상, 함윤수, 임화, 윤곤강, 황순원, 김광섭, 장만영, 서정주, 김조규 등 여러 경향의 시인들의 시가 실려 있다. 김경린의 회고에 따르면, "청진의 모더니즘 문학 운동지"인 『맥』은 "최초에는 서정시로 출발한 것이었지만 후기에 오면서 모더니즘을 하고 있었"[29]다고 한다. 그리고 그가 『맥』 동인과 접촉했을 때에는, "김북원이 리더였고""신동철, 김조규, 황민 등이 있었"[30]다고 한다. 김북원 및 신동철, 황민은 훗날의 초현실주의 그룹 '시현실 동인'이 될 사람들이고 김조규 역시 초현실주의 시를 쓰고 있었기에, 『맥』은 초현실주의를 지향했음을 알 수 있다. 하지만 김북원이 3집부터 시를 싣고 있는 것을 보면, 『맥』의 후반부에야 초현실주의적인 경향이 형성되었을 것이다.

그러나 그룹의 리더였다는 김북원은 『맥』에서 그다지 좋은 작품을 보여주지 못했고 또한 초현실주의적인 시도 쓰지 못했다. 가령, 4집에 실린 「휘파람」은 "어둠이 뻴딩을넘어 어깨를넘어 온몸을 휩쌌다."나

---

29 김경린, 「현대성의 경험과 모더니즘」, 강진호·이상갑·채호석 편, 『증언으로서의 문학사』, 깊은샘, 2003, 23쪽.

30 위의 책, 25쪽.

"마치가 불꽃을 문다 속삭인다 創造한다"[31]와 같은 범용한 수사만 보여주고 있다. 신동철도 『맥』 시절에서는 초현실주의적인 시를 쓰지 못하고 있었고 "石斉가 포도를 따 먹고//女人의 乳房은 달을 思慕하다."[32] 정도의 에로틱한 수사를 보여주고 있다. 허나 광물과 식물, 광물과 인간을 이렇게 에로틱하게 결합하는 상상력은 초현실주의로 발전할 수 있는 가능성을 보여주고 있기는 했다. 역시 '시현실 동인'이 될 강욱도 "통속에 가치운 다람쥐.//네 마음은 산곡에 두고운 허많은 정담이 그리워/오날도 철창을뒤고 고향을 바라보았다지."[33]와 같이 모더니즘과도 무관한 시를 보여주었다. 사실상 '시현실 동인'은 『맥』 동인의 일부가 이수형과 만남으로 인해 이루어졌다고 짐작된다. 이수형의 「白卵의 水仙花」가 발표된 이후 『맥』 출신 시인들의 시가 비로소 뚜렷하게 초현실주의적인 경향을 보여주고 있기 때문이다.

그러나 『맥』에 발표된 김조규의 시의 경우, 개성 있는 초현실주의를 보여주고 있다. 1930년대 초반, 김조규는 미숙한 '프로시'적 경향을 발표하면서 시단에 발을 들여 놓는다. 하지만 1930년대 후반에는 평양에서 발간된 『단층』에 시를 발표하기 시작하면서, 그의 시세계는 개인의 내면을 초현실주의적으로 표현하는 방식으로 급격하게 변모한다.[34] 당시 그는 청진의 『맥』에도 시를 발표했다. 『단층』과 『맥』에 발표된 김조규의 시에는 어떤 억압된 무의식이 초현실주의적인 이미지로 표현되고 있었다. "腐爛하는 肉體의 悪臭와 賣淫婦의 乳房이 飛翔하는 나의 意慾과 더부러 霧散하는 밤·밤·밤"[35]와 같은 시구가 그러한 이미지다. 여기서

31 『맥』 제4집, 1938, 12, 25쪽.
32 신동철, 「달 밤」, 『맥』 제3집, 1938, 10, 7쪽.
33 강욱, 「다람쥐」, 『맥』 제4집, 22쪽.
34 최재서는 이 동인지의 특질에 대해 '심리주의적 경향', 또는 "맑시즘과 프로이드즘의 綜合을 企圖하는 경향"(최재서, 「단층파의 심리주의적 경향」, 『문학과 지성』, 인문사, 1938, 187쪽.)이라고 말한 바 있다.
35 「野獸一節」, 『맥』 제2집, 1938, 9, 5쪽.

성적 욕망은 생성이 아니라 죽음과 부패에 연결되어 있다. 그 욕망은 "매음부의 유방"에 의해 유발되고 있는데, 매음부에게 이끌리는 성적 욕망은 매독에 감염되어 썩어문드러지는 육체 이미지를 낳는다. 하지만 이러한 음침하고 자해적인 상상은 "비상하는 나의 의욕"과 중첩되어 있다. 비상의 의욕과 부란하는 육체가 동시적으로 시인의 삶에 존재한다는 모순은 시인의 내면이 극단적으로 분열되어 있다는 것을 가리킨다. 이 갈등이 시인의 무의식적 환상과 초현실주의적인 이미지를 낳을 것이다. 그런데 김조규는 이러한 삶의 분열과 내면적 갈등을 어떤 역사적 상황과 연결시킨다. 시인은 아래의 시에서 이러한 삶의 모순을 낳게 하는 매춘부에의 욕망을 역사적 상흔과 연결시키고 있는 것이다.

> 네 아버지가 몰핀 中毒이고 네가 충실한 相續을 받았다는게 얼마나 華麗한 風景이냐. 이 地方의 傳說은 말 엉덩이와 殺生과 붉은 慾望. 偉大한 네 엉덩이에도 몰핀 注射의 傷痕으로 가득 찼다더라. 네가 熟練한 과부이냐 새빨간 處女이냐. 네 오는 날 나는 雙頭馬車를 달리면서 네 血管 속에 흐르는 毒素와 淋菌과 붉어진 네 콧잔등의 腫氣를 빨고싶은 衝動에 내 鼻汁을 핥았다
>
> -「野獸(第二節)」[36] 부분.

"네가 숙련한 과부이냐 처녀이냐"나 "네 혈관 속에 흐르는 독소와 임균"이라는 표현을 보면, 이 시에서 '너'는 '매음부'임을 짐작할 수 있다. 그런데 그녀의 처지는 어떤 역사로부터 비롯된다. "네 아버지가 몰핀 중독이고 네가 충실한 상속을 받았다"는 진술을 보면 그렇다. 너의 몰핀 중독은 아버지로부터 상속된 것이다. '몰핀'이 무엇을 함의하는지는 명확하지 않으나 "이 지방의 전설"인 "살생과 붉은 욕망"과 관련된 어떤 중독을 가리킬 것이다. 그렇다면 너와 같은 "이 지방"의 사람들 역시 몰

36 『맥』 제3집, 1938, 10, 15쪽.

핀 중독을 상속받고 있다고 말할 수 있다. 그래서 혈관 속에는 몰핀과 몰핀으로부터 비롯된 "독소와 임균"이 흐른다. 시적 화자가 "독소와 임균"으로 인해 "붉어진 네 콧잔등의 종기를 빨고 싶은 충동"을 느끼는 것은, 그도 역시 "이 지방"의 사람이기 때문일 것이다. 그렇기에 시적 화자 역시 몰핀 중독이어서, 그의 "혈관 속에"는 "독소와 임균"이 흐르고 있을 것이다. 매음부인 너의 처지는 시적 화자의 처지와 같고, 그래서 너의 종기를 빨고 싶어 하는 애린과 욕망이 생기며, 그 욕망을 자신의 "비즙을 핥"는 것으로 대신할 수 있다. 김조규 시인은 자신의 욕망과 병적 상태를 "이 지방"이라는 공간. 즉 조선이라는 공간 속에서 역사적으로 형성된 것임을 위의 시에서 암시적으로 드러낸다.

이를 통해 볼 때 김조규의 초현실주의적인 시에는 사회적 억압에 대한 감수성이 드러나고 있었고 그래서 그는 형식적 초현실주의를 전환시키고 있었다. 그는 『삼사문학』의 초현실주의와 같이 이미지의 새로운 산출에만 급급하지 않았다. 『삼사문학』의 시들이 현실의 삶과 절연하여 절연된 현실의 결합에 '주지(主知)'적으로 매달렸다고 한다면, 그의 초현실주의적인 시들은 그와는 달리 어떤 내면적 절실함을 갖고 있었고, 삶의 깊은 곳과 연결되어 있는 무의식을 시의 동력으로 삼고 있다. 이러한 성격을 가진 그의 시는, 사회비판적인 '시현실 동인'의 시세계에 길을 여는 역할을 했다고 할 수 있다. '시현실 동인'은 김조규 시와는 달리 근대성의 이면을 알레고리의 방식으로 혹은 몽타주 방식으로 분열적으로 드러냈다. '시현실 동인'의 시에는 시인의 내면이 아니라 근대적 세계 자체가 문제시되었고, 그 문제가 초현실주의적으로 표현되었던 것이다. 하지만 그들의 시의 분열적인 외면성은, 사회적 분열과 억압에 의해 파괴된 내면을 세계로 투사할 때 얻을 수 있는 것이었다. 그렇기에 사회에 의해 분열된 내면을 확보하는 것이 '시현실 동인'의 시작(詩作)에 전제가 된다. 그런데 김조규의 초현실주의가 그러한 내면을 미리 확보해

두었던 것이다.

2) 이수형 시의 알레고리적 시법과 이데올로기 비판

‘시현실’이란 이름은 일본의 문예지 『시현실』에서 따온 것이 아닐까 짐작된다. 문예지 『시현실』은, 초현실주의를 소개하고 실천했던 일본의 문예지 『시와 시론』의 일원인 초현실주의 시인 기타가와 후유히코(北川冬彦이)가, 『시와 시론』이 점차 하루야마 유키오(春産行部)의 형식주의적인 모더니즘으로 흐르는 데 불만을 품고 『시와 시론』에서 탈퇴하여, 뜻을 같이 하는 예술가들과 함께 1930년 6월에 창간한 잡지다.[37] 『시현실』은 『시와 시론』의 내부분열이라는 형태로 등장한 것으로 기타가와는 『시와 시론』 시절부터 “사회의식을 시의 중요한 골격으로서 표현하려는 의욕을 확실히 보여주고 있었다”[38]고 한다. 『시현실』이 띠고 있는 사회적·현실적 경향은 『시와 시론』과 명확하게 이질적인 면을 보여주는 것이지만[39], 한편으로 『시현실』은 『시와 시론』 초기의 초현실주의를 계승하면서 이를 사회비판적 경향과 결합시키려 했다고 할 수 있다. ‘시현실 동인’이 일본의 문예지 『시현실』로부터 이름을 가져온 것이라고 한다면, 동인들은 이러한 『시현실』이 추구했던 경향을 따르고자 했을 것이다. 『만선일보』에 처음으로 발표된 초현실주의 시인 이수형의 「白卵의 水仙花」부터, 일본의 『시현실』이 추구했던 초현실주의와 사회비판의 결합을 보여주고 있다.

> 近代의 化粧室에서는
> 高周波NH선의X 菌滅殺作用에

37 히라노 겐, 『일본쇼와문학사』, 고재석/김환기 옮김, 동국대학교출판부, 2001, 89쪽.
38 大岡 信, 『昭和詩史』, 思潮社, 1977, 87쪽.
39 위의 책, 92쪽.

憧憬하는 石膏처럼 하-ㄴ『토이렛트』『페-파-』에는 數만흔 男女의 屍體가 塵芥車의 汚物처럼 짓발펴 싸여 잇섯다

化石의 白卵은 近代의 市場에서

純白한 處女의 肉體보담도 純白한SIX FINGER를 空港으로 空港으로 噴水처럼 發散하는것이다[40]

'백란의 수선화'란 살바도르 달리의 회화 「나르키소스의 변신(The Metamophosis of Narcissos)」(1937)에 나오는 수선화와 연관된다고 짐작된다. 이 그림은 두 개의 그림을 붙여놓은 것처럼 구성되어 있는데, 왼편에는 물가에 무릎을 꿇고 앉아 있는 나르키소스의 모습이, 오른편에는 나르키소스의 몸이 달걀을 쥐고 있는 손 모양의 거대한 암석으로 변형된 모습이 그려져 있다. 나르키소스의 몸은 손톱과 손가락들 모양의 암석으로 변형되고 얼굴은 손가락들이 쥐고 있는 달걀로 변형된다. 그리고 달걀의 상단 부분에는 수선화가 껍질을 깨고 피어나고 있다. 그 수선화가 어떠한 의미인지는 달리가 이 그림에 곁들어 쓴 시에서 짐작할 수 있는데, 그 시의 마지막 연은 다음과 같다고 한다. "그 머리가 쪼개지면/그 머리가 쪼개지면/그 머리가 터지면, 그것은 꽃이 되리,/새로운 나르키소스,/갈라……/나의 나르키소스."[41] 결국은 나르키소스의 머리를 쪼개고 피어나는 이 수선화가 바로 나르키소스의 변신의 핵심인데, 달리는 그 변신한 존재를 그가 평생 사랑한 부인인 '갈라'라고 말하고 있다.

제목 뿐만 아니라 "화석의 백란"이라든가 "SIX FINGER"와 같은 시구들을 볼 때, 이수형은 「백란의 수선화」를 바로 달리의 「나르키소스의 변신」을 보고 썼다는 것이 분명한 것 같다. 그 그림에서 손가락 모양의 화석 사이의 달걀이 여섯 번째 손가락이라고 볼 수 있는 것이다. 그런데 달리의 그림에서는 화가가 자아의 파괴를 통해 자신의 연인인 갈라라는

40 이수형, 「白卵의 水仙花」 끝부분, 『만선일보』, 1940. 3. 13.
41 로버트 래드퍼드, 『달리』, 김남주 옮김, 한길사, 2001, 183쪽.

새로운 존재로 태어나고 있는데 반해, 이 시에서의 '백란의 수선화'는 그러한 긍정적인 의미를 가지지 않는다. "화석의 백란은 근대의 시장에서" "SIX FINGER"를, 즉 수선화를 "공항으로 분수처럼 발산한다"고 할 때, 그 수선화는 긍정적인 의미로 해독되지 않는다. "순백한 처녀의 육체"와 비교되는 수선화는 근대의 시장에서 발산되고 있는 것이어서 상품으로서의 육체, 즉 매음하는 육체로서 변신한 무엇으로 보인다. 이에 시인은 역설적으로 '순백'하다고 평가하지만 그것은 벌거벗은 성적 욕망의 순백함일 것이다. 그리고 시인은 "균멸살작용"에 의해 쓰레기차의 오물처럼 '근대의 화장실'의 휴지에 쌓여 있는 남녀의 짓밟힌 사체를 바로 그 구절 앞에서 제시하고 있어서, 뒤이어 등장하는 여섯 번째 손가락, 즉 수선화는 그 시체들이 변신한 것으로 보인다.

그렇다면 이 시는 고주파NH[42]에 의해 살균처리되어 시체가 되어버린 근대인이 육체 시장에 팔려나가고 있는 근대의 병폐를 드러내고 있다고 해석할 수 있다. 수선화라는 매음의 육체가 공항에서 분수처럼 발산되어 세계로 퍼져나가고 있다는 것도 근대성의 이면을 보여준다. 이수형 시인이 명시적으로 '근대'를 강조하고 있는 것을 보면, 그리고 근대의 화장실과 근대의 시장을 연결시키고 있는 것을 보면, 시인은 이 시에서 근대성의 이면을 폭로하고자 하는 의도를 가지고 있었다는 것은 분명하다. 이 시가 보여주는 근대성의 이면은 이렇게 정리할 수 있다. 근대는 라디오라는 기술 매체를 통해 전파되는 이데올로기에 따라 멸균되지 못한 사람들을 배설물이나 쓰레기처럼 폐기한다. 그리고 폐기된 사람들의 육체는 상품으로 변신되어 근대의 시장으로 분수처럼 퍼져나간다. 이 시의 알레고리를 이렇게 해석해 보면, 이수형 시인은 만주국을 포함한 근대성의 현실을 근본적으로 비판하고 있다고 판단된다. 또한 그는 「娼婦의 命令的 海洋圖」[43]에서 이러한 파시즘적인 근대성의 실재가 '화장

42 만주국 이데올로기를 전파하는 라디오 방송의 주파수를 의미한다고 판단된다.

술'로 가려진다고 비판한다. 다음은 이 시의 전문이다.

> 一萬系列의 齒科術時代는 밤의 海洋에서 섬의 하-모니카를 분다
> 一萬系列의 化粧術時代는 空港의 層階에서 붉은 추-립푸 저녁을 심포니한다. 記念日 記念日 추-립푸는 送葬曲에핀紙花였다
> 明日의 손꾸락을 算術하는 츄립푸는 머-ㄴ 푸디스코 압페
> 떠오르는 떠오르는 비누방울의 夜會服 記念日記念日의 幸福을 約束한 肉體의 女人이 雙頭의 假面을 장식하는날 七色의 슈미-즈가 孔雀의 미소를 띄워 나의 海洋의 蜃氣樓를 따러왓다
> 記念日 記念日의 너의 장식에
> 너의 그洋초와 갓튼 蒼白한 얼골에 너의 그 바다와 가튼 神話를 들여주는 눈동자에
> 나의 倚子는 溺流되엿다
> 나의 倚子는 溺流되엿다
> 그러나 娼婦는 울고만잇엇다
> 肉體의 女人은 장식의 歷史가 슬펏다
> 假面의 女史는 살아잇는것이 슬펏다雙頭의 怪物은 왜 울엇을까?
> 明日을 또장식하여야 할 運命을
> 明日도 그다음날도 그다음날도 살아야할것을
> 女人아 假面아 深夜의 어린애야
> 現實에 規約된 誠實보담도 阿片보담도 술보담도 밤의秘密보담도 이健康術을 사랑한다

이수형 시인에게 근대는 '화장술 시대'다. 기념일이 그러한 화장을 잘 보여준다. '공항'으로 상징되는 근대성의 첨단에는 "붉은 튤립과 같은 저녁을 심포니"하면서 기념일 행사가 진행된다. 독특한 근대를 형성하고 있는 만주국의 화장술인 기념일-튤립의 심포니-은, 그러나 시인에 따

43 『만선일보』, 1940. 8. 27.

르면 장송곡에 불과하며 종이로 만든 꽃에 불과하다. 이 '화장술 시대'의 세계란, 가면의 세계이자 죽은 세계이기 때문이다. 근대가 화장술 시대라는 말은, 근대가 자본주의의 상품물신성에 포획되어 있는 시대라는 것도 암시한다. 상품은 자신을 장식해야만 팔릴 수 있기 때문에 화장술이 뛰어나야 한다. 만주국과 같은 국가에 의해 강조되는 기념일은 이 상품물신성의 시대와 상통한다.

그런데 이어서 생명이 박탈된 장송곡의 시대에서 "울고만 있는" 창부가 등장한다. "肉體의 女人은 장식의 歷史가 슬펐다/假面의 女史는 살아 있는 것이 슬펐다"는 것이다. 창부는 여기서 비판적으로 형상화되지 않는다. 가면을 써야 하는 창부는 상품물신성에 포획되어 있는 '화장술 시대'의 실재를 적나라하게 드러내는, 육체로 만들어진 상품 자체다.[44] 화장술 시대의 알레고리인 "가면의 여사"는 "걸어다니는 상품이 되는 근원적 굴욕을 참는다."[45] "상품으로 가치가 측정되기에 인간으로서는 비하되는" 창부는 "순교의 인물이다."[46] 그녀는 조화와 같이 생명 없는 꽃이다. 그녀는 살아 있는 유기체이지만 생명이 없는 비유기체-상품-로 살아가야 한다. 하지만 '화장술 시대'의 희생자이자 순교자가 되는 이 여인은, 이 시대가 자신과 같이 "장송곡에 핀 지화"라는 비밀을 "살아 있는 것이 슬"픈 삶으로써 폭로한다. 그래서 생명 없는 상품으로서의 에로틱한 물신성을 지닌 창부는 "공적 공간에 죽음 충동, 즉 위반의 유혹을 불러일으키는 존재"이며 그들의 거주 공간은 "공적인 공간에 대한 위협"이 된다.[47]

---

44 그램 질로크는 발터 벤야민에 대한 연구서에서, "매춘부에 대한 욕망은 비유기체에 대한 정욕인 상품물신성의 필연적 결과이다. …보들레르에게 매춘부는 상품을 재현하는 알레고리적 인물에 다름 아니다. 벅 모스에 따르면 매춘부는 살로 만들어진 상품이며, 살은 상품이 된다."(『발터 벤야민과 메트로폴리스』, 효형출판, 2005, 322쪽.)고 말하고 있다.

45 위의 책, 323쪽.

46 위의 책, 324쪽.

그렇기에 창부라는 존재는 만주국의 이데올로기를 파괴하는 존재가 될 수 있다. 프래신짓트 두아라(Duara)에 따르면, 만주국은 '순수성의 체제'로서 건국을 다지고자 했기 때문이다. 그가 개념화하는 '순수성의 체제'란 모든 국민국가들에 적용되는 것으로서, "신성한 민족을 가정 혹은 상징화함으로써 국민국가나 민족주의자들에 대한 도전을 사전에 분쇄할 수 있는 상징적 권력체제"[48]다. 중국 국민당의 민족주의와 대결해야 했던 만주국의 통치자들은 또 하나의 네이션을 만들기 위해 또 다른 상징적 권력체제를 만들어야 했는데, 이것이 '왕도낙토'라는 건국이념과 연결되어 있는 신생활 유교운동과 '도덕적 교화'이다. 국가가 관리하는 민간 대중조직인 도덕회가 이러한 내용의 운동을 전개하면서 근대성 내의 전통상을 창출하고 만주국만의 정체성/순수성을 추구했다.[49] 만주국의 피지배자 통치는 이렇듯 만주 대도시에 내재되어 있는 차별의 실재를 왕도낙토라는 이데올로기로 은폐하고 차별에 따른 피지배자의 불만을 '도덕적 교화'에 의해 억눌렀다. 만주국의 창부는 자신의 삶 자체로 만주국이 "장송곡에 핀 지화"라는 것을 폭로함으로써 통치 체제가 강요하는 '도덕적 교화'를 교란시키고 '순수성의 체제'에 균열을 낸다. 이수형은 이러한 성격을 갖고 있는 창부를 통해, 넓게는 근대성 전반, 좁게는 만주국 이데올로기의 불모성과 허위성을 폭로하고 비판했다.

3) 신동철 시의 전복적 몽타주와 국가 권력 비판

이수형의 「白卵의 水仙花」가 발표된 이후, 김북원이 『맥』에서의 시와

47 이현재, 「매춘의 도시지리학과 공간 생산을 위한 투쟁」, 서울시립대학교 도시인문학연구소 엮음, 『도시공간의 인문학적 모색』, 메이데이, 2009, 95쪽. 이현재는, 그래서 "매춘은 '시민'의 공적 영역을 침범하고 그 경계를 교란하는 타자라는 점에서 배제의 대상이 된다."(같은 책, 94쪽.)고 말한다.

48 프래신짓트 두아라, 『주권과 순수성』, 나남, 2008, 254쪽.

49 도덕회의 구체적인 활동과 '근대성 내의 전통상'인 현모양처 형 근대 가부장제 여성상의 창출에 대해서는 위의 책 2부 4장인 「문명의 구현」 참조.

는 판연하게 다른 「胎動」[50]이라는 초현실주의적인 시를 "李琇馨 형의 답시"로서 발표하고, 1940년 8월 23일부터 '시현실 동인집'의 시들이 연재되기 시작한다. 이 연재에 참여한 강욱과 김북원, 신동철은 예전과 달리 분명하게 초현실주의를 지향하는 시들을 발표한다. 강욱의 "코스모스 가치 神秘한 心臟이 煥姦한다/噴火된 峰과峰은/흘러간 山脈처럼 힌 장미를 씻다"[51]나 김북원의 "S孃은 花盆을 거더찻다/水仙花의 形骸가 바수어젓다/발구락이 紅海를 흘렸다/이윽고 S孃은 美少年을 歸納하다"[52]와 같은 초현실주의적인 표현들을 위에서 인용한 이들의 『맥』 시절 시구들과 비교하면 그 차이를 분명히 알 수 있다. 이를 보면, 이들 『맥』 출신 초현실주의자들이 이수형의 영향을 깊이 받아 초현실주의를 확실히 의식화하게 되었다고 추측된다.[53] 이들과는 달리 신동철은 정면으로 도시를 초현실주의적 시작(詩作)의 대상으로 삼았다. 이수형과 신동철이 함께 쓴 시인 「生活의 市街」는, 『시현실 동인집』의 첫머리에 놓인 시로서 '시현실 동인'의 선언문과 같은 시가 아닐까 생각된다. 그런데 그 시는 도시의 생활공간인 '市街'를 정면으로 문제 삼고 있다. 이 시의 후반부를 인용해본다.

> 자- 그러면 出發하자
> 許可된 現實의 眞空의 內臟에서
> 시커먼 그리고 새하얀 그것도 아닌
> 聖母마리아의 微笑의 市場으로 가자
> 성모마리아의 市場엔

50 『만선일보』, 1940. 4. 16.
51 「악보를 가젓다」, 『만선일보』, 1940. 8. 25.
52 「비들기날으다」, 『만선일보』, 1940. 8. 28.
53 하지만 김북원과 강욱의 시들은 이수형과 같이 명확한 근대성 비판으로 나아가지 않았다. 이들은 전복적 표현이나 역설적 비논리 차원에서 초현실주의를 생각했다고 판단된다.

白裝甲의 秩序가 市街에서 퍼덕일뿐이였다[54]

도시 거리는 프랑스 초현실주의자들의 중요한 활동 공간이다. 초현실주의 시인들은 도시를 돌아다니며 우연히 발견하는 사물들에서 자본주의적 일상을 뒤흔드는 에너지의 충전을 느끼곤 했다. 이때 발견된 장소와 사물들은 초현실주의 예술 작품 속으로 전치('데페이즈망')되어 초현실주의적 오브제로서 삽입되고, 그 오브제들은 기괴하고 낯선 의미를 얻으면서 위선적이고 평온한 도시 일상생활을 전복적으로 뒤흔든다.[55] 그리하여 일상생활이 펼쳐지는 도시는, 초현실주의자에 의해 일상생활의 전복을 감추고 있는 공간이 될 수 있었다. "진공의 내장"에서 '시가市街'로 나아가자는 '시현실 동인'의 선언은 도시의 일상에서 무의식적 욕망과 대면하게 되는 오브제를 찾아다닌 프랑스 초현실주의자들의 노력과 통하는 면이 있다. 식민지 체제에서 "허가된 현실"은 "진공의 내장"과 같은 내면성밖에 없다. 그것으로부터 떠나야 한다.

하지만 프랑스 초현실주의자들은 거리에서 억압된 무의식이 해방될 수 있는 오브제들을 만날 수 있었던 반면, '시현실 동인'은 거리에서 질서를 통제하고 있는 강고한 '白裝甲'-군대의 강고한 무력-이 퍼덕이는 현실과 만날 뿐이다. 그런데 그 백장갑은 "성모마리아의 미소"라는 이미지와 겹친다. 즉, 군의 무력을 뜻하는 '백장갑'과 이에 상반되는 의미의 성모마리아의 온화한 미소가 결합되고 있다. 이는 '절연의 논리'에 따른 초현실주의적인 이미지이지만, 브르통이 얻길 바랐던 "우연적인

54 이수형, 신동철 합작, 「生活의 市街」, 『만선일보』, 1940. 8. 23.

55 조르주 세바에 따르면, "초현실주의자들은 거리를 산책하거나, 정면에 구멍을 내어 만든 골목길을 샅샅이 뒤지거나, 기념물 주변을 어슬렁거리거나, 길모퉁이에서 '우발적 사건의 바람'을 포착하면서 입구를 발견했"으며, "일상적 오브제들의 평범함을 거부하면서, 초현실주의는 온갖 수단을 동원해 세계를 그 물질성 속에서 재창조하고자" 했다. (조르주 세바, 『초현실주의』, 동문선, 2005, 83쪽, 98쪽.)

두 단어가 접근되는 점에서" 폭발하는 초현실적인 "이미지의 광채"[56]와는 성격이 다르다. 그것은 '왕도낙토'와 '민족협화'라는 이데올로기를 배포하면서도, 정작 만주국을 실제로 통제하고 있는 것은 일본의 관동군이라는 현실을 반영하는 이미지다. 환상과 실재의 분열은 분열적 무의식을 낳고 분열적 무의식은 '백장갑'-관동군과 '성모마리아의 미소'-만주국의 이데올로기[57]라는 오브제들을 발견하고 결합한다.

앞에서 논했듯이 재만조선인들의 무의식은 준일본인이라는 환상 및 협화라는 이데올로기와 상반된 실재 사이에서 분열되어 있었다. 그런데 이러한 상황은 관동군의 무력에 따른 공포에 의해 뒷받침되고 있었다. '시현실 동인'들이 거리에 나가서 만난 오브제는 공포와 정신분열이라는 무의식에 따른 것이라고 할 수 있다. 허나 '시현실 동인'은 그러한 무의식을 봉합하고자 하는 이데올로기에로 도피하지 않고, 반대로 그러한 무의식을 도시 거리에 투사시켜 분열과 공포를 생산하는 실재를 드러낼 수 있었다. 당시 만주 이데올로기를 꿰뚫는 이러한 폭로는, 『시현실 동인집』의 마지막에 실린 신동철의 「능금과 飛行機」에 이르면 당시 만주국 도시 생활 전반으로 확장된다.

> 1 時의 高級豫感들은 능금의文明을 위하야 오늘아침 비행장에서 重大한 禮式을 擧行하다
> 2 發散하는비행기 비행기의웃음속에丁夫人 은리봉을심는다.
> 3 비행기의 優生學
> 4 아카시아 욱어진蒼空으로 손수건처럼나붓기는宇宙가온다
> 오리웅座의看板이바뀐다

56 앙드레 브르통, 앞의 글, 144쪽.

57 한석정에 의하면, 실제로 만주국 초기에는 '왕도'를 실현하기 위해 '가련한 인민'을 구제하는 '부성애적 제스추어'가 가득찼다고 하며, 그래서 '식민지판 복지'정책이 이루어지기도 했다고 한다.(한석정, 앞의 책, 143-156쪽 참조.)

펜티냄새나는藝術家들은 바람이는 軌道에서 두껍이처럼도망친다
5 肉體우우로 달리는템포에서 아담의原罪가 소-다水를 마시는순간
6 추-립프의海峽에서 병든新聞들이 열심히도 젊어지려고한다
7 줄다름치는食慾
껵구러지는空間
8 푸른입김속에 여러아침들이몰려든다
푸른口腔속에 여러비행기들이 몰려든다
9 다이너마이트製太陽은 文明의進化를 위하야 爆發 폭발 폭발한다
10 비행기의 에푸롱에 피로한능금으로해서 거리의少女들은 輕快하게미처
난다
11 證明-그것은 새로운健康法이다
12 證明-그것은 새로운生殖法이다
13 證明-그것은 새로운十字架다

-「능금과 飛行機」[58]

이 시는 식민지 근대의 도시 문화를 초현실주의적으로 변형하여 전복적으로 표현하고 있다. 신동철은 이 시에서 '절연하는 논리'를 능숙하게 사용하면서 현대 문명의 윤리적인 문제를 다룬다. 이는, 현대적 도시 일상에서 촉발된 욕망에 따라 뒤틀려 표현되는 표상들과 그 욕망을 담고 있는 오브제들을, 시의 표면에 콜라주하는 방식으로 행해진다. 시 행 자체가 분열적인 통사법을 보여주고 있고 행과 행의 결합도 분열적으로 몽타주 되고 있다. 분열적인 무의식이 세계로 투사되어 시 텍스트를 엮고 있는 것이다. 이러한 결합은 천지창조 신화에까지 이르는 광대한 시간이 도시의 일상적 공간과 교차되면서 전개된다. 일상적으로 도시에서 볼 수 있는 '비행기-비행장-예식-손수건-오리온좌-간판-궤도'에서 두꺼비처럼 도망가는 '예술가-소다수-병든 신문-에이프런-거리의 소녀'가

58 『만선일보』, 1940. 8. 29.

'능금-아담의 원죄-십자가'와 교차된다. 이 교차를 연결시키는 끈은 '정부인의 은리봉-구강-식욕-생식법' 등 성적 욕망 및 식욕과 관련된 단어들이다. 즉 욕망과 관련된 분열적인 무의식이 도시에 현현하는 사물들과 기독교적 단어들을 연결하면서 도시 문명과 기독교의 의미를 전복하고 있는 것이다.

남인숙의 정리에 따르면, 라캉은 "충동의 만족대상들은 주체의 외부로부터 제시"되는데, "충동의 만족 요구에 따라 소집된 이 대상들이 충동의 몽타주를 형성"한다면서 "이 몽타주의 균열 속에서 무의식이 실현되고 이것을 실현하는 (부분) 충동이 우연성이라는 현장의 외부에서 그 원인으로 작동한다."고 설명했다고 한다. 그리고 바로 "이러한 만남을 초현실주의자들은 '객관적 우연'이라" 불렀다는 것이다.[59] 신동철의 위의 시 역시 라깡이 설명한 '객관적 우연'에 따른 초현실주의적 몽따주로 구성되어 있다고 할 수 있다. 그렇지만 위의 시는 충동에 따라서만 몽타주를 형성하지는 않는다. 십자가나 원죄 등의 죄의식과 연관된 복합적 무의식이 근대문명의 여러 오브제들과 결합되고 있기 때문이다. 즉 김조규 시에서 보았던 '부란'과 '비상'의 분열과 모순이 욕망의 흐름에 따라 증폭되어 상반되는 오브제들을 결합하고 있는 것이다. 그렇기에 이 시의 몽타주를 충동의 몽타주로서만 볼 수 없고, 세계에 의해 분열적이 된 무의식이 근대 문물에 투사되어 몽타주되면서 분열되어 있는 세계의 실재를 드러내고 있다고 볼 수 있다.

텍스트에 기록된 오브제들이 어떻게 만주국의 실재 세계를 드러내고 있는지 알기 위해서는 시 텍스트에 나타난 오브제들을 텍스트 바깥의 정치 사회의 양상과 연결시켜 생각해보아야 한다. "동시대 컨텍스트를

59 남인숙, 「초현실주의 이념과 라깡 정신분석학의 관련성 연구: 발터 벤야민의 『초현실주의』를 중심으로」, 홍준기 엮음, 『발터 벤야민-모더니티와 도시』, 라움, 2010, 267-268쪽.

답파하면서 서사내용의 심급에서 신체/도시/정치역학을 교차시키는"[60] 타구치 리츠오(田口律男)의 도시 텍스트론에 따라 위의 시를 다시 읽으면, 문명 진화를 위해 폭발하는 "다이나마이트제 태양"은 일장기-태양-를 단 비행기에서 떨어뜨리는 폭탄을 지시한다고 생각할 수 있다. 하지만 그러한 의미는 분열적인 몽타주 때문에 은밀하게 감추어진다. 그리하여 시인의 의도 역시 종잡을 수 없어서 검열관은 어떻게 판단해야 할지 모르게 된다. 그러나 모호하긴 해도 이 '문명의 진화'를 위한 폭발을 시인이 찬양하는 것이 아니라는 점은 분명하다. 그 폭발 속에서 거리로 나가야 하는 창녀들이 미쳐가고 있는 것이다. 그리하여 "다이나마이트제 태양"의 폭발은 '사디즘'을 내포한다. 폭력적이고 사디즘적인 문명은 소녀들을 성적으로 착취하면서 미치게 한다는 의미를 그 장면은 함축하게 되는 것이다.

거리의 소녀, 비행기, 신문, 간판, 부인의 성욕 등이 결합되는 이 시의 분열적 몽타주는, 식민지 만주 대도시 문명이 내장한 정신분열증과 '사디즘-마조히즘'을 드러낸다. 그리하여 이 시는 '새로운 문명 건설'이라는 일본 제국주의의 전쟁 구호 아래 놓인 만주국의 일상적 폭력성과 광기를 폭로하고 비판하는 의미를 갖게 된다. 성적 사디즘과 연관된 폭력과 파괴는 일제 말기 만주국에서 행해지는 "새로운 건강법"이며 "새로운 생식법"이다. 이는 만주국이 내세운 또 다른 이데올로기를 비판한다는 의미가 있는데, 만주국은 '위생국가'였기 때문이다. 만주국은 예방 차원의 위생 정책에 진력해서 청결을 의무 차원으로까지 강요했는데, 이는 만주국 신민들을 어린이처럼 취급하여 통제하는 정책이었다.[61] 허나 위의 시에 따르면 "새로운 건강법"과 "새로운 생식술"이란 바로 태양의 폭발을 통해 거리의 소녀들을 미치게 하는 것임이 드러난다.

---

60 田口律男, 『都市テクスト論序説』, 松籟社,, 2006, 30-31쪽.

61 한석정, 앞의 책, 123-126쪽 참조.

4. '시현실 동인'에 대한 비판과 '『시현실』 동인집' 이후

지금까지의 논리에 따르면, 1940년대 전후의 만주에서 발표된 한국 초현실주의는 만주국에서 조선인이 놓여 있던 분열적 상황에 예민하게 반응하면서 동시에 만주국의 봉합 이데올로기로부터 벗어났으며, 더 나아가 만주 대도시에 관철되고 있었던 식민지 근대성과 식민지 권력을 폭로하고 교란시키며 비판했다. 물론 이러한 긍정적인 평가에 반대하는 논자들도 있을 것이다. 특히 『시현실 동인집』이 발표된 직후에 이미 '시현실 동인'에 대한 비판이 제기되었다. 극언(克彦)은 「시현실 동인집 평」을 5회에 걸쳐 연재[62]한 바 있다. 그는 마지막 연재본에서, '시현실 동인'의 작품들에 대해 "다만 언어와 형상만을 유희하고 대상은 투명치 못하였다"고 비판하고 "세관의 눈을 속이는 문화적 밀수입자의 공인이 되고 말 위험성을 가지는 것이다"[63]라고 혹평한다. 이러한 혹평은 현 시대에도 계속되고 있는데, 가령 연변의 김호웅은 만주지역의 초현실주의 문학에 대해 "문학정신의 타락이요, 자아보존의 예술철학에 지나지 않았"[64]다고 매섭게 비판하고 있고, 한국의 장인수도 "'허가된 현실'에 균열을 내지 못한 채 쉽사리 현실에 안주하는 경향이 있었다"[65]고 비판하고 있다.

극언의 비판은 당대에 큰 영향을 끼쳤는지 모른다. 그래서인지 극언의 비판이 발표된 이후 '시현실 동인'의 이름으로 발표된 시는 아직 발견되지 않고 있다. 그러나 김조규가 1943년에 펴낸 『만주시집(재만조선시인집)』에는 '시현실 동인' 중 김북원과 이수형의 시가 실려 있어 주목된다. 그런데 이 시집에 실린 김북원의 시는 그가 초현실주의를 떠났다

62 『만선일보』, 8. 31~9. 5.
63 극언, 「준열한 시정신의 연소」, 『만선일보』, 9. 5.
64 김호웅, 앞의 책, 67쪽.
65 장인수, 앞의 논문, 100쪽.

는 것을 보여준다. 도리어 그는 협화 체제에 찬동하는 시를 선보이고 있는 것이다. 「봄을 기다린다」의 후반부에서, 김북원 시인은 "잔뼈는 굵어진 故鄕 말이뇨/洛東江물을 에워 젖처럼 마시며/아베사 할매사 살엇드란들/그것이야 아스런 옛이약이지. 오붓이 點點한 우중충한 지붕이/五色旗 揭揚臺아레 마을이/봄을 기다린다"[66]고 쓰고 있다. 즉 그는 이제 오래 전에 살았던 고향을 잊고 '오족협화'를 상징하는 "오색기 게양대"에서 새로운 삶-봄-을 기다리자고 쓰고 있는 것이다. 노골적인 체제 찬양은 아니지만, 분열된 실재를 봉합하는 '오족협화'의 이데올로기를 분명히 선양하고 있는 시다. 김북원이 후반기 『맥』의 리더였다면 '시현실 동인'에서도 중추적인 위치를 차지했을 터, 그가 1943년엔 이전의 초현실주의와는 180도 다른 국책 동조시를 썼다는 것은 당시엔 이미 '시현실 동인'이 해체되었을 가능성이 크다는 것을 보여준다.

그러나 위의 시집에 실린 이수형의 시 세편은 여전히 불온한 초현실주의 시를 보여준다. 세 편중 「娼婦의 命令的 海洋圖」는 위에서 살펴보았듯이 『만선일보』에 발표된 시이고 다른 두 편은 신문에서 발견되지 않은 것들이다. 이 두 편이 언제 창작되었는지 모르겠으나, 이수형이 1943년에 발간된 시집에도 여전히 불온한 초현실주의 시를 싣고 있다는 것은, 당시에도 그가 체제 비판적인 초현실주의 정신을 버리지 않았다는 것을 의미한다. 특히 "凱歌는 忘却의 地圖에서 異邦女의 노래처럼 들리고./오--/꽃은 骸骨에 피여가고 피여나리라./忘却의 地圖에서 노래는들리리라."[67]라는 구절은, 1943년 당시 승리의 노래에 취해있었을 일본 제국의 분위기를 생각하면 놀라운 비판을 숨겨놓고 있다. "망각의 지도에서" 들리는 개선가는 해골에 피어나는 꽃과 같다는 알레고리는 현재 울려 퍼지고 있는 개선가는 망각에 기초한 것이며 일본 제국은 해골에 불

66 이애숙 편, 『재만조선인 시문학 작품선』, 서우얼출판사, 2005, 109쪽에서 인용.
67 이수형, 「未明의 노래」, 위의 책, 135-136쪽.

과하다는 의미를 암시적으로 전달한다.

이를 보면, 이수형의 초현실주의 시는 1943년에 이르기까지 여전히 비판적 전복성을 잃지 않고 있었다. 사실 1940년대의 일본에서 초현실주의 미술가들은, 초현실주의 미술 특유의 불온성 때문에 검열 당국의 감시를 받았고 더 나아가 피검이 되는 경우가 있었다.[68] 이렇게 1943년이라는 엄혹한 시기에 발표된 이수형 시의 전복성을 확인하면, 김호웅의 비판은 당시 복잡한 상황에 놓여 있는 재만 문인의 심성에 대한 고려를 하지 않는 비판이며, 또한 초현실주의 자체에 대한 다소 도식적인 판단-현실을 도피하고 개인적인 안위만을 바라면서 환상에 탐닉한다는-을 내리고 있다고 생각된다.[69] 그러나 그와는 달리, 이수형의 시에서 볼 수 있듯이 초현실주의는 식민지 말기까지 전복적 시선을 놓지 않고 당시의 체제에 대한 비판을 감행했던 것이다.

5. 결 론

'시현실 동인'으로 대표되는 1940년대 초반 재만 조선인 초현실주의는 제국주의적인 근대성의 이면을 특유한 방식으로 드러냈다. 이들 초현실주의 시인들은 분열적인 시작(詩作)을 통해 만주국의 파시즘적인

68 波潟 剛, 『越境のアヴァンギャルツ』, NTT出版, 2005, 64-65쪽 참조. 저자에 따르면, 국책이 할당하는 주제를 그린 것이라도, 초현실주의의 그림은 왠지 불길한 기운을 전달했다고 한다. 그래서 검열관은 불온성 여부를 판단하기 힘들었고 검찰은 초현실주의 미술가들이 은밀하게 국가에 저항하고 있는 것은 아닌지 감시해야 했다고 한다.

69 한편, 김장선은 이에 비해, "시현실 동인들이 지향한 초현실주의 경향은 당시 지배적인 중심문학-식민문학이 주장한 '낭만주의' 경향에 대한 회피 혹은 배척"이며 "이는 피식민 민족시인들이 식민문학의 지배와 압제에서 이탈하려는 자주의식 내지 민족의식의 반영"(김장선, 앞의 책, 256쪽.)이라고 적극적으로 평가하고 있는데, 이는 김호웅의 비판 방식에 대한 역편향으로 '시현실 동인'으로부터 자주의식, 민족의식을 추출하고 있는 것으로 무리가 있다고 보인다.

국가권력을 비판하고, 이데올로기의 가면을 벗겨내어 폭력의 실재를 드러냈다. 그들은 식민지 만주 도시에 내장되어 있었던 혼종성과 분열성을 시 형식으로 차용하고, 그 혼종선과 분열성 속에 관철되고 있는 식민지 권력을 암시적으로 풍자하고 야유했다. 한국 시사에서 제대로 주목받지 않았지만, 재만 조선인 초현실주의는 식민지 말기에 비판적이고 전복적인 시를 보여주었던 것이다.

또한 김조규나 이수형, 신동철 등의 초현실주의 시는 『삼사문학』의 그것보다 작품성이 뛰어나다. 그리고 현실에 대한 강렬한 전복적 의식이 시에 투사되고 있다. 그들의 작품은 한국 현대시에서 이상의 초현실주의와도 다르고 『삼사문학』의 초현실주의와도 다른, 독특한 성격을 보여주고 있는 초현실주의 시다. 이들의 작품에 대한 온전한 평가는 한국 근대시의 성과 영역을 더욱 풍성하게 채울 수 있을 것이다. 더 나아가 이들의 시 경향을 한국 근대시사에 온전히 자리매김하는 작업을 한다면 한국 근대시의 성격을 더욱 확장해서 사고할 수 있을 것이다.

참고문헌

『만선일보』, 『재만조선시인집』, 『단층』, 『맥』.

강진호·이상갑·채호석 편, 『증언으로서의 문학사』, 깊은샘, 2003.

김경일, 윤휘탁, 이동진, 임성모 공저, 『동아시아의 민족이산과 도시: 20세기 전반 만주의 조선인』, 역사비평사, 2004.

김장선, 『위만주국시기 조선인문학과 중국인문학의 비교연구』, 역락, 2004.

김호웅, 『재만 조선인 문학 연구』, 국학자료원, 1997.

남인숙, 「초현실주의 이념과 라깡 정신분석학의 관련성 연구: 발터 벤야민의 『초현실주의』를 중심으로」, 홍준 기 엮음, 『발터 벤야민-모더니티와 도시』, 라움, 2010.

안수길, 「용정·신경 시대」, 강진호 엮음, 『한국문단이면사』, 깊은 샘, 1999.

오생근, 『초현실주의와 문학의 혁명』, 문학과지성사, 2010.

오양호, 「한국현대문학사와 간도」, 『한국문학과 간도』, 문예출판사, 1988.

______, 『일제 강점기 만주조선인 문학 연구』, 문예출판사, 1996.

유지원 외, 『근대만주도시 역사지리 연구』, 동북아 역사재단, 2007.

유진오, 「신경」, 민족문학연구소 편, 『일제말기 문인들의 만주체험』, 역락, 2007.

윤대석, 「경성의 공간분할과 정신분열」, 국어국문학회, 『국어국문학』 144호.

이경훈, 「노란 피부, 노란 가면」, 상허학회, 『한국문학과 탈식민주의』, 깊은샘, 2005.

이시우, 「絕緣하는 論理」, 『三四文學 3호』, 1935. 3.

이성혁, 「1930년대 한국문학의 초현실주의 수용에 관한 연구」, 한국외국어대학교 한국어문학연구회, 1998

이애숙 편, 『재만조선인 시문학 작품선』, 서우얼출판사, 2005.

이현재, 「매춘의 도시지리학과 공간 생산을 위한 투쟁」, 서울시립대학교 도시인문학연구소 엮음, 『도시공간의 인문학적 모색』, 메이데이, 2009

장인수, 『한국 초현실주의 시 연구』, 성균관대학교 박사논문, 2006.

조규익, 『해방전 만주지역의 우리 시인들과 시문학』, 국학자료원, 1996.

최재서, 「단층파의 심리주의적 경향」, 『문학과 지성』, 인문사, 1938.
한석정, 『만주국 건국의 재해석』, 동아대학교출판부, 2007.
허경진 외 편, 『김조규-윤동주-리욱』, 보고사, 2006.
______, 『현대시』, 보고사, 2006.

그램 질로크, 『발터 벤야민과 메트로폴리스』, 효형출판, 2005.
고마고메 다케시, 「만주국」, 『식민지 제국 일본의 문화 통합』, 역사비평사, 2008.
고모리 요이치, 『포스트콜로니얼』, 송태욱 옮김, 삼인, 2002.
고바야시 히데오, 『만철』, 임성모 옮김, 산처럼, 2004.
로버트 래드퍼드, 『달리』, 김남주 옮김, 한길사, 2001.
발터 벤야민, 「초현실주의」, 『역사의 개념에 대하여 외』, 최성만 옮김, 길, 2008,
야마무로 신이치, 『키메라-만주국의 초상』, 윤대석 옮김, 소명출판, 2009.
오카베 마키오, 『만주국의 탄생과 유산』, 어문학사, 2009.
이본느 뒤플레시스, 『초현실주의』, 조한경 옮김, 탐구당, 1993.
조르주 세바, 『초현실주의』, 동문선, 2005.
트리스탕 짜라, 앙드레 브르통, 『다다/쉬르레알리슴 선언』, 송재영 옮김, 문학과 지성사, 1987.
프란츠 파농, 『검은 피부, 하얀 가면』, 이석호 옮김, 인간사랑, 1998.
프래신짓트 두아라, 『주권과 순수성』, 나남, 2008.
히라노 겐, 『일본쇼와문학사』, 고재석/김환기 옮김, 동국대학교출판부, 2001.
大岡 信, 『昭和詩史』, 思潮社, 1977.
田口律男, 『都市テクスト論序説』, 松籟社, 2006.
川村湊, 『異郷の昭和文学—「満州」と近代日本』, 岩波書店, 1990.
波瀉 剛, 『越境のアヴァンギヤルヅ』, NTT出版, 2005.
鶴岡善久, 『日本超現實主義詩論』, 思潮社, 1970.

5

한국 현대시에 나타난 탈식민주의적 모성신화*

— 김혜순, 김승희의 시를 중심으로

이 명 희

1. 논의에 앞서

그간의 모성신화에 대한 연구는 탈식민주의 페미니즘 문학연구를 통해 부분적으로 진행된 바 있다. 고정희, 김승희, 김혜순, 최승자,문정희, 김언희, 나희덕 등의 시에 나타난 여성주의는 제국주의와 가부장적 남성중심의 헤게모니에 억눌린 여성의 모습을 역설과 반어,풍자,알레고리 등을 통해 드러나고 있으며, 이 과정은 탈식민주의의 특징과 유사하다.

피터 차일즈, 패트릭 윌리엄스는 저서인『탈식민주의 이론』에서 탈식민주의 개념을 다음과 같이 설명하고 있다. 탈식민주의(post-colonialism)가 갖고 있는 '아직 완전히는 아님(not-quiteness)'이라는 애매한 입장은 시공간을 넘어(post) 식민주의를 벗어나려는 타자화된 주체들의 의지이

* 이 글은 국제어문학회 학술대회(2011. 10)에서 발표한 것을 가다듬어『온지논총』제32집(2012. 07)에 실었으며, 이를 수정·보완한 것임.

며, 이것이야말로 '탈식민주의적' 특징이라는 것이다. 이를 한국 상황에 적용시켜 본다면 한국 현대 여성시인들의 여성주의적 관점은 바로 탈식민주의적 시공간 속에 놓인 타자들의 주체화과정의 특징과 닮아 있다.

여성주의 시인들에게 있어 모성의 체험이라는 것은 김승희가 언도한 <코라(chora)>화 된 전인(全人)을 의미하게 된다. 이때, 시인들은 존재론적으로 어머니와 딸의 두 가지 역할을 수행하게 되면서 혼성적 '다성적 목소리를 획득하게 된다.

여기서 혼종성(hybridity)이란 원래 부인되었던 고유의 문화를 분열의 틈새에 개입시키면서 서구문화와 고유문화 사이의 제3공간에서 새로운 (민족)문화를 창조하는 교섭의 전략이다. 호미바바가『문화의 위치』에서 말한 바대로, 제국의 문화를 모방하는 과정은 문화적 차이를 '부인'하고 고유문화를 단지 신문명의 결핍 상태로 폄하하는 시선으로 진행된다. 이러한 부인의 기제를 지닌 지배 권력을 문화교섭을 통해 전략적으로 역전시키는 것이 바로 혼종성인 것이다.

지난 이화여자대학교 국제학술대회(2011.6.3~6.4)에서는 '문화 혼종성과 유동적 정체성(Cultural Hybridity and Migrating Identities)'에 관한 컨퍼런스가 열렸다. 여기서 '결혼시장: 젠더화되는 문화혼종성'을 두고, 이는 '단순히 문화가 뒤섞이는 과정에서 약한 것에서부터 다문화시대로 갈수록 강한 혼종성에 주의를 기울이게 된다는 논의가 이루어졌다. 이는 여성주의 시인이 고민하는 '혼종성의 수용'과 맥락을 같이 한다고 볼 수 있다.

행정안전부가 제공한 외국계주민현황조사(2010.1 기준)에 따르면 결혼이민자 125,087명, 혼인귀화자 56,584명으로 총 181,671명에 이르고 있다. 이는 한국사회내의 이주여성 중 모성성을 획득한 인구의 증가를 의미한다. 개발도상국에서 경제적 이유로 한국사회로 유입된 여성들은 각개 고유의 문화와 함께 한국문화를 경험하게 된다. 이 과정에서 문화 충돌은 한국의 가부장적 문화의 수용을 강요하게 된다.

이 연구는 이들의 글쓰기와 말하기가 '하위주체로서의 여성'이 겪는 탈식민주의적 소통방식이라는 점에서 출발한다. 왜냐하면 애쉬크로프트와 티핀의 '제국은 되받아 쓴다' (The Empire Writes Back)에서처럼 탈식민주의는 반복적으로 식민주의적 사유와 경험을 무의식적으로 재생산하기 때문이다. 또한 다문화가족의 여성뿐만이 아니라, 아직까지도 한국여성들 역시 자녀를 낳고, 돌보는 일과 노동에서 이중적 고통을 경험하고 있다.

따라서 모성성이라는 호명 (김승희에 의하면 '호명'은 알튀세의 용어로 언어가 우리를 세상 속의 어느 한 자리인 정체성 속으로 위치시키는 방식을 묘사하기 위해 사용한 말로서, 호명과정은 개인의 사회적 정체성을 생산하는 과정으로 이데올로기와 관련이 깊다) 은 모성의 역할을 더욱 공고히 하며 근대적이고, 전통적인 방식으로 강화된다. '모성'이 주는 경건함과 자연의 섭리 때문이다.

그렇다면 고대사회부터 근대사회까지 이어져 내려온 모성신화는 무엇을 견인하기 위하여 여성주의 시인들에게 혼종적·다성적 목소리로 그들을 반성하게 하고 전복시켜 왔는가? 그리고 여전히 여성주의 시각에서도 존재하고 있는 탈식민주의적 모성신화의 잔재는 무엇인가?

이 글은 현대시에도 여전히 나타나고 있는 전통적 모성신화의 특징을 해체와 재구성을 통해 탈식민주의적 모성신화의 양상에 대해 집중하고자 한다. 이의 관점에 부합하는 텍스트로는 김혜순과 김승희의 시를 선별하였다.

김혜순의 대표시집으로는 『또 다른별에서』, 『아버지가 세운 허수아

비』, 『우리들의 음화』, 『어느 별의 지옥』, 『나의 우파니샤드 서울』, 『들끓는 사랑』, 『불쌍한 기계』, 『달력 공장 공장장님 보세요』, 『잘익은 사과』, 『한잔의 붉은 거울』, 『당신의 첫』 등이다. 시인은 최근 「선인장」, 「눈썹」, 「마음」등 단편적으로 잡지에 기고하고 있으며 이전의 작업들보다는 서정성이 가미된 작품세계를 보이고 있다.

반면, 김승희는 1973년 경향신문 신춘문예에 「그림 속의 물」로 등단하여 『태양미사』, 『왼손을 위한 협주곡』, 『미완성을 위한 연가』, 『달걀 속의 생』, 『어떻게 밖으로 나갈까』, 『세계에서 가장 무거운 싸움』, 『빗자루를 타고 달리는 웃음』, 『냄비는 둥둥』 등이 있다.

이들은 여성시의 특징을 조밀하게 보여주고 있으며 혼성적 타자인 모성과 여성의 목소리로 시를 읽고 쓰고 있다. 왜냐하면 그들은 모든 여성들이 겪고 있는 자녀의 생산 및 양육, 다시 말해 모성과 여성의 존재론자로서 생활하면서 무의식적으로 탈식민주의적 모성신화와 불화하기 때문이다.

이는 박철희가 「신화적 체험과 시적 구현」에서 지적한대로 두 시인의 모성애적 체험을 통해 시공을 초월한 강력한 호소력'을 보여주는 것이기도 하다. 그들의 모성신화는 탈식민주의적 특징인 병치, 전복, 재해석의 과정을 통해 그들의 거처를 드러낸다. 그중 김혜순, 김승희의 시에 드러난 모성은 자청비, 바리데기, 당금애기 서사가 갖고 있는 것처럼 강요된 수태과정을 통해 모성을 획득하지만, 주체성의 회복을 통해 이전과는 다른 모성성을 생산한다는 점에서 유사하다.

이들은 모성과 여성의 경계인으로서 준열한 자기반성을 이끌어 내는가 하면 원시의 원형(原型)으로서의 모성을 환기시킨다. 이 과정에서 스피박이 지적한 것처럼 모든 중심주의적 정의가 제거되며, 탈식민주의의 일반적인 양식인 인용, 재기록, 역사적인 것의 노선 변경이 드러난다.

따라서 여성주의 시에 드러나는 모성은 딸의 몸을 통해 다시 인용되고 재기록 된다.

즉, 그들이 기억하고 있는 어머니는 가부장적 사회를 살아왔던 전(前) 식민지적 목소리와 신(新)식민지주의의 기억과 체험을 통해 환기된 어머니이다. 그러므로 탈식민성의 한계를 어떻게 극복하느냐의 문제는 결국, 여성주의 시가 갖는 탈식민주의적 문제점을 어떻게 극복할 것인가의 문제와 닿아있는 것이다.

2. 과장된 모성, 강요된 모성

1) 모성의 개념

다양한 고전적 개념들이 해체된 현대사회조차 '모성(성)'에 대한 해석은 여전히 보수적이다. 모성에의 회귀는 시원(始原)에 대한 회귀요, 자궁 회귀적 본능이다. 자궁이란 인간이 태어나기 이전에 머물렀던 안식의 공간으로, 궁극적으로 인간이 다시 돌아가야 할 자연이기에 모성의 원형(元型)이기도 하다. 따라서 자연의 기질을 닮은 여성은 자연의 질서에 따라 순응해야 하며, 남성들은 이러한 질서의 관장자로 배치되었다.

세라 블래퍼 허디의 『어머니의 탄생』에 따르면 자연이 여성을 어머니로 설계했고 여성은 자신이 낳은 아이 모두를 기르려는 본능은 (남성)인류(mankind)의 가정에 기대고 있음을 의미한다는 것이다.

그에 따르면, 1975년 이래 사회생물학자들은 진화를 이해할 때 부계사회 중심이 아닌 새로운 방식으로 '동물보기'를 시작하면서 어미가 진화무대에서 맡고 있는 능동적이고 다양한 배역을 인식하게 되었고 이와 궤를 같이하며, 1980년대부터 1990년대는 포스트모더니즘과 페미니즘 이론이 소개되었다는 것이다. 때마침 이때는 김승희를 비롯한 정전을 페미니즘적 시각으로 읽어보려고 하는 해체주의적 독서가 본격적으로 시작된 시점이기도 하다.

김승희는 전후시인인 김수영에서부터 신경림까지 탈식민주의적인 관점에서 시를 분석, 탈식민주의적인 특징이 해체적 글쓰기의 기회가 되었다고 보았다. 그는 반언술(counter-discourse), 알레고리, 풍자 등은 탈식민주의의 전형적인 특징으로써, 일본제국주의와 해방 이후의 신식민주의자의 모습으로 살아온 한국 시인들에게 다층적인 모습으로 그 시각이 드러나고 있다고 지적한 바 있다. 그러나 이러한 지적은 신식민주의 경험을 공유하고 있는 식민국가의 태형이며, 여성은 태형을 대물림하는 제3자처럼 간주되어 왔음을 의미하는 것이다.

따라서 김승희가 지적하고 있는 '모성'은 태형을 간직한 존재이며, '민족'의 이름으로' 배척당한 여성, 문 밖의 여성'으로 상징화된 어머니이자 딸이다. 그는 특히 신화 속의 '웅녀'의 모습을 재해석하는 과정에서 웅녀 역시 단군신화적 호명체계 안에서는 생식의 위치로만 해석되어 있어, 생식과 양육을 다른 개념으로 살피고 있다. 즉 양육은 생식과 달리 교육적 헤게모니를 지닌 쪽에서 담당하게 되며, 자식을 양육하는 문제는 모성적 존재가 자식을 돌보는 문제와는 다른 양상으로 드러나는 것이다.

반면 태혜숙은『한국의 탈식민페미니즘과 지식생산』에서 21세기 전지구적 모습이 도시/농촌의 간격이 커지면서 제국주의 자본의 공략이 전지구의 식민화를 초래, 탈식민화를 각기 어떻게 모색할 것인가에 대해 고찰한 바 있다. 그녀의 중심 이론 역시 스피박의 '재현의 정치'로써 신식민 식민주의는 크게 지배적인 시기와 헤게모니적 시기로 나뉘는데, 전자는 식민화된 시기부터 독립을 얻는 순간까지이며 후자는 전(前)식민지인들에 간접적이고 간헐적인 조종을 시행하며, 가치관, 태도, 교육, 제도, 관료체제, 심지어는 생산의 양식까지 능동적으로 받아들이게 된다는 것이다.

이 글은 신식민주의 역시 탈식민주의적 의미망으로 살필 것이다. 탈식민주의는 지배적 시기와 헤게모니적 시기(신식민주의)를 둘 다 다루고 있기도 하며, 공간에서의 여성의 몸이 겪어내는 식민화의 경험을 의미하는 것이기 때문이다.

여성은 신화창조시대부터 지금까지 생산력을 가진 모성의 대표자로서 상징되었고, 유교주의 남성중심사회에서는 숭고한 희생정신으로 상징화되었다. 이미 김승희가 Abdul Janmohamad의 『The Economy of Machanism Allegory』에서 여성은 식민지시대를 지나 근대화과정에서는 순결한 민족주의로 이상화되면서 순결한 어머니로 정형화되었다고 말한 것도 이와 같은 이유에서이다.

이렇듯 이상화, 상징화, 정형화 과정에서 여성으로서의 존엄성은 시공간을 초월한 여성 전체의 삶을 조망해 볼 때, 여성은 당대의 지배적 담론과 결별할 수 없는 타자로 전락되었다. 주체로서 생각하고, 판단할 수 없는 지배적 담론의 위상아래 여성들은 재빠르게 어머니가 되었고, 어머니였던 그들에게조차 지배담론은 삶의 원칙이 되었다. 따라서 여성주의 시인들에게 모성은 지배담론의 희생된 타자로 인식된다.

최원오는「모성(母性)의 문화에 대한 신화적 담론: 모성의 기원과 원형」에서 모성을 구성하고 있는 세 가지 항목을 의지, 감정, 이성의 내용이 온전히 긍정적이거나 부정적인 것이 아니라고 설명하고 있다. 그는 모성이 존재론적 가치 측면에서 선악의 양면성을 내재하고 있다며, 그에 동인하여 발생하는 사회론적 가치의 측면에서도 선악의 양면성을 내재하고 있음에 주목하였다. 여기서 눈여겨 살펴볼 점은 바로 '모성원형'에 관한 개념이다.

그는 모성원형이 모성과 원형의 합성어로, 한자표기에 따라 원형(原

形, the origine form) 또는 원형(原型, archetype, prototype)으로 해석될 수 있다고 보았다. 따라서 모성원형은 원형(原型)적 측면에서 살펴야 하며 이를 위해 모성원형의 세 가지 핵심요소인 의지, 감정, 이성을 살펴야 한다는 것이다. 즉, 모성의 의지를 생명의 근원이자 모태로서의 자아실현과 자신의 생산물에 대한 보호로, 모성감정을 자애로 모성이성을 생명의 원천과 비밀을 파악할 수 있는 능력으로, 이에 대한 모성원형은 각각 창조/파괴의 이중적 모습으로 드러난다고 보았다.

문제는 '모성원형'을 이루고 있는 본래의 특질에서 본래란 누가, 무엇을 위해 이를 사용하느냐에 따라 그 의미는 왜곡 또는 변용된다는 점이다. 또한 창조/파괴의 모습을 지닌 모성의 양면성을 인정한 것은 그간의 왜곡된 모성성에 대한 진일보한 개념이라 하더라도, 모성감정을 자애로 파악하는 것은 강요된 모성성과 같은 관점일 수 있다는 것이다.

이를테면 바리공주는 도덕적 관점에서 효녀였다. 모성적 측면에서는 바리공주가 저승에서 무상신선과 결혼하여 자식을 낳은 위대한 어머니이며, 모성의 특질로 망자를 보호하여 저승으로 인도하고 여신이 되었다. 바리공주는 약수를 갖고 가기 위해 먼저 생산을 전제로 한 어머니의 책무를 다하였기에 그녀가 구해온 약수는 모성의 약수, 치유의 약수인 셈이다. 따라서 최원오는 '모성' 중세의 역사주의적 인간을 치유하는 데 역할을 담당하고 있었다고 본 것이다.

그렇다면 주변화되고 타자화 되었던 모성은 희생을 강요받은 여신이었다. 그가 모성을 중세주의적 역사관을 치료한 전례를 살핀 점은, 한 여성에게는 참혹한 희생을 강요하는 탈식민주의적 모성신화의 재건을 의미하는 일이기도 하다.

따라서 김승희가 「김수영의 시와 탈식민주의적 반(反)언술」에서 탈식민주의적 텍스트의 생산의 주체는 상징적 주체로서 자신을 포함하고 규정짓고자 했던 것은 그간의 남성이 큰 타자, 아버지, 상징체계, 문화적 사회적 질서 부여자였기 때문이었다. 그러므로 이들의 존재를 제대로 인식해야만 식민주의를 전복시키고 온전한 모성이 드러날 수 있게 되는 것이다.

모성성에 대한 개념은 대타자와 여성(모성을 지닌)간의 헤게모니를 어떤 방식으로 이해하느냐에 따라 달라진다. 따라서 김혜순과 김승희의 시에 나타난 모성은 이러한 자존적 현실인식에서부터 출발하기 때문에 이들이 구현한 모성은 전복된 서사로 드러날 수밖에 없다. 특히 출산의 경험을 통해 '몸'으로 인식되는 주체자로서의 기표는 타자화 된 삶을 반성하는 방식으로 드러나게 된다. 이때문에 여성시에 관한 대부분의 논의는 1980년대 이후 탈근대적 특성과 함께 몸 담론으로 수렴되었다. 이러한 과정에서 설화적 서사의 차용이나 변용은 여성주의 시각으로 전복됨으로써 재배열되기에 이른다.

김영옥은「새로 쓰는 모성신화」에서 '모성'이라는 개념을 제도적, 사회적 차원과 상징적, 이데올로기적 차원에서 성찰될 수 있는 것으로 보았다. 제도로서의 모성이나 상징적 이데올로기로서의 모성은 개별 여성이 경험하고 실천하는 어머니 노릇'들'과 갈등 관계에 있으며 여성들을 어머니 역할에 가두기 쉽다는 것이다.

여기서 김영옥의 주장 중 한 가지 짚고 넘어가야 할 점은 '이상적인 모성'신화와 그 기저에 깔려 있는 훌륭한 엄마/ 나쁜 엄마의 이분법적 기호체계를 해체시키는 과정에서 나름대로의 지식을 구축하고 전수해 온 여성들의 문화와 역사를 함께 내다 버리진 말아야 한다는 것이다. 이 지점이 바로 여성주의적 관점에서 바라 본 모성이 자칫하면 혼종적 목소리로 간과할 수 있음을 지적하고 있기 때문이다.

모성은 생물학적 고귀함 이면에 여성이 감당해야 할 모성의 역할이 존재한다. 따라서 모성의 생물학적, 제도적, 정치적, 문화적 역할과 의의를 종합적으로 이해할 때, 과장되고 강요된 모성신화에서 나와 진정한 모성성을 만들어 나갈 수 있는 것이다. 그러나 신식민주의와 탈신민주의의 도정에서 만나게 되는 혼종적 모성의 목소리는 '여성/모성' 의 목소리이며, '남성/여성','나쁜 여성/좋은 여성', '나쁜 엄마/ 좋은 엄마'가 아닌 새로운 모성이다.

이상에서 모성은 여성주의적 관점에서는 여성에게 대물림되는 태형의 경험으로 인식되어 대타자와 여성간의 헤게모니의 이해방식에 따라 다르게 해석됨을 알 수 있다. 그러나 모성성의 전승과정에서의 지식 및 지혜의 역사는 탈식민주의적 모성신화 속에서도 무조건적으로 폐기되어서는 안 된다는 것이다. 이는 여성과 모성의 역할에서 혼종적 주체의식을 경계하지만, 이들의 관계를 다시-보고, 다시-쓰는 모성신화로 나아갈 수 있는 대안이 될 수 있음을 의미하는 것이다.

2) 여성신화에 나타난 전복적 모성

한국 여성신은 전승과정에서 무속신으로 전락하여 그 위상이 폄하되었다. 물론 지리산신인 선도성모는 대녀신으로 홀로 존재하며, 남성신을 필요로 하지 않는 존재도 있다. 선도성모 신화는 여성수난의 과정이 드러나지 않을 뿐만 아니라, 키가 크고 힘이 센 여인의 형상으로 현대 여성의 모습과 가장 닮아있기까지 하다. 그러나 남성신의 필요여부를 떠나 당초 남성신의 완전한 모습처럼 여성신은 그려지지 않고 있으며, 남성신의 짝으로 생명을 잉태하고 자식을 돌보는 신으로 드러나고 있다.

즉 한국의 여성 신화는 애시 당초 선도성모와 같이 완전한 능력자였으나, 시간의 흐름에 따라 당대가 강요한 여성의 삶이 투영되거나 무속신으로 평가절하 되었다. 그러나 여신들은 다양하고도 주체적인 방식으로 운명에 대응하고 있다.

무조신화의 원조격인 바리공주는 '탄생-시련- 투쟁, 승리- 신권부여'의 과정을 통해 여성의 지난한 삶을 재생산하고 있다. 바리공주는 그녀의 욕망보다는 부모를 위해 희생적인 삶을 살았지만 동시에 자신의 운명을 개척해 나가는 도전적 세계관을 보여주는 여신이다. 또한 생산신, 지모신 혹은 곡신(穀神)인 당금애기는 잉태와 출산을 통해 부모에 뜻에 따른 삶을 살아가는 이야기로 구성되어 있다.

박상란 역시 「여성신화의 원리」에서 밝힌 바 있듯이 바리공주 역시 자신의 욕망이 아닌 부모에 대한 희생으로 삼불제석을 낳지만, 생명의 관장신인 삼신으로 승격됨으로써 인간의 탄생과 함께 존재론적 근원을 성찰하는 여신이었다. 자청비와 가믄장아기 역시 고난극복의 과정을 통해 불화하던 당대의 이데올로기에 끌려가는 것이 아닌 수용과 화합의 여신이었다.

이와 궤를 같이하여, 장영란도 「한국 신화 속의 여성의 주체의식과 모성신화의 전복적 기제」에서 한국 신화 속의 영웅을 낳는 어머니는 대부분 결혼하지 않은 처녀이며, 영웅의 어머니로 단지 영웅을 낳는 생물학적인 역할을 할 뿐이며, 사회적인 어머니의 역할을 적극적으로 해내지 못했음을 밝히고 있다.

여신들의 탄생과 시련은 현대여성시인에게는 동경의 대상이 아닌 동병상련의 시조이다. 이는 여신의 이미지가 당대의 정치적 이데올로기의 수용자이기 때문이다. 이처럼 여성신의 위상 변화는 남성 이데올로기에 의한 여성의 타자화에 기인한다. 즉 생산의 상징인 대모신은 헤게모니의 중심이 남성으로 옮겨짐으로써 헌신의 여성으로 변질되었다. 전통적으로 대지 모신이라고 불리는 대모신은 가이아(gaia), 또는 중국의 여와 여신으로 칭송되며, 원시적 생명력이 가득한 풍요로운 다산의 원형이다.

그러나 김혜순은 다산의 상징만으로 전락한 여성 신에 대해 회의와 의구심을 드러낸다. 그는 「우리나라 신화와 상고가요를 읽는 또 하나의 시각」에서 다음과 같이 이야기한다.

> '모든 신화는 남성성과 여성성을 기본 축으로 해서 기록되어 있다. 나에게 신화는 양성간의 투쟁에서 여성적인 것을 배척하고 건설되는 질서의 모범처럼 보인다'

이처럼 페미니즘 여성시인에게 여성신화는 남녀의 투쟁적 질서에서 패배한 서사로 인식된다. 그러므로 「유화부인」은 여신 역시 가부장제라는 제도아래 희생당하는 여성의 모습으로 드러나고 있어, 그 지점에서 모성의 위상에 대한 고민은 증폭될 수 밖에 없다. 대모신 유화의 위용은 사라지고 강간당하거나, 아버지에게 뜯김을 당하는 핍박의 여성으로 전락되기 때문이다.

> 나는 늘 한 여자를 구해주는 상상을 한다/ 그 여자의 손을 잡고/그 여자를 품에 안는 상상을 한다/나는 늙어도, 늙지도 않는 여자/ 언제나 같은 여자/ 꿈속으로 들어가면 늘 나를 기다리던 그 여자//서치라이트처럼 쏟아지는 햇빛에 쫓겨다니다/ 그 비에 강간당해 날개가 다 타버린 여자/ 나는 죽은 얼굴에 밤마다 미백 크림을 발라준다/ 아기를 가졌다고 아버지에게 잡아 뜯겨/ 한정 없이 입술이 풀어진 여자/바위에 눌려 깊은 물속에 처박힌/ 물새같이 가련한 여자/ 나는 그녀의 끝없이 풀어지는 강물의 입술로 시를 쓴다/ 급기야는 도망가다 감옥에 갇혀 알을 낳은 여자(아버지는 그녀의 아기를 돼지에게 주었다지만)/ 나는 그녀가 낳은 알뿌리를 옮겨 심고/거기에 꽃처럼 맺혀 서 있다
>
> -「유화부인」 중에서

김혜순에게 여성성은 '몸'에 대한 생물학적 인식과 사회적 인식의 동일선상에서 출발한다. 생물학적 여성의 몸은 여성이 주체적 선택한 생명을 키워내는 영토이다. 그런데, 유화부인의 임신은 부도덕한 것으로 섹슈얼리티가 강조된 부도덕한 여성의 몸만 남고, 모성으로서의 몸은 거세되고 있다.

고구려 건국설화에 나타난 유화부인 역시 '해모수에 의해 강간(사통)당했으며, 그녀의 부정행위로 귀양 보내졌고, 신이한 알을 생산하였고, 고구려를 건국한 주몽이 탄생하였다'고 기록되어 있다. 즉, 남성적 이데올로기의 희생양으로 탄생한 유화부인은 건국 왕을 생산하고도'강간'당한 몸으로 그 누구와도 동거할 수 없는 부정적인 여성으로 전락하였다.

특히 유화는 '아버지에게 잡아 뜯겨/ 한정 없이 입술이 풀어진 여자/바위에 눌려 깊은 물속에 처박'히거나, '해모수에게 버림을 받고 돌아와 아버지에게도 입술을 세 척이나 늘어뜨린 후 버림을 받'는다. 이규보의 『동명왕편(東明王篇)』에서 유화부인이 주몽과 함께 부여신(扶餘神)의 시조모이자 대모신으로 섬겨졌다고 기록하였지만, 그렇다 하더라도 이때의 신격은 남성이 권한을 부여(天神下降)한 신격이기에 온전한 신이라 할 수 없다.

따라서 김혜순은 여성신조차 남성(아버지)게 신체적 가학을 당했다는 기록을 통해 가부장제에서 고통 받는 여신과 현대 여성의 삶이 동일지점에 놓여있다는 지점에서 모성의 진실에 다가서기에 이른다.

시적 화자는 '늘 한 여자를 구해주는 상상을 한다/ 그 여자의 손을 잡고/그 여자를 품에 안는 상상'을 하는 것이다. 현실을 살고 있는 나는 늙지만 신화 속의 유화는 늙지 않기에'나는 늙어도, 늙지도 않는 여자/언제나 같은 여자'인 유화를 측은지심으로 구해주려는 것이다. 심지어 햇빛을 피해 부른 배를 감추며 산고를 이겨야 했던 유화를 위로하기 위해 현실계의 화자는 젊은 여성으로서의 유화를 바라보며 '미백크림을 발라주'며 아픔을 느낀다.

유화에게 건국의 주인공인 주몽을 낳았다는 사실은 여성으로서의 생산력만을 인정하고, 여성 개인으로서의 삶과 인격을 인정하지 않고 임신과 순결을 동일한 잣대로 평가된 것이다. 따라서 화자는 지난했던 유화의 수태과정은 여성으로서의 심적, 육체적 고통이 현대 여성의 삶과 병치되며 '손을 잡고, 품에 안'으며 연대하고 있다.

시인은 유화가 스스로의 고통을 말하지 못한 것을 '그녀의 끝없이 풀어지는 강물의 입술로 시를' 대신 되 받아쓰고 있다. 이는 여성적 글쓰기, 즉 여성에 의한, 여성을 위한, 여성의 글쓰기 과정으로써 무의식적 반복을 통해 극복의 의지로 발현되는 것이다. 결국 화자는 여성주의 시선으로 유화부인을 복권시켜 그녀가 행복한 공간으로 발현되기를 소망하고 있다.

그렇다면 고구려 건국신화에 드러난 유화부인의 신이한 임신은 신식민주의를 살고 있는 현대의 여성에게 그대로 재생산되고 있다는 점은 무엇을 의미하는 것인가?

> 그녀는 적군의 아기를 가진 그녀는(중략)아무도 도장을 찍어주지 않았으므로 아무것도 할 수 없는 그녀는 슈퍼마켓에 갈 수도 없고 극장에 갈 수 도 없고 반상회에 갈 수도 없는 그녀는 머리를 깎인 그녀는 조리돌림을 당한 그녀는…(중략)…만삭이 되어 눈동자만 누우처럼 커다래진 그녀는 아기가 나오려 하자 25층 꼭대기로 올라간 그녀는// 누우 한 마리 25층 옥상에서 뛰어내린다. 동물의 세계 카메라는 사자에 쫓기는…(중략)…누우는 죽은 새끼를 반은 자궁 속에, 반은 몸 위에 매단 채 가다간 쓰러지고 다시 쓰러진다 땡볕의 들판은 죽은 새끼를 금방 썩게 한다
>
> -「참혹」중에서

유화부인과 당금애기의 경우에서처럼 부적절한 임신에 대한 공포는 ‘몸’에 대한 가해와 폭력적인 기억에 기인한다. 이 시에 나타난 여성은 ‘적군의 아기를 가진 그녀’로, 적군의 아기란 부적절한 관계의 결과물이다. 그럼에도 불구하고 생명을 키워내야 할 어미와 불온한 몸을 가진 여성 사이에 정체성의 혼란을 겪게 된다.

여성이 정혼자(지배이념) 외의 남성으로부터 얻은 아이(결과물)는 그녀들이 욕망하건 욕망하지 않았건 간에 ‘적군의 아기’로 간주된다. 더럽혀진 몸은 식민 지배세력에 오염된 몸이기에 아무리 제2세를 낳았다 하더라도 그들에게 허락된 공간은 없다. 따라서 몸을 더럽힌 여성에게는 ‘슈퍼마켓’이나 ‘극장’과 같은 일상적 공간마저 허락되지 않는다. 그러므로 여성과 모성으로서의 존엄성은 사라지고, 오로지 누구의 아기인지만이 문제가 된다. 지배자의 논리와 자식들만이 살아남을 수 있는 담론은 여성의 존엄성에는 관심이 없고, 오히려, 적의 아이를 담고 있는 오염된 자궁의 처벌과 폐기에 관한 규범을 강화시킨다.

여기서 목숨을 버리러 옥상에 올라가고, 뛰어내리는 과정은 모성이 존중 받을 수조차 없는 운명으로 인간으로서의 존엄성마저 유린당한 채 ‘조리돌림을 당한’ 모습을 보여주고 있는 것이다. 이때 동물의 세계의 ‘누우’의 모습과 여성의 이미지를 오버랩 시켜 이데올로기의 목적에 부합하지 않는 생명의 잉태는 비참한 최후를 맞게 된다는 수컷의 규범을 그대로 드러내는 것이다. 이때 동물의 세계와 인간 세계의 생명탄생과 죽음의 과정 속에 인간주의나 윤리의식은 개입되지 않는다. 폭력적 이데올로기가 초래하는 종말의 비참함만이 여성의 몸을 지배하고 있으며 여성은 그것을 체념하며 수용할 수밖에 없다.

스피박은 ‘제3세계 여성’이나 ‘유색인종 여성’ 혹은 ‘흑인 여성’ 중 몇몇이 탈식민 담론의 언어를 사용하거나 그들 자신과 자신의 작품을 그렇게 명명할 때에도 ‘탈식민성의 실행 doing post-coloniality’ 은 거의 보지 못했다고 하지만 김혜순과 김승희 시에는 이를 극복하려는 태도가 극명하게 드러난다. 이들은 여성주의 담론을 이해하고, 탈식민주의와 여성이론적 시각에서 공통점과 문제점을 나름대로 인식하고, 이를 시로 승화하고 있기 때문에 스피박이 지적한 탈식민성의 실행의 난점들을 극복하고 있는 것이다. 즉 치유의 모성, 돌봄의 모성은 바로 그들이 제국주의적 담화방식을 극복하고 온전한 존재자로 소통하려는 그들의 '탈식민성 실행'의 방법인 것이다.

> 어린 아이가 하나 바다에서 걸어나왔다/ 바다에서 나와 내 곁에/ 드러누웠다/ 나는 아이를 안고/모래를 털어내며/아이의 알몸에 파란 글씨를 새겨 넣었다/ 찬란한 나의 시를/해가 뜨고, 달이 뜨고, 해가 지고, 달이 뜨고/ 다리 수억 번 떴다/
>
> -「일월 십사일에서 일월 이십일까지」중에서

잉태와 출산은 여성이 모성을 획득하는 순간으로 대모신과 가이아가 관장하던 본령이다. 아이는 미래이자, 나이기도 하며, 바리공주가 생명수를 구해와 부모를 살려내었듯, 바다는 시대의 생명수이다. 이제 막 생명수의 세례를 받고 걸어 나온 아이에게 화자는 파란 글씨를 통해 '시'를 쓴다. 시란 여성시인들에게서는 탈식민주의적 모성신화의 비법과도 같다. 심청이처럼 시인은 여성의 본령이 무엇인가 탐구하며, 나와 닮은 아이는 희망을 몸(텍스트)에 기록하게 된다.

생명을 관장하던 대모신의 본령인 출산은 시인에게는 시를 쓰는 과정 속에서 탈식민지적 서사를 풀어내며 중첩되고 있다. 새로운 시대를 살게 될 새로운 몸을 받은 아이는 나와 닮은 텍스트가 아니길 희망하며 타자화 된 몸이 아닌 주체적 몸으로 살아갈 것을 되새김질한다. 따라서 김혜순의 반복적 언술은 자기암시와 의지이다. 아이를 낳는 대모신의 몸은 더 이상 남성적 권력에 희생당한 여성의 몸이 아닌, 미래가 되는 것이다.

시는 시대의 목소리이자 당대의 상상력의 산물이다. 따라서 김혜순의 시는 부정적 잉태를 겪으며 모성으로서의 여성(자신)을 인식하는 과정과 함께 건강한 생명으로 채우려는 여신의 산고를 드러내고 있다. '유화부인'을 비롯한 '당금애기', '바리데기' 신화의 고난과 시련의 서사는 신격화된 여신들의 모습을 현실적 모습으로 재해석하고 있다. 이는 김용희가 「김혜순시에 나타난 여성신체와 여성환상 연구」에서 언급한 '가부장적 고착을 해체하는 방법적 전략'의 한 방법이기도 하다.

김혜순이 표현하고 있는 여성의 몸은 남성적 이데올로기의 폭력성으로 인해 마모된 몸이다. 그러나 소통하려는 주체의 몸과 이데올로기 사이에 끼어버린 여성의 몸은 불안과 상처의 흔적 속에서 신화적 상상력을 견인하며, 근원적 존재가 숨 쉬며 소통하고 관계하는 세계를 보여준다. 따라서 그의 시세계에 드러난 '몸'은 상처로 가득하지만, 치유와 회복을 위한 도정의 '몸', 재생과 부활의 통로로 열려있다.

3) '다시-보기'와 '다시- 쓰는' 모성신화

김수이가 「다시 열린 판도라의 상자」에서 살피고 있듯이, 현대 여성 시인들이 수용하는 '모성'은 '존재적으로 뿐만 아니라 사회, 역사적으로도 부재했던 여성이 어떻게 존재와 주체로 거듭날 것인가를 집단적인 규모로 탐색'하는 과정에서 구동되고 있다.

심진경 역시 『떠도는 목소리들』에서 크리스테바가 호명한 여성은 '가부장적 상징계에서 주변화 된 총합'이자 '부재를 증명하는 부재이자 전복된 텅 빈 중심이라고 보았다. 이처럼 여성은 주변화 된 텅 빈 존재를 반성하고 적극적인 서사를 견인한다. 그런 의미에서 김승희의 모성은 더욱 도발적이고 도전적인 존재로 구현된다. 즉 기존의 여성 서사물을 전복시켜 구시대의 질서에 강한 회의를 드러내고 있다.

김승희의 「배꼽을 위한 연가5」에서 '심청'은 더 이상 효(孝)의 희생물이 아니다. 맹인설화를 통해 효의 덕목을 표면적으로 내세운'심청전'은 가부장적 이데올로기에 희생되어야 할 여성을 재생산한 신식민적 텍스트의 양상이 그대로 드러나 있다. 「배꼽을 위한 연가5」의 심청은 탈식민주의적 텍스트를 재생산하는 과정에서 '어머니'에게 이러한 혐의를 두고, 이를 시인하고, 통렬하게 반성하고 있다.

> 인당수에 빠질 수는 없습니다/ 어머니,/ 저는 살아서 시를 짓겠습니다// 공양미 삼백 석을 구하지 못하여/ 당신이 평생을 어둡더라도/ 결코 인당수에 빠지지는 않겠습니다/ 어머니./ 저는 여기 남아 책을보겠습니다// 나비여./ 나비여./ 애벌레가 나비로 날기 위하여/ 누에고치를 버리는 것이/ 죄입니까/하나의 알이 새가 되기 위하여/ 껍질을 부수는 것이/죄일까요?/ 그대신 점자책을 사드리겠습니다/ 어머니./ 점자 읽는 법도 가르쳐드리지요//우리의 삶은 모두 이와 같습니다/ 우리들 각자가 배우지 않으면 안되는/ 외국어와 같은 것-/ 어디에도 인당수는 없습니다/ 어머니,/ 우리는 스스로 눈을 떠야 합니다.
>
> -「배꼽을 위한 연가5」중에서

이 시는 심청이가 아버지에게 하소연하는 것이 아닌 어머니에게 길항하고 있다는 점에서 설화 속 여성의식의 변화를 보여주고 있다. 즉 인습적 가부장제의 주체인 아버지와 딸의 관계가 어머니와 딸로 치환될 수 있음을 고백하고 있다는 점에서 가부장적 관습의 연결고리에 여성이 매개되어 있음을 주지시킨다.

시인은 남성적 이데올로기의 가부장적 어머니가 딸이 되고 그 딸이 시적 자아가 되어 비극의 순환 고리를 형성할 수 있음을 시사하고 반성한다. 모녀간의 갈등은 딸로 태어난 그 순간부터 겪게 되는 최초의 갈등의 경험이며, 이는 다시 어머니와 나, 나와 딸 간의 관계, 즉 여성과 여성간의 관계로 재구성되며 가족과 개인 간의 갈등으로 조명된다.

시각장애인 어머니와 나의 관계는 전 오이디푸스의 단계, 즉 애정과 분노로서의 관계가 아닌 인간 대 인간으로서의 평등한 관계로 설정되어 있는데, 심청이는 딸이자 한 여성으로서 자신의 의견을 말할 수 있는 평등의 가족관계로 재배치되고 있다.

그런데 효심 강했던 심청이는 고전의 심청과 달리 '인당수에 빠질 수는 없습니다', '저는 여기 남아 책을 보겠습니다', '점자책을 사드리겠습니다'와 같이 새로운 질서를 제시한다. 이는 자신의 목숨을 버려서라도 어머니의 광명을 찾아주겠다는 강요된 '효'가 아닌 상생의 규범을 의미하는 것이다.

시를 짓고, 책을 보고, 점자책을 사서 읽는 법도 가르쳐'주는 심청은 그가 감당할 수 있는 만큼의 노력을 보여주고 있다. 심청의 자발적인 효심으로 스스로가 희생양이 되겠다고 하더라도, 이는 가부장제에서 학습된 유교주의의 잔영이다. 따라서 조선시대의 심청과 시인 김승희의 심청이 다를 수밖에 없는 것은 당대가 규정한 여성적 삶에 대한 인식의 틀이 다름을 기인한다.

시인이 바라보고 있는 세상은 '어디에도 인당수는 없'는 세상이자, 가부장의 논리에 순응하는 세상이다. 유교주의적 논리가 여성인 어머니에게도 딸에게도 무의식적으로 재생산되는 연결고리를 끊어내려면 스스로'눈을 떠'서 주체적으로 삶을 결정해야 한다.

김승희의 '심청'은 어머니와 딸로서의 여성은 가족이라는 제도 안에 개인의 삶을 당대의 이데올로기로 '희생'시킬 수 없는 여성이기에 희생으로 재창조된 여신을 거부한다. 따라서 '인당수'는 남성중심의 이데올로기와 유교주의가 만들어낸 제물의 원형이며, 삼종지도에 길들여진 여성이 재생산한 희생적 공간이며, 폐기되어야 할 사회적 유물이다. 그런데 이 설화는 심청이가 죽은 후에 희생의 대가로 용궁에서 왕비가 된다는 점에 주목해야 한다. 용궁은 희생의 대가로 주어진 가부장제의 보상이다.

따라서 김승희의 모녀관계는 심청의 원형을 부수고 새로운 선택을 보여주며(다시-보기) 새로운 모성신화를 기록한다.(다시-쓰기) 즉, 여성 스스로가 삶의 질서를 재창조하기 위해서는 충성스런 보상체계를 폐기시키고 부정해야 한다. 이는 여성 스스로가 현실계에서는 행복한 여성으로서 살 수 없다 하더라도 유교질서에 순응하면 죽고 난 뒤에는 행복해질 수 있다는 믿음을 스스로 전복시켜야 함을 의미한다.

그렇다면 왜 여성은 살아서는 행복할 수 없고, 죽어서야 행복할 수 있는 것인가. 바리공주와 자청비, 당금애기 등 신화에 나타난 여성 신 모두 현실계에서는 고난과 시련의 연속이었지만 상상계에서는 신격을 부여받고, 오히려 포용과 자비를 베푸는 완성된 신격을 드러내고 있다. 바리공주와 같이 자신을 버린 부모에게 구약하고 효심을 보이는 여성신화는 효와 열녀의 서사를 내포하고 있다. 신화보다 후대에 만들어진 '심청전' 역시 '죽음'이라는 극단적인 선택을 초래할 수밖에 없었던 것은 여성으로서 삶의 선택의 폭이 전대보다 오히려 더 자유롭지 못했음을 증명하는 것이다.

선(善)을 행한 자가 죽음의 세계에서까지 불행한 경우는 없다. 그러나 죽음 이후의 행복에 대해 여성들은 더 이상 관심을 갖지 않는다. 유교주의 규범에 희생된 여성들이 현실 속에서 그들이 생존할 수 있는 이유를 그들은 이제 살아서 찾으려고 하고 있기에, '우리는 스스로 눈을 떠야 합니다.'라고 당당하게 여성으로서의 목소리를 드러내고 있는 것이다.

이는 '어머니-딸-어머니'로 순환되는 삶의 풍경을 가부장적 규범체계에서 벗어나 주체적으로 '다시-보기' (김영옥이「새로 쓰는 모성신화」에서 아드리엔느 리치가 『다시-보기로서의 글쓰기』에서 버지니아 울프의 『자기만의 방』을 읽으며 남성 중심적 문화 안에서 어쩔 수 없이 자신의 열정을 억누르며 냉정하고 차갑게 글을 쓸 수밖에 없는 여성작가의 모습을 보았다고 논하였듯이)의 과정을 경험하기를 선언하며 탈식민적 모성성의 회복을 강구하고 있는 것처럼 보인다.

결국, 시인은 현대를 살아가는 착한 심청이들이 '효'라는 유교적 제명 아래 소중한 목숨까지 버려가며 '광명의 세상'과 바꾸려는, 길들여진 심청을 전복시킨다. 왜냐하면 여성(인간)의 존엄성이 효(孝)라는 유교적 질서에 이바지하거나 우선될 수 없기 때문이다. 김승희에게 '효'는 딸이 없는 세상에 부모 혼자 사는 것보다 차라리 부모가 불편하더라도 딸(심청)과 함께 고단한 삶을 살고 함께 광명의 세계를 살아내는 것이다.

> 어머니는 뒤주 속에 숨어계십니다/ 어머니는 옛날에/선녀였습니다/선녀의 날개옷을 짓기 위하여/어머니는 남몰래/황금의 쐐기풀을 훔치러 다녔습니다…(중략)…/승희야-이 무늬가 좋겠니,/아니면 어떤것이?-하고/무섭도록 상냥하게 물어오실 때에/ 나는 문득 어머니의 뜨개바늘 위에서/무섭도록 불행한 한 생애의 사랑이/숨죽여 통곡하고 있는 것을/본 느낌이 들었습니다// 한 벌의 천 벌 같은 목숨을 풀어야만/날개 옷을 지을 수 있는 사람들-/ 여인들-어머니…(중략)…
>
> -「배꼽을 위한 연가6」중에서

위 시는 설화 속에 나오는 평범한 선녀가 원래는 어머니였다는 상상으로 시작되고 있는데, '한 벌의 천 벌 같은 목숨을 풀어야만/ 날개 옷을 지을 수 있는 사람들'에서 볼 수 있듯이 어머니-나-어머니-나로 순환하며 이를 '여인들'이라고 지칭함으로써 공동체적 의식을 공유하고 있다.

그러나 시적 화자는 곧 그 고통스러운 순환연대를 '무섭도록 불행한 한 생애의 사랑이/숨죽여 통곡하고 있는 것을/ 본 느낌이 들었습니다'라며 거리를 두고 고통의 연대를 끊겠다는 의지와 반성을 이끌어낸다.

> 시가 반성적 관계를 맺지 못한다면 시는 무엇이고 왜 나는 시를 쓸까? 나/우리의 삶 속에 이미 들어와 있는 다친 무릎들이 고통스럽고 아파서 나는 시를 쓴다. 시의 언어는, 시의 환상은 시의 웃음은, 시의 도끼는, 시의 요람은 시의 도원(桃園)은 바로 그런 지배적 힘들과 반성적 관계를 맺고 있을 때 싱싱한 생명력을 가질 수 있다고 나는 생각한다.
>
> -후기 , 『빗자루를 타고 달리는 웃음』

시의 반성적 기능은 시의 사회적 기능, 정서 순화기능과 함께 나/우리, 남자/여자, 주체/타자와의 조화로운 관계를 모색을 시도한다. 어머니는 뒤주 속에 숨어 계시는 운명이지만 '천상의 선녀'라는 상상이 여성으로서의 현실적 삶이'뜨개바늘 위에서 무섭도록 불행한 한 생애의 사랑이/숨죽여 통곡하고 있는'그녀를 존재할 수 있도록 버팀목이 되어 준다.

이때 '뒤주 속', '남몰래', '훔치러', '무섭도록 불행한', '숨죽여 통곡'은 '사랑'과 '날개옷'이라는 반어적 시어와 병치되어 질곡의 생애를 드러낸다. 천상의 행복한 삶을 위해 '날개옷과 바꾸어야 할 대가는 한 벌의 천 벌 같은 목숨'이었다. 김승희가 인습적 여성의 삶을 전복시키고 반성하고 있는 지점은 바로 이 지점이다. 신화적 상상력으로 견인된 설화나 신화 속의 여성의 현실은 고통스럽다. 그러나 그들은 언젠가는 '날개옷'을 줄 것이라는 단물과 같은 희망아래 희생을 강요당한다는 것도 인지하지 못한 채 오히려 삶 자체를 희생당하고 있기에 시인은 이를 간증하고 고발하고 반성한다. 김승희는 어머니 세대가 짓던 '날개옷'을 올올히 짜면서까지 현재의 고통을 예약되지 않은 미래와 바꾸지 않고, 적극적으로 자신(여성)의 본성을 탐구한다.

> 아이오와 헌책방에서 고양이의 부드러운 몸이/나를 애무하고 있을 때/ 난 고양이보다는/에리카 종보다는/ 문득 곰을 밀치고 힘껏 솟구치는/ 호랑이의 야성의 외침과 붉은 털과 발톱이 몸 안에서/ 솟구쳐 오르며, 바깥으로 막 나가서/ 숨막히게 강변을 달렸다/ 잃어버린 나혜석과 윤심덕을 강가에서 만나/ 단군신화 이전으로 돌아갈 약속이라도 있었던 것처럼
>
> -「고양이 소주와 에리카 종」중에서

위 시는 '웅녀'라는 신화적 상상력을 빌어 왔지만 웅녀가 단순히 생식력만을 제공했던 수동적인 여성에 대한 해석에 이의를 제기한다(다시-보기). 시적화자는 '문득 곰을 밀치고 힘껏 솟구치는/ 호랑이의 야성의 외침과 붉은 털과 발톱이 몸 안에서/ 솟구쳐 오르며, 바깥으로 막 나가서'강변을 달리는 모습은 곰의 모습이 아닌 호랑이의 후손임을 자처한다. 따라서 여성은 이제 더 이상 생식을 전담했던 곰의 후손이 아닌 호랑이로 변신하게 된다. 여성 안에 숨겨진 아니마와 아니무스의 결합이요, 여성적 언어와 남성적 언어의 어울어진 기표이다.

김승희는「상징 질서에 도전하는 여성시의 목소리, 그 전복의 전략들」에서 그동안 여성의 언어는 피식민지인들이 식민주의자들의 언어로 자신들의 체험을 쓸 수밖에 없듯이 여성 또한 남성 중심의 언어로 자신들의 체험을 표현할 수밖에 없었다고 진술한다. 그럼에도 불구하고 그는 전인적 언어에 대한 욕망을 그대로 표출하며, 주체적 여성인 나혜석과 윤심덕과 함께 전복적 단군신화를 선언한다.

웅녀는 기다림의 과정을 통해 그토록 원하던 여성으로 변신하였다. 그러나 그녀는 환웅과 결혼하여 단군을 생산하는 역할을 담당한다. 즉 웅녀는 환웅과 동등한 존재가 아닌, 환웅의 아내로서 간택 받기 위해 웅

녀가 된 것이다. 이는 조현설이 『고전문학과 여성주의 시각』에서 지적한 것처럼 웅녀가 단군신화에서 소외된 존재, 즉 타자화 된 존재임을 의미한다.

시인은 그런 웅녀의 후손이 되기보다 기다리지 못하더라도 뛰어나갈 수 있는 자유의지를 지닌 맹호가 되거나 단군신화 이전의 시원(始原)의 세계로 회귀하고자 한다. 이때 여성의 주체적 자아를 실현하려고 했던 근대여성의 대모인 나혜석과 윤심덕은 여신과 동일선상에 놓이게 된다. 그녀들은 여성의 시조인 웅녀의 소외된 역사보다 비극적 종말을 맞더라도 권력적 지배 이데올로기에 아랑곳하지 않고 주체로서 살 수 있는 세계를 희망하고 있다.

김혜순과 더불어 김승희는 여성신화를 수용하는 과정에서 가부장적 질서 안에서 타자화된 여성을 제자리로 돌려놓기 위해 전복적이고 반성적인 어조로 여성들의 삶을 재구성(다시-쓰기)하였다. 역사가 승자의 기록이라면 이들이 기록한 모성 또한 승자(식민지권력세력)의 관점에서 잘 만들어진 강요된 어머니일 뿐이다. 따라서 모성신화에 나타난 타자화된 여성은 그들의 자각 없이는 신식민주의적 모성과 여성으로 존재할 뿐이다. 그러므로 탈식민주의적 모성의 전복적 수용은 온전한 모성의식을 회복하는 길이기도 하다.

3. 결 론

한국 현대시에 나타난 탈식민주의적 모성신화는 과장되거나 강요된 모성성으로 드러나고 있다. 이는 탈식민주의가 갖고 있는 '탈(post)'의 의미망으로부터 시작된다. 따라서 신식민주의가 지속되는 시공간 속에서 모성은 타자화된 주체들의 특징으로 재현된다. 이러한 과정 속에서 여성은 어머니와 딸의 두 가지 역할을 통해 혼성적이며 다성적인 목소리로 기표하기에 이른다. 본고는 이러한 문제의식을 중심으로 다음과 같이 살펴보았다.

과장된 모성과 강요된 모성을 살피고자 먼저 모성의 개념을 논의하였다. 모성은 여성주의적 관점에서는 여성에게 대물림되는 태형의 경험으로 인식되어 대타자와 여성간의 헤게모니의 이해방식에 따라 다르게 해석됨을 알 수 있다. 그러나 모성(성)의 전승과정에서의 지식 및 지혜의 역사는 탈식민주의적 모성신화 속에서도 무조건적으로 폐기되어서는 안 된다는 것이다. 이는 여성과 모성의 역할에서 혼종적 주체의식을 경계하지만, 이들의 관계를 다시-보고, 다시-쓰는 모성신화로 나아갈 수 있는 대안이 될 수 있음을 의미하였다.

여성신화에 나타난 전복적 모성도 살펴보았다. 한국의 여성신은 전승과정에서 무속신으로 전락하거나 생식을 담당하는 모성성만 강조되었다. 김혜순과 김승희는 여성신화를 수용하는 과정에서 여성 신화가 제시한 가부장적 질서 안에서 타자화 된 여성의 존재를 주체적으로 회복시킨다. 이들은 전복적이고 반성적인 어조로 여성들의 삶을 재구성하였다. 이들은 특히 출산을 통한 여성과 모성의 이미지에 집중하고 있는데, 그 이유는 타자화 되어 버린 여성의 몸이 남성적 권력에서 기인한다고 보고, 식민화된 여성의 몸의 주체성을 회복 하는 길을 모색하고 있다. 김혜순의 시에서는 '유화부인', '당금애기', '바리데기'의 신화적 상상력에 드러난 고난의 과정은 주체적 여성의 인식에 근거하여 여신들의 모습이 재창조되고 있다. 이는 '가부장적 고착을 해체하는 방법적 전략'이기도 하다.

이를 위해 '다시-보기'와 '다시-쓰는' 모성신화의 논의는 필요하다. 시인들은 통렬한 반성의 과정을 통해 딸과 어머니의 관계를 새롭게 조망하기에 이른다. 김승희는 전복적이고 야생적인 상상력을 통해 적극적 여성(모성)을 그려내고 있다. 남성주의적 관점에서 폄하된 여신의 신격을 다시-보고, 다시-쓰는 노력(주체적 자각)을 통해 새로운 모성(성)을 모색하고 있다. 김혜순과 김승희의 시세계는 여성신화를 통해 주체적 모성을 재현(다시-쓰기)함으로써, 모성은 존중되어야 할 생산의 주체자요, 탈식민주의적 모성의 전복은 기존의 반쪽 모성의 진화를 모색하려는 의지로 파악되었다.

따라서 여성주의 시각이 존재하는 시에서는 어머니에 대한 회귀적 본능은 여성과 모성의 반복적 글쓰기를 통한 반성을 드러내며, 강요된 모성신화의 허구를 탈식민주의적 관점으로 환기시킨다. 이는 모성의 역할에 따른 준엄하고 통합적인 개념을 모두가 승인함으로써 진일보한 모성신화를 복원하는 길이기도 하다.

참고문헌

김경숙, 「한국 건국 신화에 나타난 여성의식 고찰」, 진주교육대 교육대학원, 2003.

김민정, 「여성무당의 서사행위를 통해 본 여성성의 재구성」, 계명대 여성대학원 석사학위논문, 1998.

김수이, 「다시 열린 판도라의 상자」, 『여성문화의 새로운 시각4』, 경희대학교 인문학연구원, 2005.12.

______, 「다시열린 판도라의 상자」, 『여성문화의 새로운 시각4』, 경희대학교 인문학연구원, 2005,12.

김승희, 「김수영의 시와 탈식민주의적 반(反)언술」, 『한국문학이론과 비평』, 한국문학이론과 비평학회 5집, 1999.

______, 「상징질서에 도전하는 여성시의 목소리, 그 전복의 전략들」, 『여성문학연구』, 1999.

______, 「여성 신은 왜 가혹한 고행을 거쳐야 하는 존재인가」, 『대산문화』, 2008, 여름호.

______, 『빗자루를 타고 달리는 웃음』,민음사, 2000.

______, 『세상에서 가장 무거운 싸움』,민음사, 2000.

______, 『왼손을 위한 협주곡』,민음사, 1983.

김영옥, 「여성시 숲으로의 여행-김혜순읽기」, 『현대시』, 1996.7.

______, 「새로 쓰는 모성신화」, 『여성학논집』 제22집, 2005.

김용희, 「김혜순 시에 나타난 여성 신체와 여성 환상연구」, 『한국문학이론과 비평』, 한국문학이론과 비평학회, 2004, 3.

______, 「김혜순시에 나타난 여성신체와 여성환상 연구」, 『한국문학이론과 비평』, 한국문학이론과비평학회, 2004. 3.

김은희, 「강은교, 김승희 시의 여성신화적 이미지연구」, 이화여자대학교 대학원 석사학위논문, 2007.

김지선, 「한국 여성시에 나타난 여성성 연구」, 한국교원대학교 교육대학원 석사학위논문, 2006.8.

김혜순, 「우리나라 신화와 상고가요를 읽는 또 하나의 시각」, 『파라21』,

2002.
______, 『한잔의 붉은 거울』, 문학과지성사, 2004.
문선영, 「90년대 말 여성시의 서사전략」, 『오늘의 문예비평』, 1998,가을.
박상란, 「여성신화의 원리」, 『한국문학연구』 제19권, 1997,3.
______, 「여성신화의 원리」, 『한국문학연구』 제19권, 1997.3
박철희, 「신화적 체험과 시적 구현」, 『현대시』, 1994,8.
심진경 평론집, 『떠도는 목소리들』, 자음과 모음, 2009.
윤수연, 「한국 무속 신화를 통해 본 여성상」, 원광대 교육대학원 국어교육 전공 석사학위논문, 2007.
이규보, 『동명왕편(東明王篇)』.
이송희, 「김혜순 시에 나타난 몸의 언어」, 『한국문학이론과 비평』 제43집, 한국문학이론과 비평학회, 2009.6.
이주미, 『여성의 자기서사와 자기표현』, 파라21, 제이앤씨, 2009.
장영란, 「한국 신화 속의 여성의 주체의식과 모성신화의 전복적 기제」, 『한국여성철학』 제8권, 2007.
정재서, 『이야기 동양신화』, 황금부엉이, 2004.
최원오, 「모성(母性)의 문화에 대한 신화적 담론: 모성의 기원과 원형」, 『한국고전여성문학연구』 14, 2007.
태혜숙, 『한국의 탈식민페미니즘과 지식생산』, 문화과학사, 2004.
특별담론, 「한국의 여성시」, 『현대시』, 1992,2.
세라 블래퍼 허디, 『어머니의 탄생』, 황희선 옮김, 사이언스 북스, 2010.

6

한국 다문화주의 동화와 혼종적 주체*

박 영 기

1. 들어가는 말

현재 아동문학 분야에서 다문화 관련 논의들이 점차 늘어나고 있는 추세이고, 그 내용 또한 세분화되는 양상을 보이고 있다. 주로 한국 사회에서 벌어지는 인종적 차별을 바탕에 두고 이주 여성과 노동자, 그들의 자녀(아동)를 형상화 한 작품이 주요 대상이 된다.

초창기 논의에 해당하는 박상재, 김종헌, 유영진, 류찬열은 다문화 동화의 양상과 이에 나타난 표상을 분석하고 비판점을 내보이는데 주력하였고, 황정현의 경우는 다문화 사회 속에서 아동문학의 수용과 창작 방향성에 대해 언급하였다. 최근 들어 박정애는 갈등양상과 해결양상을 분석하였으며 김상욱은 다문화주의 동화의 한계와 가능성을 점검하였다.

---

* 이 글은 『한국아동문학연구』 21호(2011.12)에 실린 것을 수정·보완한 것임.

그러나 젠더, 계급, 인종, 민족, 아동의 서사에 대한 관심으로 환원될 수 있는 이들 논의에서 정작 아동문학의 중핵을 이루는 아동의 정체성에 관한 문제에 대해 소홀히 한 감이 없지 않다. 다문화 사회에서 벌어지는 여러 갈등 속에서 직접적으로 상처받고 정체성의 혼란을 겪고 있는 다문화 가정 - 다문화 가정이란 용어는 국제 가족(김란주, 「내 이름은 유경민이야」, 황복실외, 『까만달걀』,샘터, 2006.), 복합 민족 가정(임정진, 「엄마와 오까상」, 고정욱외, 『편견』, 뜨인돌어린이, 2007.) 으로 대체되기도 한다 - 아동들의 환경과 정서를 문학 속에 조명해 내고 바람직한 전망을 보여주는 것이 시급하다고 여겨진다. 순혈주의적 정서가 강한 한국사회에서 이질적인 피부색이나 언어를 사용하는 다문화 가정 어린이들이 사회적 타자로서 편견 속에서 성장하는 것은 다문화 가정 어린이들뿐만 아니라 본의 아니게 타인에 대해 왜곡된 시선을 갖게 되고 자신조차 소외시키게 되는 비다문화 가정 어린이들에게도 부정적인 영향을 줄 것이 분명하기 때문이다.

그간 '다문화'의 개념에 대한 논의는 다양하게 이루어졌다. 황정현은 이를 협의와 광의로 나누어 국제 결혼에 따라 유입된 외국인의 증가로 발생하는 사회, 문화적 현상을 협의의 개념으로 보았고, 지금까지 우리 사회에 있어 온 문화적 관점 차이에서 비롯된 다문화적 현상을 예컨대, 이념, 지역, 세대, 계층 등의 문화적 가치에 따른 다문화를 모두 포괄하여 광의의 개념으로 보았다.[1] 박정애는 다문화란 하나의 고유명사적인 문화에 대응하는 여러 가지 문화를 가리키는 말이며, 다문화주의란 백인/남성/서구/이성애자 중심의 편협한 문화주의에서 탈피하여 주변부 문화를 제도권 안으로 받아들이자는 입장으로 보았다.[2]

---

1 황정현, 「다문화 사회의 아동문학 수용과 창작방안」, 『한국아동문학연구』 제14집, 2008.

2 박정애, 「한국아동청소년 소설에 나타난 다문화 갈등과 그 해결양상 연구」, 『현대문학의 연구』 제41집, 2010.

위의 개념을 정리해 보면 '다문화'란 드러난 현상으로 접근 가능한 개념이고, '다문화주의'란 주류 문화에 대해 소수민족이나 이민자의 문화를 동등하게 인정하자는 관점으로 하나의 세계관이나 이념으로 볼 수 있을 것이다. 따라서 이를 구별하여 사용하는 것이 필요한데, 김상욱이 기존 논의들에서 사용하였던 '다문화 동화'나 '다문화 문학'과 의식적으로 차별하며 '다문화주의를 표방하는 문학'이나 '다문화주의 동화'[3]란 용어를 사용한 것은 시사하는 바가 크다고 여겨진다. 즉, 다문화 현상을 그대로 드러내어 펼쳐 보이는 작품과 구별하여 다문화주의적 관점을 보여주는 작품을 연구 대상으로 한정하겠다는 입장이라고 볼 수 있다. 류찬열의 경우에는 '다문화 동화'란 용어를 쓰고 있지만 '소재적 차원에서는 이주노동자와 결혼 이민자 그리고 그들의 2세를 주로 다룬 동화, 주제적 차원에서는 그들에 대한 편견과 차별을 극복하기 위한 의도와 목적으로 담은 동화를 지칭한다'[4]고 의미를 제한하고 있어서 그가 사용한 '다문화 동화'는 '다문화주의 동화' 와 같은 의미로 사용되었다는 것을 알 수 있다.

본고에서는 이런 입장과 궤를 같이할 것이며, 다문화 사회에서 일상적으로 일어나는 혼종(hybridity)의 양상에 주목하여 다문화 상황에서 자신이 처한 혼종의 상황을 인식하고 이를 자기만의 개성과 에너지로 바꿀 수 있는 '혼종적 주체'로서의 어린이에 주목하고자 한다. 먼저 호미 바바(Homi K. Bhadha)의 '혼종성' 이론 - 혼종성의 경계 문화는 새로움이 세계에 진입하는 강력하고 창조적인 제 3의 공간이며 여기에서 지배 담론의 권위는 전복된다.[5] 에서 이끌어낸 '혼종적 주체'의 모습을 설정하고 이러한 면모를 드러내 보이고 있는 몇 편의 동화를 소개하면서 한국

3 김상욱, 「다문화시대, 동화의 서사」, 『아동청소년문학연구』 2010. 6.
4 류찬열, 「다문화 동화의 현황과 전망」, 『어문논집』 제40집, 2009.
5 피터 차일즈·패트릭 윌리엄스, 『탈식민주의 이론』, 김문환 옮김, 문예출판사, 2004, 292쪽 참고.

사회에서 주체로 성장해 가는 다문화 어린이의 상을 제시해 볼 것이다.

바바의 혼종성 이론은 식민자와 피식민자가 인종적, 문화적으로 뒤섞여지면서 식민자가 피식민자에게 '모방'을 강요하게 될 때, 피식민자들이 내는 엉터리 '흉내'가 식민자의 의도와 어긋나게 식민담론의 전복의 계기로 작용하게 된다는 것이다. 본고에서 논의하려는 한국의 다문화 상황은 엄밀하게 식민과 피식민의 상황과 일치하지는 않지만 주류 아동과 비주류 아동의 관계와 신경증적 분열 상황이 이와 유사한 지점을 형성하고 있다고 보고, 바바의 혼종성이라는 탈식민주의적 방법론을 원용하여 논의를 전개하고자 한다.

2. 시선화 된 '몸'과 소외

현재 한국 사회에는 이주 노동자, 여성 결혼 이주민, 탈북자 등이 이주해 오면서 문화적인 혼종화(hybridity)가 이루어지고 있으며[6], 부가적으로 다문화 가정 혼혈아동으로 인한 인종적 혼종화도 진행되고 있다. 이러한 혼종화의 양상 속에서 이주민과 이들의 자녀인 다문화 가정 아동들은 심각한 문화적, 인종적 갈등을 경험하게 되는데 다수의 아동문학 작품 속에서 서사적으로 재현되어 한국의 다문화 상황을 점검하게 만들어 준다.

한국 사회에서 혼혈의 문제는 현재적 시점에서 갑자기 등장한 것이 아니라 한국 전쟁의 상흔으로 남겨진 미군 혼혈아들과 이들을 냉대하던 사회적 분위기 속에서 이미 부각되었던 문제였다. 그러나 시대가 바뀌어 혼혈이 다양한 사회, 문화적 배경을 갖게 되었음에도 불구하고 이들을 소수자, 타자로 배척하고 이질적인 존재로 외면하는 방식은 별로 나

6 강정구, 「다문화사회에 대한 시적 구현 양상」, 『어문학』, 2009 참고.

아진 것이 없다. 베트남, 중국, 태국, 방글라데시 등지에서 온 이주민과 한국인 사이에서 태어난 다문화 가정 자녀들을 대하는 차가운 시선은 『김찰턴 순자를 찾아줘유!』[7]에서 보여준 흑인 혼혈아 '순자'의 수난사에 비해 그리 가벼워진 것 같지 않다. 작가는 흑인 혼혈아와 다문화 가정 자녀들이 함께 살아가는 현재의 혼종적 사회상을 그려내면서, 질기도록 변하지 않는 한국인의 순혈의식과 배타성에 대해 비판적 태도를 견지한다. 결국 흑인 혼혈의 문제나 아시아계 혼혈의 문제나 한국 사회가 근원적으로 풀어내야 할 과제로 바라본 것이다.

다문화주의 동화에 등장하는 최초 갈등은 대개 다문화 가정 자녀의 피부색과 인종의 차이에 의해 촉발된다. 이는 파농(Fanon)이 -바바가 정신분석학을 논의할 때 프로이트나 라캉만큼이나 많이 거론하는 인물은 파농이다. 바바가 자신의 정신분석학적 탈식민주의 이론의 모델로 삼은 인물이 바로 파농이며 따라서 바바의 이론을 논의하기 위해서는 파농에 대한 논의가 반드시 선행되어야 한다.[8] - 한 백인 소녀에게 듣게 되는 '엄마, 저기 검둥이 좀 보세요! 무서워요!'[9] 라는 인종적, 문화적 전형의 상황과 별반 다를 게 없다. 다문화 가정 어린이들에게 쏟아지는 차가운 시선은 백인/흑인, 서양/동양이라는 이분법적 정체성이 한국사회에서 '우리/너희'라는 유의미한 대립쌍으로 존재하고 있다는 사실을 보여준다. 우리와 다른 '너'라고 지목된 다문화 가정의 어린이는 자신을 바라보는 타인의 '시선'을 느끼게 되고 이러한 시선이 고착화되는 과정으로서 '응시'의 대상이 된다.

응시는 대상을 동일화 시키는 시선으로 볼 수 없는 (즉 대상의 타자

7 원유순, 『김찰턴 순자를 찾아줘유』, 주니어랜덤, 2010.
8 양석원, 「탈식민주의와 정신분석학」, 고부응 엮음, 『탈식민주의 - 이론과 쟁점』, 문학과 지성사, 2003.
9 프란츠 파농, 「흑인성이라는 사실」, 『검은 피부 흰 가면』, 이석호 옮김, 인간사랑, 1998 142쪽.

성을 나타내는) 부재의 위치에서 되돌아오는 비동일성의 의식으로[10], 파농이 백인이라는 타자의 행동과 눈초리가 자신을 붙박아 버리고 염색약에 섞여진 화학용해제처럼 굳어지게 만든다고 고백한 것처럼[11] 다문화 가정 어린이들을 '존재하지만 부재하는' 존재로, 존재론적 소외를 경험하게 만든다. 이러한 경험은 파농이 백인과의 상상적 동일시를 통해 오인해 왔던 자기 정체성이 분열되고 파편화되는 충격적 경험을 하게 되는 과정[12] 즉, 흰 가면이 벗겨지는 상황이며 비혼혈 아동과 상상적 동일시를 해 왔던 혼혈 아동들이 자신이 그들과 다르다는 현실을 자각하고 충격에 빠지게 과정 속에 되풀이 된다. 다문화주의 동화 속에서 타자로서 응시되는 어린이의 '몸'은 특정 언어로 고착되어 재현되고, 반복적인 언술 속에 매순간 재생된다. 어린이들의 몸은 빈 라덴, 니그로, 깜둥이, 아프리카 튀기, 원주민, 부시맨, 잡종, 가짜, 블랑카라고 호명되며 아이들의 존재와 인격을 대체한다.

"아줌마, 얘 꼭 빈 라덴처럼 생겼죠? 눈도 크고 까맣고."[13]

"엄마를 본 애들은 '헤이, 니그로!' '헤이, 아프리카 튀기!' 하면서 놀립니다."[14]

"재현이 얼굴은 까맣잖아요. 머리도 꼬불꼬불 파마한 것 같고요. 그런데 그림에서는 우리랑 똑같은 살색에, 머리도 생머리 로 그렸잖아요."[15]

"아이들은 까만 피부색에 곱슬머리만 보고 아프리카 원주민이 라는 둥, 부시맨이라는 둥 놀리기 일쑤입니다."[16]

"튀기! 맞지? 튀기?", "맞네, 잡종!"[17]

---

10 호미 바바, 『문화의 위치』, 나병철 옮김, 소명출판, 2002, 108쪽 각주 34 참고.
11 프란츠 파농, 앞의 책, 140쪽 참고.
12 양석원, 앞의 책, 83쪽 참고.
13 김중미, 「반두비」, 『블루시아의 가위 바위 보』, 창비, 2004, 24쪽.
14 황복실, 「사르헤! 사르헤!」, 『까만 달걀』, 샘터, 2006, 19쪽.
15 강민경, 「까만 달걀」, 『까만달걀』, 샘터, 2006, 36쪽.
16 강민경, 위의 책, 42쪽.
17 김란주, 「내 이름은 유경민이야」, 『까만달걀』, 샘터, 2006, 81쪽.

"얘는 한국 애가 아니에요. 몽골 애라구요... 우리는 진짜 한국 사람이지만 얘는 가짜예요. 얘네 집 식구들은 그냥 잠깐 돈 벌러 한국에 온거라고요."[18]

"내가 덥다는데 니가 무슨 참견이야. 넌 까매서 안 더운지 몰라도 난 더워! 그러니까 조용히 해!"[19]

"얘, 쟤네 엄마가 여자 블랑카래."[20]

이 때, 모욕적으로 호명된 어린이들에게 상투형(stereoyrpe) - 바바는 논문 <다른 문제 : 상투형, 차별과 식민담론>에서 고착(fixity)의 중요성을 이야기하며 논문을 시작하는데 고착이라는 개념의 주요한 담론적 전략은 상투형이다.[21] - 이라는 거짓 이미지가 부여되면서 이러한 명칭은 지배적인 힘을 발휘하게 되는데, 상투형을 통해 타자는 불변하는, 이미 알려진, 예상할 수 있는 것으로 고정된다.[22] 혼혈아는 재수가 없다든지, 혼혈아는 냄새가 난다든지, 몸에 닿으면 병균이 옮아 손이 썩는다든지, 튀기가 먹는 음식은 먹을 게 못 된다든지, 바보일 것이라는 식의 상투화는 이러한 모순되고 불안한 믿음의 표현이며, 낯설고 불안한 타자의 성적, 인종적 차이를 익숙하고 용인된 것 상투형으로 연결지어 고정관념을 부여하는 것이다.[23] 결국 상투화는 감시와 낙인 속에서 타자를 대상성에 함몰시키고, 인격적으로 소외시키며, '백인의 응시가 흑인을 정형화하는 문화적 스크린을 통과하여 자동적으로 흑인을 추악한 검둥이로 낙인찍히게'[24] 만드는 것과 같은 방식으로 다문화 가정 어린이들을 왜곡된 이미지로 고착시키고 통제한다. 개별 주체는 사라지고 모욕받은

18 박채란, 「새로 사귄 친구」, 『까매서 안 더워?』, 2007, 65쪽.
19 위의 책, 106쪽.
20 원유순, 『우리엄마는 여자 블랑카』, 중앙출판사, 2005, 19쪽.
21 피터 차일즈·패트릭 윌리엄스, 앞의 책, 260쪽 참고.
22 위의 책, 260쪽.
23 위의 책, 262쪽.
24 양석원, 앞의 책, 2003. 84쪽 참고.

'집단'의 한 일원으로서 호출된 어린이만 남게 된다.

> "얼굴도 시커멓게 생겨가지고, 퉤, 재수 없으니까 너희 나라로 빨리 꺼져 버려."[25]
> "윽, 냄새, 야, 냄새 옮겠다. 가자."[26]
> "야, 경민이 책상엔 손도 대지 마. 손 썩는다, 썩어!"[27]
> "에이, 앞으로 김밥도 못 먹겠네. 튀기가 먹는 음식을 어떻게 먹냐?"[28]
> "쟤, 바보 아니야? [29]

「내 이름은 유경민이야」에서 친구들의 냉대와 모욕을 체념하듯 받아들이며 자신을 '유명한 튀기'라고 자조적으로 호명하는 유경민의 모습은 스스로에 대한 자존감을 모두 잃어버리고 고립되어서 무내면성의 상태로 변해가는 혼혈 아동의 의식을 잘 보여준다. 본래 정체성이란 내가 다른 어떤 사람과 같지 않다는 것을 증명하는 것으로 유일하고 특별한 존재라는 것을 말하지만, 지배/ 피지배의 상황에서 인간본성 안에서 자기 반영을 깨닫거나 문화와 자연의 구분 속에서 자아를 위한 자리를 지각하는 것이 아니라 타자와의 관련 속에 존재 하게 되므로[30], 유경민처럼 인종적 혐오에 기반한 응시와 부재를 경험한 어린이들은 자신의 정체성과 거짓 이미지와 사이에서 심한 갈등을 겪고 정체성의 혼돈, 분열과 자기 비하의 과정을 겪게 된다.

> 결국 나는 아이들을 무시하기로 했습니다. 그래야 오히려 편할 것 같았습니다. 하지만 그럴수록 나는 점점 혼자가 되어 갔습니다. 고학년이 되니, 이제는

---

25 박상률, 「혼자 먹는 밥」, 『블루시아의 가위 바위 보』, 창비, 2004, 94쪽.
26 김란주, 앞의 책, 81쪽.
27 위의 책, 83쪽.
28 위의 책, 86쪽.
29 위의 책, 13쪽.
30 피터 차일즈·패트릭 윌리엄스, 앞의 책, 58쪽.

말다툼할 친구조차 없습니다. '튀기', '잡종'에 이어 '왕따'라는 이름까지 하나 더 얻게 됐을 뿐입니다. 튀지 않으려고 아무래 애써도 나는 이미 유명한 '튀기'가 되어 있었습니다.[31]

문제는 이러한 과정에서 타자의 정체성을 위협하는 자, 위협받는 자 모두 일종의 신경증적 분열의 상황에 처하게 된다는 것에 있다. 대상을 타자화시켜 부재의 위치로 전락시키는 시선은 서구인이 자기 내부의 낯설고 혐오스러운 것을 외적으로 흑인에게 투영한 결과와 같은 집단적 카타르시스의 개념으로 설명될 수 있으며[32], 모든 사회, 집단 내에 공격적 형태로 축적된 어떤 힘을 해소해 내는 통로나 출구가 되는 것이다[33]. 별다른 이유 없이 혼혈 친구를 '튀기'와 '왕따'라고 부르거나 일종의 집단적 테러라고 부를 수 있을 법한 가혹 행위를 저지르는 유경민의 반 친구들 모두 이러한 분열적 상황에 처해 있는 것이며, 혼혈 친구를 싫어하지는 않지만 왠지 가까이 하기를 꺼려하는 민영이와 윤서 또한 이러한 집단의식에 암묵적으로 동조하는 것이라고 볼 수 있다.

내가 반가워하지 않자 민망했는지 티나는 곧 내게서 눈을 거두었다. 내 눈은 양 갈래로 땋아 내린 티나의 검은 머리칼과 그 사이의 구릿빛 목덜미에 한참 동안 머물렀다. [34]

반 아이들 대부분이 동규는 재미있고 좋은 애라고 생각한다. 윤서 역시 동규가 보통 한국 아이들과 하나도 다를 게 없다고 생각한다. 평소에는 다 같이 잘 지낸다. 하지만 전교 아이들이 다 보고, 엄마 아빠도 오시는 학예발표회에서 동규랑 같이 뭘 하는 건 싫다. 정준이랑 한 조가 되는 행운까지 얻었는데, 왠지 동규 때문

---

31 김란주, 앞의 책, 84쪽.
32 양석원, 앞의 책, 80쪽.
33 프란츠 파농, 「흑인과 정신병리」, 앞의 책, 183쪽.
34 박채란, 앞의 책, 13쪽.

에 모든 걸 망치게 될 것만 같았다. 윤서는 마음이 꼬깃꼬깃해지는 것 같았다.[35]

「티나, 기다려 줘」의 민영이는 필리핀계 혼혈아 티나를 안쓰럽게 생각하기도 하면서 때론 짜증스럽게 여기고, 「까매서 안 더워?」의 윤서 역시 필리핀계 혼혈아인 동규를 재미있고 좋은 애라고 생각하지만 연극 파트너가 되는 것은 꺼려하는 이중적 시선을 견지하고 있다. 자신들과 피부색이 다른 친구들을 대하면서 호기심을 갖기도 하고 때로는 약간의 자아도취에 빠져서 그들을 경멸하거나 무시하는 태도를 취하는 것은 이들 또한 내면적 분열을 겪고 있다는 것을 보여주는 것으로, 인종적 편견과 사이드식의 오리엔탈리즘이 어린이들에게도 예외 없이 작동하고 있다는 사실을 말해 준다. 결국 이러한 분열적 상황은 다문화 가정 아이들과 비다문화 가정 아이들 모두를 이중적으로 소외시키는 결과를 불러오게 되므로 빠르게 성장하면서 자신의 정체성을 확립해 나아가는 어린이들 모두가 이러한 혼돈과 상처를 입지 않도록 하기 위해서 다문화 가정 어린이들의 올바른 정체성 확립이 필요하고 이에 대해 좀 더 섬세하게 접근해야 한다.

3. 혼혈의 두 양상과 정체성

그간의 다문화주의 동화들 가운데 몇 작품에서는 피해자로 전락한 아동들의 모습이나 수동적인 모습으로 전형화 된 아동들이 묘사되어 있어서 아쉬움을 주기도 하였다. 예컨대, 「내 이름은 유경민이야」, 『우리 엄마는 여자 블랑카』 등에 등장하는 아이들은 정확한 현실 인식을 바탕으로 대응하는 것이 아니라 무조건적으로 놀림에서 벗어나고 싶어 자기 방어적 태도를 갖는 경우가 대부분이다. 그들은 사회적 차별에 대한 문

35 위의 책, 88쪽.

제의식을 느끼고 자신이 정체성을 찾으려는 것에 아니라 먼저 친구들의 놀림과 무시에서 벗어나야겠다는 생각 뿐이다.[36] 또, 다문화 가정 아이들의 시선으로 이주민을 관찰한 『지붕위의 꾸마라 아저씨』의 경우에는 관찰의 서사로 새로운 인식과 감성으로 성장하기는 하나 공명을 자아내는 작품이라기보다 이념적 도식에 갇혀 당위를 제시하는 작품들일 따름이다. 관찰은 연민을 자아내고, 연민에 바탕을 둔 도움이라는 설정은 이주 노동자라는 또 다른 주체들을 엄밀하게 타자화 한다는 점에서 바람직하지만은 않다는 선행 연구자들의 평가가 있었다.[37]

그러나 『어린 까망이의 눈물』[38]과 『김찰턴 순자를 찾아줘유!』, 「까만달걀」, 「내 이름은 유경민이야」, 「까매서 안 더워?」등에 등장하는 다문화 가정 아동들은 자신의 정체성을 인식하고 주체적으로 자신을 변화시켜 나가는 역동적 모습을 보여 주고 있어서 다문화주의 동화의 좋은 예로 여겨질 만하다고 생각된다.

1) 흑인 혼혈의 경우 -

『어린 까망이의 눈물』과 『김찰턴 순자를 찾아줘유!』, 「까만달걀」

한국 전쟁과 그 이후 한국에 주둔하게 된 미군 혼혈아의 문제는 전후문학 속에 자주 등장하는 주제였다. 일제 강점기를 지나면서 한·일 혼혈아들이 생겨나고 전쟁 후에는 한국인과 피부색이 다른 미군 혼혈아들이 급격히 증가하게 되면서 한국사회에도 혼혈의 문제가 사회 문제로 부각되기 시작한 것이다. 이러한 배경에는 1960년대 이후 박정희 정권이 근대화의 담론을 민족과 국가라는 집단적 표상으로 수렴시키면서 집

36 김종헌, 「동화에 나타난 다문화 가정의 표상연구」, 『현대문학이론』 제35집, 2008.
37 김상욱, 앞의 논문, 209쪽 참고.
38 강원희, 『어린 까망이의 눈물』, 영림카디널, 2007.

단주의를 강조하고, 이것을 단일 민족의 신화와 결합하며 강력한 자기동일성의 신화로 발전시키려 했던 이데올로기가 깔려 있다. 이 때 한국여성과 미군 사이에서 태어난 혼혈아들은 한국인의 범주에서 벗어난 타자로서 주변인으로 전락해 가는 과정을 겪는다.[39] 이들 혼혈아의 처지를 조명한 작품들은 이른바 '기지촌 문학'이라는 일컬어지는 작품군에서 종종 등장하는데 작품 속에 등장하는 혼혈아들이 사회적 냉대 속에서 파멸하거나 제 목소리조차 제대로 내지 못하는 한계적 인물로 묘사되곤 했다.

아동문학에서 미군과의 혼혈을 조명한 작품을 다룬 것이 흔하지 않지만 대표적인 것으로 『어린 까망이의 눈물』과 『김찰턴 순자를 찾아줘유!』를 생각해 볼 수 있다. 이들 두 작품은 흑인 혼혈아들의 수난을 눈물겹게 묘사하면서도 스스로 정체성을 찾아가는 여정을 보여주고 있다. 『어린 까망이의 눈물』은 1994년 세종아동문학상 수상작인 『잿빛느티나무』를 개작하여 2007년 출간한 것으로[40] 혼혈의 문제를 다룬 작품으로 선구적인 작품이다. 흑인계 혼혈 2세 까망이(브레드)의 성장기를 다루고 있다.

까망이는 한국전쟁에 참전한 흑인병사 톰과 한국인 어머니(순희) 사이에서 태어나 먼산댁을 친어머니인 줄 알고 자란다. 탄광촌에서 자란 까망이는 장래 희망을 하얀 눈사람으로 삼을 정도로 까만 자신의 모습을 싫어하지만 T. K. 가 새겨진 하모니카를 부는 것을 유일한 즐거움으로 삼는다. 친구들에게 크게 놀림을 받고 싸우고 온 날 한국 전쟁 참전용사였던 아버지에 대해 듣게 되고 어머니마저 친 어머니가 아니란 것을 알게 되자 고향을 떠난다. 이후 구두닦이를 하던 까망이는 한 미국인

39 최강민, 「1950, 60년대 한국 소설에 나타난 한국인과 미국인의 관계성」, 『한국문예비평 연구』, 2009. 8, 46~48쪽 참고.

40 박상재, 「한국 동화에 나타난 다문화의 양상」, 『한국아동문학연구』 제14집, 2008.

선교사의 도움으로 미국에서 공부하게 되면서 그곳에서 아빠 Tom의 소식을 듣게 된다. Tom은 엄마(순희)를 잊지 못해 전쟁고아를 돕는 '순희'재단을 설립하여 활동하다 돌아가셨다는 것이다. 성인이 된 까망이(브레드)는 참전하여 전쟁의 참상을 사진으로 알리는 일을 하고 30년 만에 한국에 돌아와서 장애인을 돌보는 '느티나무' 재단을 만들어 어려운 이들을 돕는다.

전반부에서 까망이가 겪었던 수난은 미국에 가면서 극복되는데 이러한 과정은 한국에서의 따가운 시선을 피해 미국이란 낯선 땅으로 아버지를 찾아 떠나갔던 수많은 혼혈아들의 현실을 잘 보여주는 것이다. 해외로 송출되어야 할 외국인처럼 미국으로 떠났던 까망이는 검둥이라 불리며 '너의 나라로 돌아가라'는 친구들의 말을 들을 때에도 자신의 몸에 흐르는 붉은 한국인의 피를 생각했고, 미국에서 성장할 때에는 한국인 어머니에 대한 사랑과 감사에 대한 보답으로 한국의 평화를 위해 헌신해야 한다고 다짐하면서 자신의 정체성을 세워간다.

『김찰턴 순자를 찾아줘유!』에는 증조할아버지가 흑인 병사인, 흑인계 혼혈 3세 김민정이 주인공으로 등장한다. 아시안계 혼혈아들도 섞여 있는 학교에서 민정이의 위치는 색다르다. 민정이는 고아 출신 엄마와 흑인 혼혈 2세 아버지를 두었지만 매력적인 외모와 노래 실력으로 학교에서 인기가 많고, 노래하고 춤추는 것이 즐겁기만 하다. 그러던 어느 날 집에 병든 증조할머니가 오시게 되고 할머니가 혼돈 속에서 찾고 있는 '순자' 할머니를 통해 자신의 정체성에 대해 생각하게 된다. 민정이는 흑인 병사의 '혼혈아'라는 이유로 사회의 차가운 냉대를 받다가 집을 나가버린 순자 할머니의 일기장을 읽으면서 할머니의 마음을 이해하게 되고 아빠에 대한 연민도 느끼게 된다. 순자 할머니는 일기장 속에 '벤허'에 출현한 배우 찰턴 헤스턴을 아버지처럼 느끼며 자기의 이름을 '김찰턴순자'라고 지어 부르고 있었다. 민정이는 이러한 할머니의 순수한 마음을 가슴으로 만나게 되고 혼혈 가족인 자신의 삶을 더욱 긍정적으로 받아들이게 된다.

「까만 달걀」의 재현이는 할아버지가 흑인 병사인 다문화 3세 어린이이다. 재현이 할아버지에 대한 정보는 드러나 있지 않으며, 아시아계 혼혈 아동의 경우와 마찬가지로 '피부색'이 문제가 된다. 미술 시간에 까만 피부에 곱슬머리를 가진 재현이가 살구색으로 얼굴을 칠하고 생머리로 자신을 그리자, 아이들에게 심한 놀림을 받게 된다. 재현이는 울면서 이태리 타월로 살갗을 문지르고, 이를 본 재현이 아빠는 삶은 달걀을 검게 칠해서 재현이네 반 아이들에게 나눠준다. 아빠는 겉모습이 달라도 재현이가 친구들과 같은 한국 사람이라는 것을 말해 주고, 재현이는 아빠에게 달려가 안긴다. 재현이의 모습은 작품 속에서 초등학교 저학년의 어린 아이로 묘사되어 있다. 아직 어린 재현이가 자신의 정체성을 쉽게 자각하기는 어렵겠지만 적어도 아버지를 부끄러워하지 않게 되었고, 친구들 앞에서 당당해진 모습으로 확실하게 변하게 되었다는 점을 알 수 있다.

2) 아시아계 혼혈의 경우 -

「까매서 안 더워?」, 「내 이름은 유경민이야」

예전의 다문화주의 동화에서 주로 흑인 혼혈의 문제를 다루었다면 최근 들어서는 아시아계 혼혈아인 다문화 가정 자녀들을 주인공으로, 그들의 문제를 다루고 있는 경우가 대부분이라고 할 수 있다. 이러한 점은 최근 들어 동남아 여성과 한국인 남성의 결혼이 급격히 늘고, 외국인 노동자가 한국에 체류하게 되면서 가정을 이루게 된 사회적 추세를 반영하는 것이다. 2009년 현재 우리나라에 거주하는 외국인 수는 110만 6

천명으로 전체 인구 4천 959만명의 2,2%이며, 이 중 1세 아동은 약 1만 3천 명으로 우리나라 1세 아동 전체 44만 3천명의 약 3%에 해당한다. (행정안전부, 2009)[41] 동화 속에 등장하는 인물의 외국계 혈통은 인종적 특성이 외모에서 확연히 드러나는 베트남, 필리핀, 방글라데시 등 동남아 쪽이 압도적이다. 인종적 유사성이 높은 몽골이나 일본계 혈통일 경우 인종주의적 갈등은 거의 드러나지 않으며, 이들의 경우는 불법체류나 민족 갈등이 우세하다. 42

「까매서 안 더워?」에는 아빠가 한국사람, 엄마는 필리핀 사람인 '코시안' 동규가 등장한다. 동규는 밝고 명랑한 성격에 친구들과 잘 지내는 편이지만 학예 발표회를 계기로 친구들과 갈등을 겪게 된다. 친구들이 혼혈아인 동규와 같은 팀이 된 것을 왠지 싫어했기 때문이다. 그러나 적극적인 동규의 태도로 이러한 어색함은 무마되고 '잠자는 학교의 공주'라는 패러디 연극을 하기로 한다. 윤서네 팀은 반대표로 뽑혀 강당에서 공연을 하게 되는데 왕자 역할 정준이가 배탈이 나게 되자 동규가 대신 나서서 '아라비아의 왕자'로 연극을 완벽하게 소화해 낸다. 동규는 친구들에게 많은 박수를 받게 되고 평소 좋아하던 윤서의 호감을 받아내는 데도 성공하게 된다. 동규는 솔직한 성격에 자신의 처지를 긍정하면서 현명하게 대처할 줄 아는 소년이며 보다 적극적으로 자신의 정체성을 인식하고 이를 좋은 방향으로 발휘할 수 있는 지혜로움을 가지고 있는 인물이다.

「내 이름은 유경민이야」에서 유경민은 한국인 아빠와 태국인 엄마 사이에서 태어난 아시아계 혼혈아로서 잡종, 튀기라고 불리며 친구들에게 놀림을 받는다. 소풍을 가서도 김밥을 먹을 수 없을 정도로 심한 놀

41 심우협, 「초등학생의 다문화 아동에 대한 인식과 태동」, 『초등교육연구』 제23집 4호, 2010.
42 박정애, 앞의 논문, 423쪽.

림을 받고 결국 놀이동산을 뛰쳐나오고 만다. 유일한 친구인 태권도 사범님의 말씀으로 위로를 받지만 점점 자기만의 세계만으로 빠져들게 되고 자신을 왕따라고 생각한다. 축구 경기에서 진 날 친구들이 모든 책임을 경민에게 떠넘기며 일제히 경민이의 발등에 오줌을 누려하자, 화가 난 경민이는 패거리의 우두머리 두현이를 향해 뒤돌려 차기를 하고 '내 이름은 유경민이야'를 외친다.

이 장면은 유경민이 소극적인 피해자의 입장에서 벗어나 타인에게 자신의 입장을 거침없이 표현하는 주체로 변화되는 극적인 모습을 보여주고 있다. 자신의 이름 세 글자를 자각하는 유경민은 비로소 자신의 정체성에 대해 의식하게 된 것이다. 주인공 '유경민'을 바라보는 연구들의 시선은 "경민이의 태도는 매우 절망적이며 소극적으로 그려지고 있다."[43] 거나 "이 동화의 결말이 물리적 폭력을 동반하고 있다는 점은 문제가 있어 보인다."[44] 는 식으로 부정적이지만, 경민이가 폭력을 당하는 피해자의 입장에서 일종의 저항적 수단으로 '폭력'을 행사하는 것 - 여기서는 경민이가 평소 배워 둔 태권도로 친구를 제압하는 것 - 은 자기의 정체성을 인식해 나가는 중요한 사건이라고 생각할 수 있다.

4. 차이와 분열의 공간에서 초월하는 혼종적 주체

바바의 혼종성은 이분법적 정체성에 도전하는 개념이며, 인종적 우월주의의 기반인 본질주의를 비판하는 점에서 중요한 개념이다.[45] 바바에 따르면 혼성성이란 상징을 차이의 기호로 전환시키는 가치의 치환을 일컫는다. 즉, 담론의 대표성과 권위성을 얻으려는 권력의 축을 따라서 지

43 김종헌, 앞의 논문, 278쪽.
44 류찬열, 앞의 논문, 280쪽.
45 박상기, 「탈식민주의의 양가성과 혼종성」, 앞의 책, 243쪽.

배담론이 분열되는 만드는, 상징에서 기호로의 가치의 치환을 말한다. 혼성성은 차별받는 주체가 편집증적인 분류에서 궤도를 이탈한 두려운 대상으로 양가적으로 '전환'됨을 나타내는 것으로서, 권위의 이미지와 현존에 대한 방해적인 문제제기를 드러낸다 .[46] 여기에서의 상징이란 예컨대 영국이 가지는 '국가적' 권위의 친숙한 상징이 소원화되고 차이의 기호로 전환되는 것을 의미하며, 차별받는 주체는 예측 불가능한 존재로 '차별적 동일화'에서 벗어나게 된다.[47]

이 때 이러한 차이가 교섭하는 공간 즉, '제3의 공간'의 불리는 상호의 공간(전이와 교섭의 첨예한 가장자리, '사이에 낀[in between]공간)이 상정되며[48], 문화적 차이들이 '가변적'이고 갈등적으로 접촉하는 혼성성의 한계영역은 동질적으로 양극화된 정치적 의식들인 인종적, 문화적 집단들의 이항대립에 저항한다.[49]

바바는 제3의 공간을 설명하기 위해 지젝의 『이데올로기의 숭엄한 목적』의 한 부분 "우리는 닮음을 벗어난 위치에서 즉 타자가 흉내낼 수 없는 독특함을 지니는 바로 그 지점에서 스스로 타자와 제휴한다."[50]를 인용하고 있는데 본 논의의 3장에서 제시한 주인공들은 자신이 가진 혼종성을 독특한 개성과 장점으로 승화시킬 수 있는 주체적 인물들로, 바바가 제시한 혼종적 주체 개념에 부합되는 인물들이다.

> 세수를 하고 나서 거울 속을 들여다봤다. 가무잡잡하게 빛나는 피부, 굵은 쌍꺼풀 끝에 달린 길고 숱 많은 속눈썹, 그 속에 영근 포도알처럼 까만 눈, 매직 파마 덕분에 반짝반짝 윤이 나는 까만 머릿결, 두툼하고 넙데데한 코만 제외하면

---

46 호미 바바, 앞의 책, 228쪽.
47 위의 책, 228~230쪽.
48 위의 책, 93쪽.
49 위의 책, 395쪽.
50 위의 책, 357쪽.

아주 완벽한 얼굴이다.[51]

> 흑인 특유의 곱슬한 머리는 매직 파마로 풀면 되고, 그렇게 하지 않더라도 곱슬곱슬한 머리의 장점을 최대로 살려서 멋을 내면 된다. 그 방법 중에 하나가 레게 머리다. 돈이 들어서 그렇지 레게 머리는 참으로 멋지다. 애들도 엄청나게 부러워한다. 아니면 인순이 아줌마처럼 머리를 솜사탕같이 한껏 부풀리면 된다. 그게 또 다른 장정이 될 거라고 나는 믿는다.[52]

『김찰턴 순자를 찾아줘유!』에서 주인공 김민정이 거울을 보면서 자신의 외모를 묘사한 부분을 보면 검은 피부나 곱슬한 머리에 열등감을 느끼거나 자신 없어 하는 것이 아니라 오히려 자신의 얼굴을 '완벽하다'고 느끼는 것을 알 수 있다. 이는 작가가 사회적 소수자로서 차별과 고통을 받는 다문화 가정 어린이의 모습에 주목하기보다 자신을 긍정하며 건강한 주체로 우뚝 서는 어린이의 모습을 드러내고자 하였다는 것을 잘 보여 준다. 이러한 관점은 다문화 가정 어린이들을 소수자로서 동정하거나 무조건 배려하려는 우리의 의식에, 무엇인가 전환을 요구하고 있다는 것을 의미한다. 지금은 예전과 상황이 다르며, 설령 이들의 어려움이 현재 진행형일지라도 앞으로는 다를 것이라는 기대가 표출되어 있다.[53]

민정이는 곱슬곱슬한 머리카락을 한껏 강조하면 모든 아이들이 부러워할 '레게' 머리가 된다는 것을 알고 있다. 이는 민정이가 처한 혼종적 상황에서 민정이만이 누릴 수 있는 혜택이 될 수 있으며 이원적 정체성에 도전장을 내밀 수 있는 독특한 문화적 코드로 작용할 수 있다. 이것은 혼성성이 두 가지 문화들이나 책에 대한 두 가지 장면들 사이의 긴장

---

51 원유순, 앞의 책, 8쪽.
52 위의 책, 80쪽.
53 박영기, 앞의 글, 29~31쪽.

을, '인식'의 변증법적 놀이를 통해 해소하려는 제 3항이 아니며[54] 전혀 다른 새로움이 개입되는 초월적 창조의 한 국면이라는 것을 말해 준다. 「까매서 안 더워?」에서 친구들의 편견을 깨고 '아라비아 왕자'로 거듭난 동규도 자신만의 혼종적 정체성을 드러내어 결국 친구들로부터 인기를 얻게 된다.

> 동규는 까맣다. 하지만 상관없다.
> 동규는 아라비아 왕자니까.
> 모두들 동규를 좋아하니까.[55]

이처럼 『김찰턴 순자를 찾아줘유!』와 「까매서 안 더워?」는 여타의 다문화주의 동화에서 볼 수 없는 낙천적이고 건강한 어린이상을 보여주어서 앞으로 두 어린이가 또 다른 어려움에 직면하더라도 잘 견뎌낼 것이라는 미더움을 갖게 한다. 비록 『어린 까망이의 눈물』처럼 성인이 된 주인공의 모습이 나타나지 않지만 타자에 의해 대변되었던 소수자의 모습에서 벗어나서 주체가 스스로의 목소리로 자신의 의견을 말하고 있으므로 타인과 직접적으로 '의사소통'을 할 수 있는 혼종적 주체의 가능성을 보여주었다고 볼 수 있다. 두 어린이상이 실제 현실에서 발현될 수 있을지의 여부를 떠나서 두 작품은 다문화주의 동화의 좋은 예라고 평가할 수 있을 것이다.

반면 「내 이름은 유경민이야」에서는 중반부까지 이끌어 온 왕따의 서사가 후반부에서 전복되는 반전을 보여주면서 타자에 의해 규정되는 주체가 아니라 스스로 자각에 의해 인식되는 강렬한 주체의 모습을 재현한다. 자신이 튀기가 아니라 '유경민' 이름 세 글자의 주인임을 밝히

---

54 호미 바바, 앞의 책, 229쪽.
55 박채란, 앞의 책, 118쪽.

는 경민이는 자신의 정체성을 인식하고 타자에게 자신을 떳떳하게 드러내는 주체의 모습을 보여 준다. 이러한 면모는「까만 달걀」에서 정체성의 혼란을 겪고 아빠를 원망했던 어린 재현이가 친구들 앞에서 아빠의 존재를 부정하지 않고 당당하게 달려가 안기는 모습 속에서도 드러난다.

> 나는 두 손으로 귀를 틀어막고 힘껏 소리쳤습니다.
> "튀기가 아니야! 내 이름은 유경민이라고! 유경민!"
> 울음 같은 소리가 터져 나왔습니다. 아이들은 순식간에 입을 다물었고, 내가 질러 댄 소리만이 복도 끝까지 울렸습니다. 나는 아이들을 뒤로 하고 복도를 걸어 나왔습니다. 몰려들었던 아이들은 나와 두현이의 눈치를 살피며 슬금슬금 자리를 피하고 있었습니다.[56]

> 재현이는 자리에서 벌떡 일어나 교실 뒷문으로 나가 아빠에게 달려갔습니다. 그러고는 아빠를 꼭 껴안고 아빠 품에 얼굴을 마구 부볐습니다. 주책없이 자꾸 눈물이 쏟아졌지만, 아이들이 볼까 봐 신경이 쓰이지 않았습니다. 그런 건 아무래도 좋았습니다.[57]

「내 이름은 유경민이야」, 「까만 달걀」의 주인공들은 아직 타인과 소통할 단계에까지 나가진 못했지만 정체성을 인식하고 변화하는 모습을 드러내고 있으므로 이들 역시 자신을 객체로 응시했던 타자의 시선에 변화를 주고 스스로 역동적이고 초월적인 주체로 성장할 수 있는 가능성을 보여준다고 볼 수 있다.

마지막으로 『어린 까망이의 눈물』은 어린 까망이가 성인으로 성장하는 과정에서 자기만의 정체성을 찾는 모습을 온전하게 보여주고 있어서

---

56 김란주, 앞의 책, 93쪽.
57 강민경, 앞의 책, 51쪽.

혼종적 주체의 성장서사를 잘 제시해 주고 있다고 할 수 있다. 브레드(까망이)는 미국에서 만난 아버지 Tom의 양딸 순미를 만나 미국에서 타자로서의 삶을 극복해 내었던 그녀의 이야기를 듣고, 자신을 돌아보는 계기로 삼는다. 순미는 장애를 가진 남자친구 존을 통해 자신의 어려움을 극복했던 과정을 브레드에게 들려주면서 다른 사람과 닮아가려고 할 게 아니라 '차이'를 인정하고 이를 극복해 내야하며, '내가 나라는 점에서만큼은 누구도 나를 능가할 수 없다.'는 것을 알아야 한다고 말한다.

> 내가 나라는 것은 내가 지닌 최고의 가치야. 내가 나라는 점에 있어서만큼은 그 누구도 나를 능가할 수 없는 거지. 그런데도 나는 울타리 저편만 보면서 내 인생을 낭비하면서 살고 있었어. 그것은 울타리 안의 꽃들을 짓밟는 짓이나 다름없었지.[58]

> 생각해 보면 전쟁의 참혹함에서 새 생명을 얻은 브레드는 누구보다 평화를 위해 몸과 마음을 바쳐야 하다는 것을 다시금 깨달았다. 참전 용사인 아버지와 어머니는 전쟁의 희생자에 지나지 않았으나 브레드 자신은 희망이고 싶었다. 희망은 제 2의 혼이라고 하지 않던가? … 브레드는 다시 태어나도 아버지의 아들로 태어나고 싶었다. 그 때는 지나간 전쟁의 절망에 대해 말하지 않고 평화를 위한 희망에 대해 이야기를 나누리라.[59]

브레드는 순미처럼 '차별 대신에 차이'를 존중하는 여러 사람들을 미국에서 만나면서 자기 소외와 분열에서 벗어나 자신의 혼종적 정체성을 인식하게 된다. 성인이 된 후 전쟁을 반대하는 운동을 전개하거나 한국에 돌아와 사회적 약자를 돕는데 앞장서는 브레드의 모습은 혼종적 정체성을 인정하는 주체들이 더 발전할 수 있다는 것을 말해 주는 것이며,

---

58 강원희, 앞의 책, 127쪽.
59 위의 책, 132~133쪽.

나아가 브레드가 두 나라 혹은 두 문화의 가교 역할을 수행해 가고 있다는 것을 보여준다.

이처럼 혼종적 주체가 자기만의 정체성을 인식하고 회복하는 문제는 비단 개인의 문제일 뿐 아니라 그가 속한 사회의 역사적, 문화적 현실을 변화시키는 것이기도 하다.[60] 아민 말루프가 언급한 "자신의 신분적 다양성을 완전히 인정할 수 있는 사람들은 서로 다른 다양한 공동체와 문화 사이를 '중계'하는 데 봉사할 것이며, 그들이 살고 있는 사회 속에서 일종의 '시멘트(유대)' 역할을 할 것이다. 반면 자신들의 고유한 다양성을 인정할 수 없는 사람들은 때때로 정체성에 관련된 살인자들 중에서도 가장 잔인한 사람들이 될 것이다."[61]라는 말은 브레드의 경우를 잘 설명해 준다고 할 수 있다.

5. 결 론

이상으로 문화적, 인종적으로 혼종화 되어 가는 한국 사회에서 바람직한 다문화 가정의 아동상을 제시해 주는 동화를 찾아, 거기에 재현된 혼종적 주체의 모습을 살펴보았다. 기존의 동화 중 몇 작품에서는 지나치게 수동적이고 피해자로 전락한 아동의 상을 제시하는 데 급급한 점이 있었지만 본문에서 제시한 작품들에서는 자기 소외와 분열에서 벗어나 자신의 혼종적 정체성을 인식하고 타인과 적극적으로 소통할 수 있는 아동상을 보여주었다. 혼종적 주체가 정체성을 인식하는 것은 사회와 역사를 변화시키는 것으로 개인의 문제를 넘어서 더 큰 의미를 지닌다.

최근 들어서는 다문화주의를 넘어서 유럽의 '상호문화주의'를 배워야 한다는 주장이 제기되고 있는데, 전체나 집단보다는 개인의 다름을

60 양석원, 앞의 책, 85쪽.
61 아민 말루프, 『사람잡는 정체성』, 박창호 옮김, 이론과 실천, 2005. 51쪽.

인정하고 상호 소통하는 가운데서 다문화 사회가 지닌 근본적인 문제의 해법을 찾겠다는 것이 주요 논지이다.[62] 이는 파농이 제시한 "흑과 백 사이의 '진정한 의사소통이' 가능한 '새로운 휴머니즘'"[63]의 의미를 넘어서는 것으로, 집단간 문화간의 문제가 아니라 개인대 개인의 '관계'에 더욱 주목하는 것이다.

이러한 움직임들은 레비나스의 '자아'와 '타자'의 관계를 떠올리게 한다. 자아는 타자와의 만남을 통해 내가 세계를 공유하고 있다는 것을, 세계는 나의 유일한 소유물이 아니라는 것을 깨닫게 해 준다. [64] 타인의 고통을 보고 윤리적 주체를 세우는 자아, 타자에 대한 책임을 사유하는 레비나스의 윤리학을 떠올리며 다문화 사회 속에서 바람직한 공존과 상생의 미학을 생각해 보아야 할 것이다.

---

62 홍종열, 「EU의 다문화교육정책과 글로컬 전략」, 『다문화 담론의 갈래와 함의 - 2011 한국외대 철학연구소/ 다문화교육원/ 연구재단 문제론 용어 사전 연구팀 공동학술대회 자료집』, 2011. 10. 29.

63 양석원, 앞의 책, 85쪽.

64 콜린 데이비스, 『임마누엘 레비나스 - 타자를 향한 욕망』, 김성호 옮김, 다산글방, 2001, 96쪽.

참고문헌

자료

강원희, 『어린 까망이의 눈물』, 영림카디널, 2007.

황복실외, 『까만 달걀』,샘터, 2006.

김중미외, 『블루시아의 가위 바위 보』, 창비, 2004.

박채란, 『까매서 안 더워?』, 2007.

송마리, 『올가의 편지』, 창비, 2011.

원유순, 『김찰턴 순자를 찾아줘유』, 주니어랜덤, 2010.

______, 『우리엄마는 여자 블랑카』, 중앙출판사, 2005.

고정욱외, 『편견』, 뜨인돌어린이, 2007.

정길연, 『외갓집에 가고 싶어요』, 가교출판, 2008.

일반논문

강정구, 「다문화사회에 대한 시적 구현 양상」, 『어문학』 제106집, 2009.

김미영, 「다문화 사회와 소설교육의 한 방법 - 김려령의 “완득이”를 중심으로」, 『한국언어문화』 제42집, 2010.

김복순, 「1950년대 소설에 나타난 반미의 양상과 젠더」, 『여성문학연구』 21집, 2009.

김상욱, 「다문화시대, 동화의 서사」, 『아동청소년문학연구』, 2010. 6.

김은하, 「탈식민화의 신성한 사명과 ‘양공주’의 섹슈얼리티」, 『여성문학연구』 10호, 2003.

김종헌, 「동화에 나타난 다문화 가정의 표상연구」, 『현대문학이론연구』 제35집, 2008.

류찬열, 「다문화 동화의 현황과 전망」, 『어문논집』 제40집, 2009.

박 혁, 「다문화 사회 안에서의 정체성과 다원성의 문제」, 『사회과학연구』 제17집 2호, 2009.

박상재, 「한국동화에 나타난 다문화의 양상」, 『한국아동문학연구』 제14집, 2008.
박영기, 「난 다르거든! 나 김민정이야 - 원유순, “김찰턴순자를 찾아줘유”」, 『도서관이야기』, 2010. 12.
______, 「병든 주체를 넘어서 탈식민적 주체로」, 『아동문학프리즘』, 청동거울, 2011.
박정애, 「한국 아동청소년 소설에 나타난 다문화 갈등과 그 해결 양상 연구」, 『현대문학의 연구』 제41집, 2010.
송희복, 「한국 다문화 소설의 세 가지 인물 유형 연구」, 『배달말』, 2010.
심우협, 「초등학생의 다문화 아동에 대한 인식과 태도」, 『초등교육연구』, 제23집 4호, 2010.
유문무, 「다문화사회로의 전환과 다문화 담론 모색」, 『아시아연구』, 2010. 6.
유영진, 「경계인 사이의 대화」, 『몸의 상상력과 동화』, 문학동네, 2008.
장성태, 「아동문학작품을 활용한 초등학생의 다문화 이해 교육 연구」, 대구교대 교육대학원 석사논문, 2009.
장춘식, 「원주민에 대한 이민자의 문화적 대응」, 『국어교육연구』 제26집, 2010.
정기철, 「다문화 시대의 정체성을 위하여」, 『해석학연구』 제25집, 2010.
정순국, 「다문화 사회에서의 글로리아 안잘두아의 “경계지대들/ 경계선에서 : 새로운 메스티자”의 혼성성의 시학」, 『영미문화』 제10권 2호, 2010. 8.
최강민, 「1950, 60년대 한국 소설에 나타난 한국인과 미국인의 관계성」, 『한국문예비평연구』, 2009. 8.
황정현, 「다문화 사회의 아동문학 수용과 창작 방향」, 『한국아동문학연구』 제14집, 2008.
홍종열, 「EU의 다문화교육정책과 글로컬 전략」, 『다문화 담론의 갈래와 함의 - 2011 한국외대 철학연구소/ 다문화교육원/ 연구재단 문체론 용어사전 연구팀 공동학술대회 자료집』, 2011. 10. 29.

단행본

권영민, 『한국현대문학사 2』, 민음사, 2002.

고부응 엮음, 『탈식민주의 - 이론과 쟁점』, 문학과 지성사, 2003.

문학과문학교육연구소, 『한국현대소설사』, 삼지원, 1999.

이옥순, 『우리안의 오리엔탈리즘』, 푸른역사, 2002.

가야트리 스피박, 『포스트식민이성비판』, 태혜숙·박미선 옮김, 갈무리, 2005.

아민 말루프, 『사람잡는 정체성』, 박창호 옮김, 이론과 실천, 2005.

에드워드 사이드, 『오리엔탈리즘』, 박홍규 옮김, 교보문고, 2007.

조앤 샤프, 『포스트식민주의의 지리』, 이영민·박경환 옮김, 여이연, 2011.

프란츠 파농, 『검은 피부 흰 가면』, 이석호 옮김, 인간사랑, 1998.

프란츠 파농, 『대지의 저주받은 사람들』, 남경태 옮김, 그린비, 2004.

피터 차일즈·패트릭 윌리엄스, 『탈식민주의 이론』, 김문환 옮김, 문예출판사, 2004.

콜린 데이비스, 『임마누엘 레비나스 - 타자를 향한 욕망』, 김성호 옮김, 다산글방, 2001.

호미 바바, 『문화의 위치』, 나병철 옮김, 소명출판, 2002.

7

만주 체류기 백석 작품의 탈식민성*

신주철

1. 서 언

본고에서 다루려는, 백석이 1939년말 만주 신경으로 건너간 이후 지은 「木具」(『문장』 1940.2), 「수박씨, 호박씨」(『인문평론』 1940.6), 「北方에서」(『문장』 1940.7), 「許俊」(『문장』 1940.11), 「아까시야」(『만선일보』 1940.11.21), 「「호박꽃초롱」序詩」(강소천 시집 『호박꽃 초롱』 1941.1), 「힌 바람벽이 있어」, 「촌에서 온 아이」, 「국수」(이상 『문장』 1941.4) 「杜甫나 李白같이」, 「조당에서」(이상 『인문평론』 1941.4), 「歸農」(『조광』 1941.4) 등 12편의 작품은 그 이전 작품과 비교하여 상당히 다른 면모를 보인다. 오장환은 '백석이 앞날을 이야기한 적이 없고 자기의 감정이나 의견을 이야기하지 않는다'[1]고 언급한 바 있다. 그런데 신경 이주 후 지은 작품에서 시인은 "나는 이렇게 한가하고 게으르고 그러면서 목숨이

---

* 이 글은 『국제어문』 제45집(2009.04)에 실린 것을 수정·보완한 것임.

1 오장환, 「백석론」, 『풍림』, 1937.4.; 김학동 편, 『오장환 전집』 국학자료원, 2003, 547쪽.

라든가 人生이라든가 하는것을 정말 사랑할줄아는/ 그 오래고 깊은 마음들이 참으로 좋고 우럴어진다"(「澡塘에서」에서)라고 표현한다. 현재 만나고 있는 사람들을 통해 자신의 가치 지향적 감정 또는 의견을 직서적으로 드러낸 것이다.

백석이 만주 이주 후 지은 작품에서 드러나는 또다른 특징은 만주(중국)인과 그들의 생활에 대해 동시대 대다수의 한국 작가들과 상당히 다른 모습을 보이고 있다는 점이다. 당시 만주 관련 글을 쓴 대부분의 조선인 논자들은 일본과 조선 사이의 제국과 식민, 우월과 열등의 차이를 '만주'라는 공간에서 조선인과 만주인 사이에 재현하였다. 식민화된 주체는 대도시적 상상 속에서 타자로 구축되며 식민지인들은 문명화된 가치들의 규정적 기초 바깥으로 버려짐을, 조선인 논자들이 만주에서 재현하였던 것이다.[2] 그에 반해 백석은 일제의 정책과 일정한 거리를 유지하며 당시의 조선인 작가 대부분이 일제에 의해 의사제국주의자로 포섭된 것과는 다른 태도를 견지한다.

또한 일제의 근대 기획이 진행되던 신경에서 백석은 유구함의 가치를 주목하고 '게으름과 여유'가 갖는 의미를 옹호한다. 그리고 '넋'을 지키고 조선인의 '혼'을 붙잡기 위해 고통을 감내해야 한다고 말하는데, 그것은 하늘이 부여한 '시인'으로서의 운명을 자각하고 수락하는 것이기도 하였다.

본고에서는 앞과 같은 논지를 전개하는 데 있어서 역사·전기적, 심리적 고찰보다는 당시대 사회·문화적 지형을 살피면서 그에 비추어 백석의 작품이 갖는 의미와 의의를 탐구하고자 한다. 이러한 탐구는 당대의 '식민지근대'라는 특성을 바탕으로 진행될 것이다. 왜냐하면 1939년 만주 신경이라는 시·공간은 식민지 현실을 수반하고 있기 때문이다. 당시

---

2 안토니오 네그리·마이클하트, 『제국』, 윤수종 옮김, 이학사, 177쪽

일제는 피식민자들에게 황민화교육에 예속된 주체를 강요하였고, 강제된 언어와 문화를 통한 동일화 정책은 식민지 민중에게 피상성과 예속성을 각인하였던 것이다.[3]

본고에서는 백석이 식민지근대의 혼돈과 전환에서 야기된 갈등을 만주라는 새로운 공간에서 생활하기와 시 쓰기를 통해 탈식민적 의식으로 극복해 냈음을 밝히고자 한다. 이와 같은 논의를 위해 먼저 2장에서 백석이 신경으로 이주할 당시의 사회 상황을 살펴봄으로써 신경 이주 후 지은 작품 논의의 바탕으로 삼고자 한다.

2. 조선인 작가의 만주 인식

줄기차게 이어온 만주지역 독립운동세력의 활동은 1930년대말에 이르러 국권상실의 기간이 길어지고 일제의 탄압이 가중되면서 기반이 현저히 약화되었다. 그리고 만주지역에 거주하는 조선인의 대다수는 망국의 설움을 그런 대로 잊어가며 생존을 위한 생활을 영위하는 데 관심을 두고 있었다. 백석이 신경으로 이주한 1930년대말의 상황을 이해하기 위해 만주국이 성립한 이후의 만주와 조선의 상황을 간략히 살펴보고자 한다.

1931년 만주사변을 거치며 1932년 세워진 만주국 이후 일제는 정책적으로 조선인의 만주 이주를 장려하였다. 1933~1935년까지 보조금을 지급하는 등 5차례에 걸쳐 12,273명이 이주한 것이 대표적인 사례이다.[4] 이러한 분위기에 대해 김성진은 "지금 세인의 시청(視聽)은 모두 만주

3 윤건차, 「근대 기획과 탈근대론, 그리고 탈식민주의」, 『문화과학』 31호, 2002. 9, 29쪽.

4 배주영, 「1930년대 만주를 통해 본 식민지 지식인의 욕망과 정체성」, 『한국학보』 112집, 2003, 39쪽.

국에로 집중되어 있습니다. 정치적 내지 경제적은 물론이요 따라서 학술상으로도 각 방면에 범(汎)하여 연구 조사가 진행되어 있습니다"[5]라고 언급한다.

만주사변 및 만주국 건립을 통해 만주를 식민화한 일본은 만주 지역에 살고 있는 한인, 만주인, 조선인, 몽고인의 반발을 무마하고 일본인의 이식을 추진하기 위해 '오족협화(五族協和)' 이데올로기를 내세운다. 그리고 '왕도낙토'를 건설하겠다며 일본인 및 조선인에게 개척이민을 종용하고 원주민과 이민자들과의 '협화' 이념을 주입한다. 그런데 만주 지역에 거주하는 다양한 인종의 대다수를 차지하던 중국인의 입장에서 보면, '오족협화'는 이제 막 유입하기 시작한 소수의 일본인에게 정치적 경제적 권리를 대폭적으로 내주어야 하는 이데올로기였다. 게다가 말이 오족협화이지, 사실상 일본 군부가 만주국의 실권을 쥐고 만주국의 제 이권은 일본인이 독식하였다. 오족협화는 한갓 환상이었던 것이다. 이 이념은 "개척이민이라는 국책이 중국인 농민의 토지로부터 강제적인 이산을 수반한 것이라는 단순한 사실"[6]에 눈 감는 것이었다.

만주로 이주한 조선인 대다수의 경우도 안착하여 넉넉하고 평화롭게 살게 되는 것은 아니었다. 원주민들인 만주인들과의 갈등은 물론 마적의 습격을 받는 경우도 허다했는데, 1927년 8월 2-4일 『동아일보』에 실린 박노철의 「長白山 줄기를 밟으며」의 다음과 같은 구절이 당시의 상황을 잘 보여준다. "서간도(西間島)에서 7년 전 되놈의 지팡살이(소작)를 하다가 재작년에 이곳으로 와 또 남의 땅을 부치고 있는데 홍의적으로 인하여 걱정이 된다. 일전에도 자기를 포박하여 놓고 총머리로 난타하여 돈과 색시를 내놓으라 하므로 그 위협에 못 견디어 금전을 내놓고

5 김성진, 「滿洲벌을 向해」, 『조선일보』, 1935. 4. 9,10,17,18(1-4회); 소재영 편, 『間島 流浪 40년』 조선일보사, 1989, 227쪽.

6 川村湊, 『異郷の昭和文学―「満州」と近代日本』 岩波書店, 1990, 204쪽.

애걸한 결과 천행으로 사람은 뺏기지 않았다고 한다. 그리고 중국 육군은 무시로 와서 가축을 약탈하므로 하루 한때 마음 놓고 살 수 없다 하며 한숨을 내쉰다".[7]

또한 법적으로는 일본국적을 가지고 있었으나 수적으로 우세한 중국인과 성공한 침략세력으로서 우위를 점하고 있는 일본인 사이에서 그 지위는 '복잡미묘'한 것이었다. 이러한 상황을 유진오는 "조선사람은 황국신민이오 일본인이다…… 이런 전제하에 철은 만주를 갔다. 그러나 만주서는 일계(日系)와 만계(滿系) 외에 또 한 가지 선계(鮮系)라는 것이 있다. 일계와 만계의 중간에 서서 선계의 지위는 복잡미묘한 것이 있는 것이었다"[8]라고 쓴다.

이종정은 중국인들이 간도 이민 조선인들이 경영하는 교육기관에 대해 압박을 가하는 상황을 설명하며 그것이 "만주에 있어서는 일본의 세력이 팽창한 그만치 배일 사상이 날로 농후하여 가며 따라서 일본의 모든 시설을 배척하고 동시에 조선인 동포에게까지 의아(疑訝)를 품는"[9] 것이라고 한다. 1927년 5월 13일 제2차 길림 전성 교육 연합회(吉林全省教育聯合會)에서 재만 조선인 교육 문제를 토의하여 결정한, 이종정이 번역해 놓은 만주 간민 교육 정돈책(滿洲墾民教育整頓策)을 보면 중국인들이 조선인 문제를 어떻게 보고 있는가가 잘 드러난다.

그들은 청말에 일본이 조선을 빼앗아 경영하고 있는 것처럼 만주를 침략하여 이권을 빼앗아가고 있다고 생각한다. 또한 각 촌락마다 경찰을 배치하고 개척민들을 핍박하여 조선인민회를 만들어 그에 귀속케 한다는 것이다. 나아가 곳곳에 보통 학교나 서당을 만들어 조선 개척민을

---

7 소재영 편, 위의 책, 68쪽.

8 유진오, 「신경」, 『춘추』, 1942.10.; 민족문학연구소, 『일제말기 문인들의 만주체험』 역락, 2007, 273쪽.

9 이종정, 「滿蒙踏查 旅行記」, 『조선일보』, 1927. 10. 15-12. 2.; 소재영, 앞의 책, 83쪽.

교육하면서 만주의 복속을 획책해 간다고 본다.[10] 이처럼 당시 중국인들에게 조선인들은 '일본의 첨병'으로 인식되어 조선인에 대한 배척운동이 민족운동, 항일운동의 일환이라는 성격을 가지기도 했다.[11] 또한 이러한 양상은 만주 지역에서 발간된 비조선계 신문에서 조선인이 종종 사악한 뉴스의 주인공으로 기사화 되어 표출되었다.

> 非朝鮮系 신문의 경우, '鮮人'은 사악한 뉴스의 수식어였다. 조선인과 관계되는 어떠한 사소한 일이라도 신문에는 큰 제목으로 보도되었다. 가령 조선인이 자전거를 타고 가다 漢族 소녀를 친 사소한 일일지라도〈정말 수치스러운 선인〉이라는 제목의 기사가 되었다. 신문 기사에서 대부분 조선인은 고리대금업자나 불법 도박꾼·밀수꾼으로 묘사되었고, 중국인은 선의의 피해자로 기술되었다.[12]

만주 현지에서의 사정이 이러함에도 불구하고 1930년대 후반 조선의 많은 지식인, 작가들에게 만주는 개척과 갱생의 공간으로서 더할 수 없이 매력적인 곳이었다. 식민지 조선에서 간행된 일간지, 월간지들에 수많은 '만주 개척지' 탐방기와 기행기가 쓰였다. 만주는 '개척'이라는 도전과 낭만의 공간이었다. 또한 만주는 "엄청나게 못 된 놈이 들어"와 "갱생을 할 수 있는지 없는지 알 수 있는 수련장"이었다. 그리고 마침내는 "제일 위험했던 자네가 제일가는 모범농인이"[13] 되는 '갱생'이라는 희망의 공간이었다. 이러한 상황에 대해 함대훈은 "만주 건국 이래 6년의 세월이 흐른 금일에 있어서는 만주로 간다는 말이 '일을 하러 가고 희망을 갖고 간다'고 할 수 있게끔 되었다"[14]라고 쓴다.

---

10 이종정, 위의 글; 소재영, 위의 책, 84쪽.

11 윤대석, 「1940년대 '만주'와 한국 문학자」, 『한국학보』 118집, 2005, 132쪽.

12 윤휘탁, 「<滿洲國>의 '2等 國(公)民', 그 實像과 虛像」, 『역사학보』제169집, 165-166쪽.

13 장혁주, 「어느 독농가의 술회」, 『녹기』, 1943.1.; 민족문학연구소, 앞의 책, 215-216쪽.

이처럼 1930년대 후반 만주 지역을 돌아보고 탐방기를 썼거나 작품을 쓴 대다수의 조선인 지식인, 작가는 일제가 내세운 이념에 포섭된 양상을 보인다. “황차 그동안까지는 내란과 군벌과 탐관오리에 백색자본의 착취와 그리고 쿠리와 아편 이것밖에는 없던 과거의 지나민족”[15]이라거나 “사실 강냉이와 고량만 심을 줄 알던 이 땅에서 옥가튼 쌀이 난다는 것은 한 개의 놀랠만한 기적”[16]이라고 한다. 이러한 모습은 식민화의 타자가 또 다른 식민화의 주체를 꿈꾸어 그러한 타자성을 상쇄하려는 욕망인 ‘식민지적 무의식’의 발현이라고 할 수 있다.[17]

이와 같은 태도는 ‘만주’라는 희망의 담론이 한전(旱田)을 통해 대대로 살아온 만주농민들, 즉 식민지의 처지에 놓여 있는 그들의 삶을 배제한 토대 위에 성립함을 보여준다. 수로가 따로 없는 평지에서 생활해왔기에 물을 무서워하고, 밭곡식을 주식으로 먹어왔기에 쌀밥이 “고소하지도 않을뿐아니라 배가 아파진다”[18]는 만주인의 환경적, 생래적 실정은 전혀 고려되지 않는다. 그리하여 “만주의 수전개발은 원시적 자연을 변개하는 위대한 창조성을 띄고 있다. ……. 황폐한 평원을 수전으로 개척하는 것은 재래의 건조한 밭농사만 짓든 만주로 하야금 전답수림과 제방천택이 구유한 포실한 농촌을 건설할 수 있게”[19] 한다는 일방적인 가치부여를 하게 된다.

이처럼 개척문학에서 만주인 혹은 중국인이라는 타자는 자신의 정체성을 담지하고 있는 주체가 아니다. 논이 없는 만주는 아직 개간되지 않

---

14 함대훈, 「南北滿洲遍踏記」, 『조광』 1939.7.; 소재영, 앞의 책, 261쪽.

15 채만식, 「大陸經綸의 壯圖, 그 世界史的 意義」, 『채만식 전집』 10권 창작과 비평사, 1989, 581쪽.

16 이기영, 「大地의 아들」, 『조선일보』, 1940.3.23.; 권영민 외 편, 『한국근대장편소설대계』 태학사, 1988, 201쪽.

17 고모리 요이치, 『포스트콜로니얼』, 송태욱 옮김, 삼인, 2002, 46~48쪽

18 이태준, 「농군」; 민족문학연구소, 앞의 책, 200쪽.

19 이기영, 「만주와 농민문학」, 『인문평론』, 1939. 11.

은 미개간지 혹은 '처녀지'일 뿐이고, 거기서 생활하는 원주민 또한 개척되어야 할 자연에 불과하다.[20] 심지어 만주인들은 "부모두 모르는 되놈"[21]으로 인륜도 없는 자들로 그려지기도 한다. 이러한 의식의 저변에는 일제 식민지 하에 놓여 있던 조선인들에게 지배로부터의 해방을 대체하는 '유사해방과 의사제국주의자로서의 포즈'를 동반한 '만주 유토피아니즘'의 환상이 깔려 있었다고 할 수 있다.[22]

3. 백석 작품에 드러난 가치 지향

앞서 살펴본 바처럼 백석이 만주 신경으로 건너갈 즈음에는 조선 지식인, 작가의 만주 지역 답사기가 무수히 쓰였다. 그 저변을 '개척'과 '갱생' 이데올로기가 떠받치고 있었는데, 그것은 일제에 의해 추진된 만주 개발이 상당히 안정화되고 있었기 때문이기도 하다. 만주여객과 과장인 우사미 타카아키라는 당시 만주의 일면을 "만주에는 평원의 일각을 검은 연기로 뒤덮은 중공업 지대도 있고, 네온 불빛에 밤이 잠들지 않는 근대 도시도 있다"[23]라고 일본 본토의 관광객에게 소개한다. 특히 신경은 "그때까지 일본의 도시계획이 소화하고 축적해 온 이념과 기술을 전면적으로 적용한"[24] 계획도시로써 근대적 면모를 빠르게 갖추어가고 있었다.

---

20 윤대석, 앞의 글, 136쪽.

21 최서해, 「홍염」; 범우비평판 한국문학 30 범우, 2005, 257쪽.

22 이경훈, 「만주와 친일 로맨티시즘」; 한국근대문학회, 『한국근대문학연구』 제4권 제1호, 2003.4., 109쪽.

23 宇佐美喬爾, 「觀光滿洲」, 『旅行滿洲』제4권 제4호(ジャパン・ツーリスト・ビューロー大連支部), 1937.4, 14쪽. 까오유엔, 「'낙토'를 달리는 관광버스」, 『확장하는 모더니티』 소명출판, 2007, 228쪽.

24 越澤明, 『滿洲國の首都計劃』 日本經濟評論社 , 1988, 하시야 히로시, 『일본제국주의, 식민지 도시를 건설하다』 김제정 옮김, 모티브, 2005, 164쪽.

이러한 분위기가 지배적인 가운데 쓰인 백석의 작품이나 산문은 그러한 분위기와는 상당히 다른 모습을 보인다. 새로움의 추구로서의 근대성을 구현해가는 신경에서 백석은 유구함을 간직한 대상을 주목하고 그것에 대한 가치 지향을 표방한다.

① 어진 사람이 많은 나라에서는
五斗米를 벌이고 버드나무아래로 돌아온 사람도
그 　차개에 수박씨 닦은것은 호박씨 닦은것은 있었을것이다
나물먹고 물마시고 팔벼개하고 누었든 사람도
그 머리 맡에 수박씨 닦은것은 호박씨 닦은것은 있었을것이다.

-「수박씨, 호박씨」 4연

② 이것은 아득한 　날 한가하고 즐겁든 세월로 부터
실같은 봄비속을 타는듯한 녀름 　속을 지나서 들쿠레한 구시월 갈바람속을 지나서
대대로 나며 죽으며 죽으며 나며 하는 이 마을 사람들의 으젓한 마음을 지나서 텁텁한 꿈을 지나서
지붕에 마당에 우물든덩에 함박눈이 푹푹 싸히는 여늬 하로밤
아배앞에 그어린 아들앞에 아배앞에는 왕사발에 아들앞에는 새끼사발에 그득히 살이워 오는것이다

-「국수」 일부

「수박씨, 호박씨」4연에서는 중국인들이 수박씨와 호박씨를 틈틈이 까먹는 풍습의 유구함과 그 의미를 도연명, 공자와 연결시키고 있다. 오류선생(五柳先生)으로 알려진 도연명은 잠시 관직에 나아갔던 때에 녹으로 받던 '오두미(五斗米)' 때문에 소인배들에게 허리를 굽힐 수 없다며 관직을 사임했다고 한다. 또한 보잘 것 없는 음식을 먹을지언정 욕된

부귀보다는 기꺼이 의로운 가난에 거했던 이는 공자를 가리킨다.[25] 백석은 자신이 만주로 건너가 목격한 중국인들의 수박씨, 호박씨 까먹는 풍습을, 비속한 것을 경계하고 의로움을 추구하는 '어진' 정신과 연계하여 시적 상상력으로 재구성한다. 그런 다음 시의 화자는 '어진 사람의 즛을 어진사람의 마음을 배워서' 수박씨, 호박씨 볶은 것을 까먹는다고 말함으로써 자신이 추구하는 바도 비속함을 멀리 하고 의로움을 추구하는 것임을 암시한다.

②「국수」의 인용 부분에서는 함박눈이 푹푹 쌓이는 겨울밤 아배와 아들 앞에 그득히 사리워오는 '국수'의 유구함을 보여준다. '국수'에는 여유롭고 즐겁고 평화롭던 아득한 옛날로부터 여러 풍상의 사계를 지나 대대로 살아온 마을 사람들의 으젓한 마음이 담겨 있다. 이와 같은 '국수'에 대한 의미 부여는 고국을 떠나 낯선 땅에 머무르는 백석에게 '나는 누구인가'라는 자신의 정체성을[26] 탐구하는 물음에 대한 한 답변의 방식이라고도 볼 수 있다.

이처럼 백석은 현재에 스며있는 범상한 풍습과 사건을 오랜 세월을 전해오는 삶의 맥락과 가치에 연결하면서 그 의미를 재생한다. 이러한 백석의 태도에서 우리는 문명화를 앞세운 근대성이 가지는 양가성에 대한 반근대적 태도를 읽을 수 있다. 마샬 버만이 근대성(현대성)의 요소를 "공간과 시간의 경험, 자아와 타자의 경험, 인생의 가능성과 위험성에 대한 경험의 실체"로 지적하며, 그것들은 우리를 끊임없는 해체와 재생, 투쟁과 모순, 모호성과 고통의 소용돌이로 몰아 넣는다고 하였을 때,[27] 근대성에는 필연적으로 해방과 억압의 양가성이 내재되어 있음을

---

25 이경수, 「백석 시의 낭만성과 동양적 상상력」, 『한국학연구』, 고려대학교 한국학연구소, 2004., 63쪽.

26 최정례, 「백석 시, 자기 응시로서의 관찰과 자아 탐색의 도정」, 우리어문학회, 『우리어문연구』 20집, 2003. 323쪽.

27 마샬 버만, 『현대성의 경험』, 윤호병·이만식 옮김, 현대미학사, 1998, 315~

알 수 있다. 특히 이러한 근대화 과정에서 과거의 것들은 문명화된 가치들에 의해 바깥으로 버려지고 식민지적 근대화의 당위성을 마련해 주는 것으로 작동한다. 하지만 백석은 이처럼 만주에서 유구함을 보여주는 풍습에 주목하는 반-근대적 시적성찰을 통해 근대성이 내재한 투쟁과 모순, 모호성과 고통의 소용돌이에서 벗어나고 있었다.

한편 백석이 빠르게 변모하는 신경에 들어와 그려낸 작품에서 시선을 끄는 또다른 모습은 다음과 같은 작품에서 보여지는 '게으름' 또는 '한가함'에 대한 관심과 동경이다.

> 그런데 참으로 그 殷이며 商이며 越이며 衛며 晋이며 하는 나라 사람들의 이 후손들은
> 얼마나 마음이 한가하고 게으른가
> 더운물에 몸을 불키거나 때를 밀거나 하는것도 잊어벌이고
> 제 배꼽을 들여다 보거나 남의 낯을 처다 보거나 하는것인데
> 이러면서 그 무슨 제비의 춤이라는 燕巢湯이 맛도있는것과
> 또 어늬바루 새악씨가 곱기도한것 같은것을 생각하는것일것인데
> 나는 이렇게 한가하고 게으르고 그러면서 목숨이라든가 人生이라든가 하는 것을 정말 사랑할줄아는
> 그 오래고 깊은 마음들이 참으로 좋고 우럴어진다
>
> -「澡塘에서」 일부

목욕탕에서 만난 중국인들은 정작 목욕이라는 행위, 즉 몸을 불켜 때를 미는 것에는 별다른 관심이 없다. 목욕탕이라는 곳의 본래적 용도만을 중시하는 시선으로 본다면 때는 밀지 않고 남을 쳐다보거나 이런저런 생각이나 하는 모습은 이해하기 힘들다. 그리고 늘 효율성을 추구하

322쪽.

고 시간을 촘촘히 분절하여 사는 사람에게는 그들의 모습이 한심하게 생각될 수도 있다. 하지만 관점을 바꾸어 생각해보면, 자기에게 주어진 목적만을 향해 돌진할 때 옆의 사람들이나 사물을 인식하고 이해하며 교류할 여지는 사라진다. 지난 시간의 실수나 아쉬움에 대해 반성하고 자신을 견결하게 다듬을 수 있는 여지도 그만큼 줄어든다. 아름다운 추억에 대한 회상이 결여될 때 현재의 어려움을 버티고 이겨나갈 수 있는 동력으로서의 마음의 불빛도 사그러질 수 있다.

'게으름과 여유'를 통해 자신을 반성하고 세계를 깊이 들여다볼 수 있는 사람에게 게으르다는 건 느스러질 대로 느스러져서 절대로 아무것도 하지 않는 것이 아니다. 또한 한가로움은 빈둥거림과도 다른데 빈둥거림이 낙심한 자가 따분해하며 자신에게 결여된 움직임을 끊임없이 찾고 있는 것인 반면에 한가로움은 '신의 창들을 관조할 수 있는'[28] 여유를 주기 때문이다. 평생 동안 일에 쫓기며 살아온 사람은 일을 하지 않는다는 것을 생각하지 못하고 일을 하지 않게 된다면 따분하고 불안해한다.[29] 그러나 상당한 여가를 가질 수 없는 사람은 인생의 참된 의미를 찾을 기회를 좀처럼 가지기 어려운 것이 사실이다.

이런 의미에서 볼 때 목욕탕에 와서 때는 밀지 않고 맛있는 음식과 고운 색시를 생각하고 남의 얼굴을 쳐다보는 중국인들의 한가하고 게으른 행위는 백석이 보기에 "목숨이라든가 人生이라든가 하는것을 정말 사랑할줄아는" 모습이다. 이런 생각을 할 수 있는 백석이었기에 "나는 이젠 귀치않은 測量도 文書도 실증이 나고/ 낮에는 마음놓고 낮잠도 한잠 자고싶어서"(「歸農」2연 일부)라고 말하며 경제적으로 안정적인 관료직을[30] 그만둘 수 있었을 것이다. 그렇다면 이러한 유구함에 대한 관심

28 밀란 쿤데라, 『느림』, 김병욱 옮김, 민음사, 2007: 1판 30쇄, 8쪽.

29 버트런드 러셀, 『게으름에 대한 찬양』, 송은경 옮김, 사회평론, 2007: 개정판 5쇄, 24쪽.

30 이숭원, 『백석시의 심층적 탐구』 태학사, 2006, 286쪽. 백석은 1940년 3월에 관

과 게으름에 대한 동경을 통해 시인이 이르고자 한 궁극적인 지점은 어디일까. 다음 작품을 통해 그 일단을 탐구해볼 수 있다.

> 다만 한마람 목이 긴 詩人은 안다
> 「도스토이엡흐스키」며「죠이쓰」며 누구보다도 잘 알고 일등가는 소설도 쓰지만
> 아모것도 모르는듯이 어드근한 방안에 굴어 게으르는것을 좋아하는 그 풍속을
>
> 사랑하는 어린것에게 엿한가락을 아끼고 위하는 안해에겐 해진옷을 입히면서도
> 마음이 가난한 낯설은 마람에게 수백량돈을 거저 주는 그 인정을 그리고 또 그 말을
> 마람은 모든 것을 다 잃어벌이고 넋하나를 얻는다는 크나큰 그말을
>
> -「許俊」 5-6연

친우 허준을 제목으로 삼아 쓴 앞 작품에는 깊은 문학적 식견과 창작력을 가지고 있지만 그것을 내세우지 않고 게으르게 방안에서 뒹구는 것을 좋아하는 사람이 나온다. 그는 가족에 대한 사랑을 넘어 마음이 가난한 낯선 사람에게 수백량 돈을 거저 주는 인정을 가진 사람이다. 또한 모든 것을 다 잃어버리고 '넋' 하나를 얻는다는 '크나큰' 말을 아는 사람이다. 1940년 11월『문장』에 발표한 앞 작품을 쓸 즈음에는 백석이 만주국 국무원 경제부를 사직한 것으로 알려져 있다. 생활의 안정을 가져올 수 있는 관료생활을 몇 달만에 그만 둔 이유는 정확히 알려져 있지 않다. 이동순이 정리한[31] 백석 연보나 조영복이 정리한[32] 연보를 보면 창

료생활을 시작하여 9월에 사직했다고 한다.

31 김자야,『내 사랑 백석』 문학동네, 1996, 262쪽.

씨개명을 하라는 일본인 상급자의 요구를 거부한 후 사직한 것으로 되어 있다. 지인들의 증언과 그가 남긴 글을 통해 백석이 결벽증이 있고[33] 감성적인 성품의 사람임을 볼 때 '넋'을 지키려는 뜻으로 창씨개명 압력을 거부하면서 사직했을 가능성은 충분해 보인다.

또한 백석이 5월에『만선일보』에 실은 두 편의 산문 가운데「朝鮮人과 饒舌」(1940년 5월 25~26일)은 신경에서 조선인이 많이 거주하고 있던 '서칠마로(西七馬路)'에 대한 단상 형식으로 쓴 글이다. 그 글에서 백석은 조선인이 생각하기 싫어하고 비애와 적막이 없으며, 밤낮으로 실없이 웃고 떠드는데 그것이 멸망의 원인이 되었을 것이라고 한다. 그리고 "朝鮮은 東洋의하나는 무엇을일어벌엿다. 일어서는 아니될것을 일코도 痛歎할줄몰라한다. 무엇인가 黙하는情神을일흔것이다. ……. 몬저 잇슬 것은 자랑과希望이 아니다. 무엇인가 勤愼과 憤怒와 悲哀다. 深刻한苦痛이다. 이것들이 朝鮮人의 魂을꽉 붓잡는 것이다"[34]라고 한다. 그는 조선인이 '感激할 光明을 바라보아' 입을 다물고 생각하고 노하고 슬퍼하며 진지한 모색을 해야 한다고 언급하며 글을 끝맺는다. 조선인의 '혼'을 꽉 붙잡기 위해서는 근신하고 분노와 비애를 되새기는 고통을 감내해야 한다는 것이다. 이처럼 현실적인 고난을 감내하면서 '넋'을 얻고 '혼'을 붙잡으려는 것은 그것이 바로 '시인'의 길이기 때문이기도 하다.

이처럼 많은 다른 조선 작가들이 계획도시로써 근대적 면모를 빠르게 갖춰가고 있던 만주 땅에서 정보를 공유하고 기계적인 규율에 적응하며, 근대적 문명개화를 자발적 의지인 것처럼 받아들이고 모방하며 자신의 식민지화 상태를 망각하는 '식민지적 타자'[35]가 되어 갈 때, 백

---

32 조영복,「백석」,『월북 예술가 오래 잊혀진 그들』돌베개, 2002, 101쪽.

33 김자야, 앞의 책, 90쪽. 고형진은 백석이 다닌 오산학교 급우였던 임기황의 회고를 빌어 "백석이 매우 결백한 성격의 소유자였다"라고 기록했다(고형진,「백석 연보」,『정본 백석 시집』문학동네, 2007, 345쪽).

34 백석,「朝鮮人과 饒舌」,『만선일보』, 1940. 5. 26.

석은 이에 반하는 유구함을 추구하고 게으름, 느림에 대한 찬양을 보이고 있었던 것이다. 이러한 백석의 태도는 조선인의 '혼'을 꽉 붙잡기 위해 입을 다물고 생각하는 진지한 모색에서 비롯된 것이었다. 자신의 식민지화 상태를 망각하지 않기 위해, 근대적 시·공간의 급박한 변화 속에서 유구함을 추구하고 느림과 게으름을 유지하면서 탈식민적 성찰을 보여주었던 것이다.

이러한 백석의 인식을 바탕으로 아래에 인용한 작품의 화자는 지금 당장의 고통을 감내하는 것, 가난하고 쓸쓸하지만 사랑 속에 높게 살도록 태어난 것이 하늘이 사랑하는 시인들의 운명이라고 말한다. 친우 허준과 정현웅에게 "만주라는 넓은 벌판에 가 시 백 편을 가지고 오리라"[36]는 다짐을 하고 다다른 만주의 생활에서 백석은 하늘이 부여한 시인의 길을 발견한 것이다. 세상의 불의에 타협하지 않고 초생달과 바구지꽃처럼 '枯淡하고 素朴'(「국수」3연 일부)하게 사는 삶의 가치를 깨우친 것이다.

> 하눌이 이세상을 내일적에 그가 가장 귀해하고 사랑하는것들은 모두
> 가난하고 외롭고 높고 쓸쓸하니 그리고 언제나 넘치는 사랑과 슬픔속에
> 살도록 만드신것이다
> 초생달과 바구지꽃과 짝새와 당나귀가 그러하듯이
> 그리고 또「프랑시쓰·쨈」과 陶淵明과「라이넬·마리아·릴케」가 그러하듯이
>
> -「흰 바람벽이 있어」 일부

시인의 이러한 생각은「촌에서 온 아이」에서도 잘 드러난다. 시적 맥락으로 볼 때 시의 화자는 아이가 우는 사연을 물어보거나 탐지하지 않

---

35 고모리 요이치, 앞의 책, 32쪽.
36 조영복, 앞의 글, 101쪽.

고 추단을 하고 있는데 주목할 점은 그의 상상이 미치는 방향이다. 아침에 본, 촌에서 온 울고 있는 아이는 '맑고 참된 마음'을 가지고 있는데 분명 '거즛되고 쓸데없는것'으로 인해 울 것이라고 본다. 그리고 시의 마지막 행을 "너는 분명히 하눌이 사랑하는 詩人이나 농사군이 될것이로다"라고 끝맺는다. '맑고 참된 마음'을 가진 아이가 '시인'이 될 것이라는 상정을 통해 화자는 자신이 생각하는 시인이라는 존재 속성의 일단을 피력하는 것이다. 또한 '농사군'이 될 것이라는 언급은 백석이 만주국 관리직을 그만 두고 백구둔(白狗屯)으로 농사를 지으러 갔던 일과 곧바로 연결된다. 작품의 일부를 옮겨본다.

> 너는 오늘아츰 무엇에 놀라서 우는구나
> 분명코 무슨 거즛되고 쓸데없는것에 놀라서
> 그것이 네 맑고 참된 마음에 분해서 우는구나
> (중간 생략)
> 너는 분명히 하눌이 사랑하는 詩人이나 농사군이 될것이로다
>
> -「촌에서 온 아이」 일부

이상에서 필자는 백석이 만주 신경으로 건너가 지은 작품들을 살펴 빠르게 근대성을 갖추어가는 만주국 수도 신경에서 '개척'과 '갱생'의 신화에 포섭된 많은 조선인 작가와는 달리 시인이 유구한 것의 의미에 주목함을 보았다. 다음으로는 시적 화자가 '게으름'과 '한가함'을 언급하며 추구하는 작품들을 살피고 그 의미를 논하였다. 백석이 이와 같은 가치를 추구한 것은 피지배민족의 일원으로서 '넋'과 '혼'을 지키려는 한 방편이었으며, 또한 그것이 고통스럽더라도 하늘이 자신에게 부여한 '시인'의 운명으로 수락했기 때문이었다. 이러한 그의 모습은 근대적 문명화를 추수하지 않는 반-근대성의 사유에서 비롯된 것이며, 스스로 '식

민지적 타자'되기를 거부하는 탈-식민적 사유에서 비롯된 것이라 할 수 있다.

다음으로는 역시 동시대 많은 조선인 지식인, 작가와는 다른 모습으로서의 '타자 인식과 존중'이라는 면모를 살펴보고자 한다.

4. 타자 인식과 존중

주지하듯이 고려는 두만강을 넘어 한반도에 생활의 기반을 마련하려는 여진족을 여러 차례 내쫓았다. 그것은 이용악의 시에서 "안악도 우두머리도 돌볼새 없이 갔단다/ 도래샘도 띳집도 버리고 강건너로 쫓겨 갔단다/ 고려 장군님 무지 무지 처 드러와/ 오랭캐는 가랑잎처럼 굴러 갔단다"(「오랑캐꽃」1연)라고 형상화된다. 그리고 조선을 소중화(小中華)로 자처했던 조선의 식자들과 왕실은 전통적으로 한족(漢族)이 세운 나라를 받들고 만주(여진)족이 세운 나라를 등한시하였다. 심지어는 청나라라는 강대국을 세워 중국의 실질적인 지배자가 된 여진족의 실체를 제대로 인정하지 않다가 마침내는 정벌을 당하여 임금이 삼전도(잠실벌)에 내려와 청 태종에게 삼배구고두(三拜九叩頭)의 예를 올리는 치욕을 당하기도 하였다.[37]

여진족을 중심으로 한 북방민족에 대한 멸시는 시간이 지나도 변함이 없다가 일제 시대에는 또 다른 양상으로 전개된다. 2장에서 언급했던 바처럼 1931년 중국과 전쟁을 거쳐 1932년 만주국을 세운 일제는 만주에 대한 지배권을 넓혀가기 위하여 일본인과 조선인의 '개척 이민'을 장려한다. 이때 조선인은 일본 국적을 부여받고 그에 따른 치외법권까지 인정받는다. 이런 상황에서 "조선인들은 구조적으로는 일본 식민주

37 조선 인조 15년(1637년) 정월 30일.

의자의 눈을 통해서 만주를 바라"[38]보게 되었고 '식민지적 무의식'[39]을 내면화 했다. 조선인들에게 만주는 일제에 국권을 빼앗긴 피지배민으로써 '수난과 저항'을 겪는 곳이 아니라, 일본 제국주의에 의해 지배인으로서 '호명'되는 공간이 된 것이다.

일본과 조선 사이에 개재되어 있던 제국과 식민, 근대와 비근대를 기반으로 하는 우월과 열등의 차이는 '만주'라는 공간에서는 조선인을 일제의 비호 아래 준제국주의자로 변모시켰다. 그리하여 "조선인 도시민 중에는 근거 없는 優越感을 발휘하여 凌蔑하는 태도와 言行으로 중국인들을 대함으로써 은연중에 민족적 惡感情을 배태시키는 사람도"[40] 있었던 것이다. 당시 빈번하게 쓰인 조선인 지식인, 작가의 만주 관련 글에는 그곳에서 대대로 살아왔을 주민들의 가치나 생활방식 등에 대한 이해와 인정을 찾아보기가 쉽지 않다.

위와 같은 상황은 1930년대의 일반적인 분위기였고 1939년말에 신경으로 건너간 백석의 경우도 그러한 분위기를 모르는 바가 아니었을 것이다. 그러나 1940년, 1941년에 발표한 그의 시작품이나 산문[41] 어디에서도 만주인(중국인)에 대한 비하나 멸시의 시선, 우월의식이 나타나지 않는다. 오히려 그들의 전통을 존중하고 그 가운데에서 의미를 찾고 가치를 부여하는 태도를 보인다. 작품들을 살펴보면서 논의를 진행하고자 한다.

> 어진 사람이 많은 나라에 와서
> 어진 사람의 즛을 어진사람의 마음을 배워서

---

38 윤대석, 앞의 글, 134쪽.

39 고모리 요이치, 앞의 책, 127쪽.

40 李義豊, 「鮮系國民의 自重을 바람」, 『만선일보』, 1940.6.7.

41 산문:「슬픔과 眞實」『만선일보』, 1940.5.9~10, 「朝鮮人과 饒舌」『만선일보』 1940.5.25~26.

수박씨 닦은것을 호박씨 닦은 것을 입으로 앞니빨로 밝는다

수박씨 호박씨를 입에 넣는 마음은
참으로 철없고 어리석고 게으른 마음이나
이것은 또 참으로 밝고 그윽하고 깊고 무거운 마음이라
이마음안에 아득하니 오랜 세월이 아득하니 오랜 지혜가 또 아득하니 오랜 人情이 깃들인것이다
泰山의 구름도 黃河의 물도 옛님군의 땅과 나무의 덕도 이마음안에 아득하니 뵈이는 것이다

-「수박씨, 호박씨」 1, 2연

중국 사람들에게는 예로부터 호박씨나 수박씨를 볶아서 틈틈이 까먹는 풍습이 있다. 작은 씨를 일일이 까먹는 풍습이 어떤 사람들에게는 이상하거나 어리석은 것으로 여겨질 수도 있을 것이다. 백석에게도 이것은 일견 "철없고 어리석고 게으른" 것으로 보인다. 하지만 백석은 그러한 행위에 "아득하니 오랜 세월이 아득하니 오랜 지혜가 또 아득하니 오랜 人情이 깃들인" 것으로 받아들이고, 그렇기에 '밝고 그윽하고 깊고 무거운 마음'으로 읽는다. 중국인들의 일상적이고 사소한 행위나 마음에서도 그들에게 쌓여온 세월의 흔적을 읽어내는 것이다.[42] 나아가 이들의 '마음을 배워서' 스스로도 "수박씨 닦은것을 호박씨 닦은 것을 입으로 앞니빨로 밝는다"라는 동화의 모습까지 보인다.

이와 같은 백석의 태도는 "대륙을 취재하는 작가들은 중국인을 제 성미에 맞는 侏儒로서 조그맣고 아담하게 왜소화하는 데 의해서만 자기의 것으로 창작한다"[43]라고 한설야가 일침을 가한 당시대 다수 작가들의 글쓰기와 확연한 차이를 보여준다. 즉 당시 적지 않은 지식인, 문학인들

42 이경수, 앞의 글, 61쪽.
43 한설야, 「천단」, 『인문평론』, 1940.10.

이 보여준 의사(擬似) 제국주의자 또는 '개척자'적인 면모와는 완전히 다른 것이다. 이런 태도가 가능했던 것은 백석이 일제의 국책으로서의 만주 개척에 대한 선전과 동원에 부화뇌동하지 않고 일정한 거리를 유지했기 때문으로 보인다. 또한 앞 작품에서 볼 수 있듯이 현지인들의 생활 방식과 풍습 등을 그들의 오랜 역사적 입장에서, 그리고 그렇게 행하는 근본 심성으로서의 '마음'을 읽으려 했기 때문에 가능했다. 이와 같은 현지인들의 생활에 대한 존중과 동조, 참여는 다음 작품에서도 드러난다.

노왕은 나귀를 타고 앞에 가고
나는 노새를 타고 뒤에 따르고
마을끝 虫王廟에 虫王을 찾어뵈려 가는길이다
土神廟에 土神을 찾어뵈려 가는길이다

-「歸農」 5연 일부

앞 작품은 백석이 만주국의 국무원 경제부 일을 그만 두고 백구둔(白拘屯)이라는 곳으로 농사를 지으러 갔던 때를 그리고 있다. 중국인 노인에게 경작할 땅을 얻은 후 그와 함께 한 해의 농사에 대한 풍작을 기원하러 사당에 참배를 하러 가는 모습을 보여준다. 이것은 백석이 중국인들의 토착신앙에까지 격의 없는 관심을 가지고 참여했음을 뜻한다.[44] 이와 같은 만주인(중국인)에 대한 이해와 참여의 모습은 다음 작품에서도 볼 수 있다.

오늘은 正月보름이다
(중간 생략)

44 서준섭, 「백석과 만주」, 『한중인문학연구』 19집, 2006., 280쪽.

우리네 조상들이 먼먼 녯날로 부터 대대로 이날엔 으레히 그러하며 오듯이
먼 타관에 난 그 杜甫나 李白같은 이나라의 詩人도
이날은 그어늬 한고향 사람의 주막이나 飯館을 찾어가서
그 조상들이 대대로 하든 본대로 元宵라는떡을 입에대며
스스로 마음을 느꾸어 위안하지 않었을것인가
그러면서 이 마음이 맑은 녯 詩人들은
먼훗날 그들의 먼 훗자손 들도
그들의 본을 따서 이날에는 元宵를 먹을것을
외로히 타관에 나서도 이 元宵를 먹을것을 생각하며
그들이 아득하니 슬펐을듯이
나도 떡국을 노코 아득하니 슬플것이로다

-「杜甫나李白같이」 일부

시의 화자는 이국땅에서 정월 보름을 맞이한 쓸쓸한 심정에 시적 상상력을 발휘하여 두보와 이백을 이끌어온 후 자신의 처지를 등치시킨다. 이를 이기영의「대지의 아들」일부와 비교하여 화자가 보여주는 의식이 어떻게 다른가를 살펴보고자 한다.「대지의 아들」의 '農事講習會(一)'에는 신학생인 서치달이 등장하는데, 그는 만주인들이 음력정초의 명절에 '너무 남용'한다면서 만주에 있는 조선동포도 다를 바가 없다고 말한다. 그러면서 "만인과가치 더욱 이중과세의 페해인 음력설에 너무 집착하여 시대의뒤진 생활을 하는것은 실로 한심한일이엇다. …… 그들이 이런 때에 물질적으로 낭비를 못하도록 하는동시에 또한 정신적으로 타락을 못하게 하자는것이다"[45]라고 한다.

서치달은 만주인들과 조선인들이 오랜 전통으로 향유해온 민족 최대의 명절인 '설'을 '음력설'로 치부한다. 그러면서 이중과세의 폐해 사례로 지적하고 시대에 뒤진 것으로 제시한다. 나아가 '설'을 흥성하게 보

---

45 이기영,「大地의 아들」,『조선일보』, 1940.3.23.

내는 것을 '정신적으로 타락'한 것으로까지 본다. 이러한 태도는 양력을 채택하고 절기에 따른 조선인, 중국인들의 민족전통을 말살하려는 일제의 시각에 다름 아니다. 당시 '대동아공영권'이라는 일본 제국주의 정책 속에서 조선과 일본, 만주는 하나의 법적 테두리에 있었으며, 제국주의 일본에게 식민지 조선과 만주는 '동화'의 대상이었다. 이를 위해 피식민자의 전통과 생활양식은 미개한 것으로 치부되고 계몽의 대상이 되었던 것이다. 그러나 한편으로 식민지 조선과 만주는 자신들과 절대 동등해질 수 없는, 반드시 차이를 두어 주변으로 남겨져야 했기에, 이와 같은 식민지배자의 양가적 욕망은 늘 금기와 불안을 감수해야 했다.[46] 하지만 백석은「杜甫나李白같이」에서는 고향을 떠나 정월보름을 맞이한 화자와 중국인 사이의 이해와 등치, '슬픔'의 상상적 동조가 보여주는 등, 만주 땅에서 그들의 전통을 존중하는 의식을 보여줌으로써 식민지 지배의식에서 자유로울 수 있었다. 차이의 복수성을 긍정하면서 공동체에 긍정을 보이는 것으로 식민주의의 이분법적 권력구조를 해체하고 있는 것이다.

이상에서 살펴본 바처럼 백석은 만주 이주 후 지은 작품에서 1940년 전후 만주인(중국인)이라는 타자에 대해 동시대 대다수의 조선인 지식인, 작가가 드러낸 인식과 확연하게 다른 태도를 보여준다. 중국인들의 풍습을 낡고 시대에 뒤진 것으로 여기지 않고 오히려 그 안에서 그들의 마음과 전통을 읽어낸다. 그렇기에 시의 화자는 스스럼없이 그들의 토착신앙에까지 참여하고 절기풍습을 맞아 시공간을 뛰어넘는 상상적 교감을 하게 된다. 백석이 이처럼 중국인들에 대해 동시대 대다수 조선인 작가들과는 다르게 인식하고 존중할 수 있었던 것은 일제의 식민 이데올로기에 포섭되지 않았기 때문으로 여겨진다.

---

46 호미 바바,『문화의 위치』, 나병철 옮김, 소명출판, 2002, 178~180쪽.

5. 결 언

본고는 백석이 1939년말 만주 신경으로 이주하여 지은 작품이 그 이전 시기의 작품과 다른 새로운 면모를 보이고 있는 점을 천착하기 위해 쓰였다. 연구를 진행하는 데 있어 백석에 대한 역사·전기적, 심리적 고찰은 지양하고 '식민지 근대성'을 중심으로 동시대 사회·문화적 지형을 살펴 백석과 그의 작품이 가지는 의미와 의의를 논구하고자 하였다.

일제에 의해 만주국이 수립된 이후 일제는 '오족협화'와 '왕도낙토'의 이데올로기를 앞세워 일본인과 조선인의 만주 이주를 정책적으로 장려하였다. 1930년대 중·후반이 되면 많은 조선인 지식인, 작가들은 일제가 조장한 이데올로기에 포섭되어 만주를 '개척'과 '갱생'의 공간으로 상정하였다. 이때 수많은 개척지 답사기와 작품이 쓰였는데, 그들의 글에서 만주인(중국인)들의 주체성, 역사와 생활은 무시되고 그저 개척되어야 할 자연(사물)에 불과한 것이 되었다. 당시 많은 조선인 작가들이 만주를 통해 피식민자로서의 처지를 잊고 의사제국주의자의 시선을 보유했던 것이다.

동시대에 백석은 앞과 같은 전반적인 분위기와는 확연히 다른 시작품을 창출한다. 먼저 그의 작품은 오장환이『사슴』을 평하면서 '자신의 감정이나 의견을 이야기하지 않는다'라고 언급한 바와 달라진 면모를 보인다. 백석은 유구함의 가치를 주목하고 '게으름'이 갖는 의미를 옹호한다. 그리고 '넋'을 지키고 조선인의 '혼'을 붙잡기 위해 고통을 감내해야 한다고 말하는데, 그것은 하늘이 부여한 '시인'으로서의 운명을 자각하고 수락하는 것이기도 하였다. 이러한 그의 모습은 근대적 문명화를 추수하지 않는 반-근대성의 사유에서 비롯된 것이며, 스스로 '식민지적 타자'되기를 거부하는 탈-식민적 사유에서 비롯된 것이라 할 수 있다.

또한 백석은 그의 작품에서 동시대 많은 조선인 작가들이 일제에 포섭된 의사제국주의자의 시선을 가졌던 것과는 다른 태도를 견지한다. 당시 만주 관련 글을 쓴 대부분의 조선인 논자는 일본과 조선 사이에 개재되어 있던 제국과 식민, 근대와 비근대를 기반으로 하는 우월과 열등의 차이를 '만주'라는 공간에서는 조선인과 만주인(중국인)의 관계로 치환하였다. 반면에 백석은 중국인들의 일상적이고 사소한 행위, 민속 등을 주목하고 그들의 오랜 역사적 입장을 헤아리며 행위의 근본 심성을 존중하였다. 나아가 스스럼없이 공감하고 참여하기도 하였다.

본고를 통해 필자는 백석이 만주 신경에서 지은 작품들의 특성과 의미를 탐색하였다. 그리하여 백석이 만주에서 '시인'의 길을 자각했고 의식적으로 동시대 지배이데올로기에서 벗어나 있음을 밝혔다. 그런데 한편으로는 '만주 체류 시기'에 지어진 작품 자체가 갖는 의미 탐구에 집중하다 보니 백석 시사 전반을 조망하면서 그 의미를 자리매김하는 데까지 이르지 못하였다. 이 작품들의 의미를 역사·전기적, 심리적 관점에서, 그리고 백석 시사 전반에서의 자리 찾기라는 관점에서 탐구하는 과제는 다음 연구로 미룬다.

참고문헌

기본자료

고형진, 『정본 백석 시집』, 문학동네, 2007.
김기림, 「사슴을 안고」, 조선일보, 1936.1.29.
김성진, 「滿洲벌을 向해」, 조선일보, 1935. 4. 9,10,17,18(1-4회).
김자야, 『내 사랑 백석』, 문학동네, 1996.
김재용, 『백석전집』, 실천문학, 2004.
오장환, 「백석론」, 『풍림』, 1937.4.
유진오, 「신경」, 『춘추』, 1942.10.
이기영, 「만주와 농민문학」, 『인문평론』, 1939. 11.
______, 「大地의 아들」, 조선일보, 1940.3.23.
이종정, 「滿蒙踏査 旅行記」, 조선일보, 1927. 10. 15-12. 2.
장혁주, 「어느 독농가의 술회」, 『녹기』, 1943.1.
채만식, 「大陸經綸의 壯圖, 그 世界史的 意義」, 『채만식 전집』 10권, 창작과 비평사, 1989.
최서해, 「홍염」, 『범우비평판 한국문학』 30, 범우, 2005.
한설야, 「천단」, 『인문평론』, 1940.10.
함대훈, 「南北滿洲遍踏記,」, 『조광』 1939.7.
백　석, 「슬픔과 眞實」, 滿鮮日報, 1940.5.9-10., 「朝鮮人과 饒舌」, 滿鮮日報, 1940.5.25-26.

연구자료

고형진, 『백석 시 바로 읽기』, 현대문학, 2006.
김경일, 「개관」, 김경일 외, 『동아시아의 민족이산과 도시』, 2004, 역사비평사.
배주영, 「1930년대 만주를 통해 본 식민지 지식인의 욕망과 정체성」, 『한국학보』 112집, 2003.
서준섭, 「백석과 만주」, 『한중인문학연구』 19집, 한중인문학회, 2006.
오양호, 「일제강점기 북방파 이민문학에 나타나는 작가의식 연구」, 『만주 이민문학연구』, 문예출판사, 2007.
윤대석, 「1940년대 '만주'와 한국 문학자」, 『한국학보』 118집, 2005.
윤휘탁, 「<滿洲國>의 '2等 國(公)民', 그 實像과 虛像」, 『역사학보』 제169집.
이경수, 「백석 시의 낭만성과 동양적 상상력」, 『한국학연구』, 고려대학교 한국학연구소, 2004.
이경훈, 「만주와 친일 로맨티시즘」, 한국근대문학회, 『한국근대문학연구』 제4권 제1호, 2003.4.
이숭원, 『백석시의 심층적 탐구』, 태학사, 2006.
이희중, 「백석의 북방 시편 연구」, 『우리말글』 32집, 우리말글학회, 2004.
전봉관, 「백석 시의 모더니티」, 한중인문학회, 『한중인문학연구』 16집.
조영복, 「백석」, 『월북 예술가 오래 잊혀진 그들』, 돌베개, 2002.
최정례, 「백석 시, 자기 응시로서의 관찰과 자아 탐색의 도정」, 우리어문학회, 『우리어문연구』 20집, 2003.

외서(번역서)

고모리 요이치, 『포스트콜로니얼』, 삼인, 2002.
밀란 쿤데라, 김병욱 옮김, 『느림』, 민음사, 2007.
버트런드 러셀, 송은경 옮김, 『게으름에 대한 찬양』, 사회평론, 2007.
까오유엔, 남효진, 「'낙토'를 달리는 관광버스」, 『확장하는 모더니티』, 소명출판, 2007.
하시야 히로시, 『일본제국주의, 식민지 도시를 건설하다』, 김제정 옮김, 모티브, 2005.
川村湊, 『異郷の昭和文学—「満州」と近代日本』, 岩波書店, 1990.

3 탈식민주의의 밖, 세계문학

8

싱가포르 화문시가(華文詩歌)의 문화적 정체성 연구*

박남용

1. 들어가며

싱가포르는 말레이시아 연방의회가 1965년 8월 9일 싱가포르 분리 법안을 통과시킴으로써 독립된 도시형 국가이다. 싱가포르 화인사회의 역사를 볼 때 화인사회의 자치통치(1819-1876), 영국의 직속통치(1877-1945), 싱가포르의 분리와 독립(1946년 이후~1965~) 등으로 구분해 볼 수 있다. 사실상 말레이시아 땅의 일부로써 영국의 식민지 통치를 경험하며 동양 사회와는 다른 서구적 정치·경제·문화가 발달되어 있는 사회라고 할 수 있다. 이와 더불어 싱가포르는 한국, 대만, 홍콩 등과 더불어 아시아의 네 마리 용으로써 급속한 자본주의 경제발전을 이룩한 국가라고 할 수 있는데, 그 근본 원인을 서구와는 다른 아시아적 가치, 즉 유교 자본주의에서 그 원동력을 찾고 있다.

---

* 이 글은 『한중언어문화연구』 제21집(2009.10)에 실린 것을 수정·보완한 것임.

또한 싱가포르는 다문화, 다종족, 다언어적인 국가 사회로써 다양한 모습을 지니고 있다. 1980년 기준으로 싱가포르 인구 중 "화인이 76.9%, 말레이인 14.6% 인도인 6.4%, 기타 종족이 2.1% 등을 차지하고 있으며"[1], 1998년 기준으로 "화인이 77.0%, 말레이 14.0%, 인도인 7.6% 나머지 집단이 1.4%를 점유하고 있다."[2] 이중 1993년 이전의 "싱가포르 화인들은 40%가 복건인, 23%는 조주인, 18%는 광동인, 9%는 객가인, 7%는 해남인 출신이고 나머지 3%는 기타 방언집단 출신이다."[3] 이처럼 싱가포르 사회에서 화인의 차지하는 비중이 상당히 높은 편이고 그들 중 대부분은 중국의 동남부 지역에서 내려온 화교 출신임을 알 수 있다. 하지만 싱가포르는 엄연히 화인, 말레이인, 인도인, 기타 종족이 함께 살아가는 다종족, 다문화 사회라고 할 수 있으며, 과거 영국의 식민지였던 관계로 제1언어로 영어, 제2언어로 중국어, 그외로 말레이어 등 다양한 언어가 사용되고 있는 다언어 사회라고 할 수 있다.

싱가포르 사회와 문학을 조명할 때는 위와 같이 국가, 민족, 종족, 언어, 정치, 경제, 문화 등 다양한 측면에서 고찰할 필요가 있다. 근 200여 년의 역사 속에서 싱가포르는 중국 화인의 이민의 역사로부터 시작하여 영국의 식민통치를 거쳐 말레이시아에서 분리 독립을 하기까지 식민 통치에 대한 기억과 분리 독립을 위한 투쟁이 있었다. 또한 싱가포르는 중국 공산당과 타이완의 국민당 사이에서 서로 세력을 넓혀나가려고 경쟁을 하며, "싱가포르에서 가장 많은 종족인 화교들마저 중국본토를 차지한 공산 세력과 타이완을 중심으로 한 국민당 세력의 경쟁 표적이 되었다"[4]고 한다. 게다가 오늘날 다문화적이고 다원화된 자본주의 사회를

1 楊松年,「海角那朵怒放的花-新加坡華文文學的過去與現況」, 柏楊 主編,『新加坡共和國華文文學選集』(史料篇), 臺北:時報文化出版事業有限公司, 1982, 1쪽.

2 박사명 외,『동남아의 화인사회』, 서울:전통과 현대, 2000, 352쪽.

3 박사명 외, 앞의 책, 363-364쪽.

4 김성진,『리콴유-작지만 강한 싱가포르 건설을 위해』, 서울:살림, 2007, 6쪽.

지향하기까지 다양한 근대적 경험을 겪으며 국가와 민족에 대한 상상의 공동체를 형성하였다. 따라서 싱가포르의 사회와 문학의 관계를 다양한 측면에서 분석해 보아야 할 것이다. 특히 해외 화인사회는 "중화라는 씨앗이 현지사회의 문화와 혼종적으로 교배되어 맺은 열매"[5]라고 할 수 있기에 해외 화인 사회의 문화적 정체성을 이해하는 문제는 매우 중요한 문제라고 할 수 있다. 아울러 싱가포르의 화인문학(華人文學) 또는 화문문학(華文文學)을 고찰한다는 것 또한 여러 가지 측면에서 의미를 지니고 있다. 무엇보다 중국문학과의 관계로 중국문학의 연장으로 보아 중국문학을 하나의 '모체문화'적 특성으로 고찰할 수도 있으며, 중국문학에서 점차 멀어지는 가운데 서구문학의 영향 속에서 싱가포르 본토의 새로운 문학을 지향하는 본토문화적 특성으로 고찰할 수도 있다. 이에 따라 화인문학 또는 화문문학 연구에서는 다양한 민족과 종족에 대한 정체성과 다문화적이고 다원화된 문화적 정체성을 이중적으로 갖지 않을 수 없다.[6] 따라서 싱가포르 화인들에 대한 명칭이 "영국 식민통치 시절의 '화교'에서 '싱가포르 중국인'으로 바뀌었다가 최근에는 '싱가포르인'이라는 명칭"[7]으로 불리어지기까지 중국 화인들이 싱가포르 사회에서 자신들의 종족적·문화적 정체성을 형성하며 어떻게 발전시켜 나왔

5 지세화, 「중국의 '화문문학(華文文學)'에 대한 연구동향과 인식태도 고찰-화문문학 연구성과의 검토를 중심으로」, 『중국학연구』, 중국학연구회, 제46집, 2008.12, 162쪽.

6 중국의 '화문문학'에 대한 주요 연구동향은 지세화의 논문 「중국의 '화문문학(華文文學)'에 대한 연구동향과 인식태도 고찰-화문문학 연구성과의 검토를 중심으로」(『중국학연구』제46집, 2008.12)를 참고하면 전체적인 윤곽을 이해할 수 있다. 그에 의하면, 동남아의 화문문학연구는 '이족서사(異族書寫)'에 집중되어 현지 주요종족과 주변종족 간의 서사에 담긴 문화적 정체성과 예술성 등에 대한 비교연구를 진행하고 있으며, 각지의 화문문학과 현지 소수민족 서사의 비교를 통해 문화적 정체성, 문화적 결합구조, 예술성을 고찰하는 연구가 주류를 이루고 있다고 하였고, 또 다른 연구 분야로는 현지 화문문학을 매개로 한 대륙의 중국문학과 동남아 각지 문학과의 상호관계에 대한 연구가 진행되고 있다고 하였다.

7 박사명 외, 앞의 책, 357쪽.

는지 화문시가를 통해 살펴보기로 한다. 본고의 연구대상 작가와 작품은 주로 싱가포르 화문문학에서 가장 중시되며 자주 인용되고 있는 작가와 시들을 중심으로 하였으며, 주로 화인시가(華人詩歌) 감상사전과 시선집에서 선별 인용하였으며, 기타 시인의 작품집에서 발췌 인용하였음을 참고로 밝혀둔다.

2. 싱가포르 화문시가의 전개와 발전

싱가포르 화문시가의 문화적 정체성을 밝히기 위해서는 화인문학과 화문문학에 대한 개념적 정의에 대한 검토가 필요하다. 먼저 화인문학이란 중국인으로서의 정체성을 지니고 중국 본토 이외의 지역인 동남아나 미국, 오스트레일리아, 유럽 등에서 문학 활동을 하는 작가와 작품세계를 말하며, 화문문학이란 무엇보다 중국어를 언어적 매개로 하여 다양한 문학활동을 하는 작가와 작품을 지칭한다. 아울러 이 지역의 화문문학은 마화문학(馬華文學)에서 비롯된 것으로 운리풍(雲里風)의 정의처럼 "말레이시아 지역의 화문문학을 가리키며, 그 내용적 본질은 말레이시아 지역을 주체로 해야만 하며, 본 지역 사람들의 현실생활 현상을 반영해야 하며, 직접적이든 간접적이든 그들의 정신, 사상, 감정과 바램을 표현하는 것"이라고 할 수 있다.[8] 1965년 싱가포르 독립 이후 마화문학은 싱가포르 화문문학과 말레이시아 화문문학으로 분리되었다. 그리하여 화인문학에는 종족과 민족으로서의 정체성을 중시하며, 화문문학은 종족과 민족으로서의 정체성을 중시하면서도 언어적 수단이 무엇인지도 고려할 수 있다. 여기에서 화문시가(華文詩歌)의 개념과 특성이란 오분성(吳奔星)이 『화하시보(華夏時報)』총제97기에 실린 「화문시

8 雲里風, 『雲里風文集』 鷺江出版社, 1995년 4월 제1판, 제355쪽. 公仲 編著, 『世界華文文學概要』, 北京:人民文學出版社, 2000, 477쪽 재인용.

가의 특색과 지위(華文詩歌的特色與地位)」에서 말한 것처럼, "개념적으로 화문시가란 화문(華文), 즉 중국어(漢語)로 창작하는 시가를 가리키며, 초시공적이며 민족화, 현대화, 그리고 다양화 등의 특성을 가지고 있다"[9]고 하였다. 이 글에서 지적하고 있는 것처럼 화문시가의 큰 특징은 민족화로 중화민족의 전통과 정신을 계승하고 있는가의 문제이며, 시가의 내용상 현대적인 것에 착안하며 풍격과 문체상에서 '다양화'를 추구하는 것이며, 현대화된 사회생활을 묘사하면서도 화인들이 처한 시대를 반영하는 것을 특징으로 한다. 오개진(吳開晋)은 「동방지혜의 연장(東方智慧的延伸)」이란 글에서 당대 화문시가는 대륙과 대만 외에도 홍콩, 마카오, 기타 해외를 중심으로 화문시가 쓰여지며, "동방 지혜의 확대와 동방시학의 확장"이 하나의 발전경향을 이루고 있다고 한 바 있다.[10]

싱가포르 화문문학은 1919년부터 1980년까지 놓고 볼 때, 정치적인 변화에 따라 사상내용이나 작가의 의식이나 감정상으로 보아 3단계로 나누어 볼 수 있다. 양송년(楊松年)의 구분에 따르면 세 시기를 첫째는 전쟁전(1919-1942)의 시기, 두 번째는 전후부터 싱가포르 독립 전까지(1945-1965)의 시기, 세 번째는 싱가포르 독립 후부터 지금까지(1965-1980~)의 시기로 나누어 볼 수 있다.[11]

이 시기들의 특징을 간단히 살펴보면 먼저 첫 번째 시기는 "중국의 5·4 문학혁명의 영향 아래 탄생하고 발전"[12]한 시기부터 일본이 싱가포르를 침략하는 전쟁전까지의 시기이다. 마화신시(馬華新詩)의 탄생은 산문보다도 비교적 늦은데, 1919년 12월 『신국민일보(新國民日報)』(1919년 창간)의 문학부간 『신국민잡지(新國民雜誌)』에 소후록(蘇厚祿)

9 小莫, 「華文詩歌的概念與特性」, 『詩刊』, 1997 1기, 46쪽.
10 姚堯, 『當代華文詩歌的一種發展趨向』, 『詩刊』, 1998 6기, 49쪽.
11 楊松年, 「海角那朶怒放的花-新加坡華文文學的過去與現況」, 앞의 책, 2쪽.
12 陳賢茂, 「新加坡華文詩壇的歷史回顧」, 『臺灣香港與海外華文文學論文選』, 福州: 海峽文藝出版社, 1988, 340쪽.

의 「게으른 노동자의 참회(懶工的懺悔)」가 나타났고, 1920년에 또 한 편의 사계시(四季詩)를 발표하였다.[13] 그러나 진정으로 첫 번째 신시라고 부를 수 있는 것은 소애(嘯崖)가 1920년 2월 18일『신국민잡지(新國民雜誌)』에 처음 싱가포르 화문 신문학 작품 「원래 학생(原來學生)」이 백화를 이용하여 창작하면서부터라고 할 수 있다. "그것은 모던보이인가? 아니다, /아니면 군대가는 사람인가? 아니다, /아니면 사회의 인간쓰레기인가? 또한 아니다. /아아, 원래는 이곳의 어느 학당의 학생이었구나!"[14]라고 하였다. 시 자체가 백화적인 언어로 이루어져 '원래는 학생이었구나'라며 학생들의 떠돌이적 습성을 풍자하는 백화시이다. 이 시기에는 주로 이민사회가 본격적으로 시작되며 교민들이 고향을 그리워하고 옛 것을 그리워하는 의식들이 주를 이루고 있으며, 남양(南洋)의 생활과 자연경물에 대해 묘사하며 남양문예(南洋文藝)의 철탑을 만들어 가는 시기이다.

두 번째는 전후 초기부터 싱가포르 독립 전까지 주로 중국에서 남하한 교민의식이 풍부한 문인들과 현지의 젊은 작가들과 아주 큰 충돌이 발생했던 시기이다. 1947년 본지에서 출생한 젊은 작가들에 의해 '마화문예(馬華文藝)의 독특성' 구호가 제기되었으며, 중국을 제재로 하는 작품을 '교민문예(僑民文藝)' 또는 '중국문예의 해외판'이라고 하며 중국으로 간 작가를 '교민작가'나 심지어는 '도망작가'라고 비난하며 격렬한 논쟁이 벌어졌던 시기이다. 아울러 1956년 사이에는 애국주의 문학 또는 애국주의 대중문학 구호가 제기되어 본토작품에는 본토의식과 색채가 있어야 한다는 주장과 함께 점차 "중국문학의 궤도에서 벗어나 독립 발전의 길을 걸어나가는"[15] 시기였다. 이 시기에는 많은 젊은 시인들이

13 公仲 編著,『世界華文文學槪要』, 北京:人民文學出版社, 2000, 480쪽.

14 那是時髦子嗎? 不是, /還是當兵的嗎? 不是, /還是社會上的敗類嗎? 也不是. /呵呵, 原來是此地某某學堂的學生!

15 陳賢茂,「新加坡華文詩壇的歷史回顧」, 앞의 책, 340쪽.

시단에 나타났으며, 그들 대부분은 말레이시아에서 태어나고 자란 사람들로, 두홍(杜紅), 종기(鍾祺), 주찬(周粲), 범북령(范北羚), 두성(杜誠), 원전(原甸), 포체(泡蒂), 괴화(槐華), 이판어(李販魚), 엄사(嚴思), 산하(山河), 묘망(苗芒), 채흔(蔡欣) 등의 시인이 있다. 이중에서 원전과 채흔의 시를 간단히 살펴보기로 한다.

> 가장 좋은 것은 시간을 /말 한 필처럼 /나무 아래 매달아 두는 것이다 /밤새 소란피우며 나를 기다리기에 /다시 돌아와 /그것을 풀어준다 -- (원전[16], 「시간의 사색(時間的遐想)」 전문)[17]

> 빌딩은 아주 창백하지만 /도시는 /더 큰 냉혈동물 //그대는 돌기둥에 항상 기대어 /피로한 인물상을 /항상 빚는다 //집도 없는데 /집은 사람을 속이는 것 /꿈 밖의 명사 /유랑자에게는 /온하늘에 반짝이는 별빛이 있다 //꿈이 있다면 밤이여 오라 /베개라는 돌계단은 맑고 차가운데 /그리하여 꿈을 꾸며 /그리하여 눈과 얼굴 앞에도 /끝없는 길이 펼쳐진다 --(채흔[18], 「유랑자(流浪者)」 전문, 1970년)[19]

---

16 원전(原甸)은 당대 시인이자 화문문학 연구가이다. 원명은 임우장(林佑璋). 1940년 상하이에서 태어났으며 원적은 복건(福建) 민후현(閩候縣)이다. 일찍이 싱가포르 『연합조보(聯合早報)』편집을 맡은 바 있다. 1962년 처녀시집 『청춘의 눈물(青春的哭泣)』을 출판하였으며, 시집안에는 장편 낭송시 『우리의 고향은 만보산(我們的家鄉是座萬寶山)』가 교재로 편찬되어 말레이어로 번역 출판되었다. 1965년 홍콩으로 이주해 많은 저작을 출판하였다. 『홍콩풍경선(香港風景線)』 『홍콩의 창턱(香港窓沿)』『장성집(掌聲集)』등이 출판되었다. 高巍 主編, 『世界華人詩歌鑒賞大辭典』, 太原:書海出版社, 1993, 1180쪽.

17 最好能把時間 /象一匹鞍馬 /綁在那棵樹下 /待我胡鬧了一個夜晚 /再回來 /解開它 -- 原甸, 「時間的遐想」

18 채흔(蔡欣)은 원명이 채향영(蔡向榮), 기타 필명으로 이연(怡然), 우문헌(宇文軒) 등이 있다. 조적(祖籍)은 중국 광동성(廣東省) 징해현(澄海縣)이며, 1947년 싱가포르에서 태어났다. 싱가포르 사자훈련학원(師資訓練學院)을 졸업하였으며, 현재는 중학교에서 교편을 잡고 있다. 출판된 저작으로는 『담우(曇雨)』 『조개껍데기(貝殼)』 (이상 시집), 『야화집(椰花集)』(산문집) 등이 있다.

19 "大厦很蒼白 /而都市 /是更大的冷血動物 //你恒靠於石柱 /恒塑一具 /疲憊的人像 //沒有家 /家是騙人的 /夢境外的名詞 /流浪者 /有滿天星光 //有夢 夜來 /枕一石級

원전(原甸)의 작품 「시간의 사색(時間的遐想)」은 시인의 시간에 대한 사색을 보여주는 작품으로, 그의 작품 중에서 가장 좋은 작품으로 꼽히고 있다. 저명한 시론가 이원락(李元洛)은 『시미학(詩美學)』에서 미적 상상을 면류관에 비유한다면 "참신성, 창조성, 기이성은 면류관을 장식하는 세 개의 보석이다"라고 표현하고 있다.[20] 비교적 간단한 시어로써 시간을 말에 비유하며 시적 정취를 풍부하게 있다. 말을 매었다 풀었다 하는 것처럼 우리는 시간을 두고 끊임없이 소란을 피우고 있다. 시인은 이러한 현상을 두고 인생의 깊은 뜻을 간단명료하게 형상화시킴으로써 독특한 시적 경지를 이루고 있는 것이다.

채흔(蔡欣)의 「유랑자(流浪者)」라는 작품은 여성 시인의 시선을 통해 삭막한 도시의 일상생활을 노래하고 있다. 도시 속의 빌딩이란 문명세계를 '냉혈동물'에 비유하며 수많은 '피로한 인물상'을 빚지만 '유랑자'에게는 반짝이는 하늘의 별빛이 있다고 인식하고 있다. 그런 가운데에서도 시적 주인공을 여전히 꿈을 꾸고 있다. 그리하여 그의 눈과 얼굴에는 새로운 세계를 향한 끝없는 길이 펼쳐지고 있는 장면을 묘사하고 있다.

세 번째는 1965년 8월 9일 싱가포르 독립 이후의 시기로, 싱가포르 화문문학이 새롭게 발전하며 단행본과 잡지가 대량으로 발행되었고 싱가포르작가협회, 싱가포르 창작인협회(寫作人協會)와 오월시사(五月詩社), 싱가포르 문예연구회 등의 문학단체가 있었다. 바로 독립 전인 "60년대 초기에는 서방의 현대주의, 특히 대만의 현대시의 영향을 받아 싱가포르에도 현대시를 쓰는 청년 시인들이 나타났으며, 싱가포르 화문시단에 자못 오래 지속된 '사실과 현대'라는 논쟁"이 나타났으며, 여기에 포함되는 시인들로는 "막야(莫邪), 목령노(牧羚奴), 완안적(完顔籍), 영

清冷 /於是入夢 /於是在眼臉前 /又展開無盡的路" - 蔡欣, 「流浪者」 전문

20 高巍 主編, 『世界華人詩歌鑒賞大辭典』, 太原:書海出版社, 1993, 1180쪽.

배안(英培安), 영점령(零點零), 하란녕(賀蘭寧), 유천(流川), 문개(文愷), 남자(南子)" 등이 대표적이다.[21] 아울러 70년대초에는 싱가포르의 경제 발전과 더불어 시단상에는 사물 속에서 감흥을 일으키며 자신의 생각과 감정을 토로하는 작품들이 등장하였는데, 양월(梁鉞)의 「차를 말하자면(茶如是說)」와 곽영수(郭永秀)의 「차 이야기(茶的故事)」 등이 대표적이다. 이후 1984년부터는 영어와 화어의 구분이 없어지면서 모든 학교가 영어를 제1언어로 삼았고, 화어는 제2언어로 떨어져 내리면서 많은 시인들은 상실감으로 가득찼다. 이중에서 여성 시인인 막야(莫邪)의 대표시 「피안의 부인(彼岸的婦人)」1편을 살펴보기로 한다.

피안의 부인이여 /그대의 이름을 아내라 부른다 /그대의 눈은 /수분을 머금고, 깨끗하다 /그대의 두 손에는 피비린내가 나는데 /그대의 감미로운 혀의 따뜻한 입술로 /그대의 매우 엄중한 / 매우 엄중한 죄를 입맞춤하여 없애준다 /집으로 돌아가는 그를 불러, 그를 부른다 /머나먼 집으로 돌아가는. 하지마라 /더 이상 만들지 말라 피의 /비극을 //그대의 이름은 어머니라 부른다 /피안의 부인이여 /어머니의 사랑을 떠나 /그대가 사랑하는 이가 죽으러 가는 것을 막으며 /그대의 손바닥은 훈훈하여 /화기애애한 사랑이 /충실하고도 풍만하다

그래서 그를 데리고 가며, 데리고 간다 /잃어버린 개구쟁이처럼 //그대의 이름을 아내라 부른다 /피안의 부인이여 /그대의 이름을 어머니라 부른다 /충분한 희열을 설계한 것이 그대의 /본능인데, 그대들은 /평안의 밤마다 /평안의 밤을 아주 많이 가지고 있어야 한다 /그대는 이미 잃어버렸다. 더 이상 잃지 마라 /그는 그대의 것, 그가 필요해도 /이밤 온나무에 가득한 /평안 -- (막야[22], 「피안의

21 陳賢茂, 「新加坡華文詩壇的歷史回顧」, 앞의 책, 348쪽.

22 원명은 양훤(楊萱), 싱가포르에서 출생하였고, 조주인(潮州人)이다. 남양대학(南洋大學) 중문과를 졸업하였고, 남양대학 화어연구중심(華語研究中心)과 연합조보(聯合早報)에서 재직하였다. 후에 편안한 생활을 버리고 가난한 생활을 추구할 것을 실험하며, 정의로운 사회활동 행렬에 투신하여 캄푸치아, 태국, 중동지역 등에서 고아들을 위해 남은 여생을 양심적인 일에 바쳤다. 법정연령이 되지 않았어도 기쁘게 퇴직한 후 남반구 전원의 한 모퉁이에 은둔하여 세상을 조

부인(彼岸的婦人)」 전문, 1969년 12월 지음, 1970년 12월 수정)[23]

이 시는 '피안의 부인'을 통해 막야의 여성의식을 살펴볼 수 있는 시다. 그녀는 「어린아이(那小孩)」에서는 불쌍한 어린 아이를 노래하였고, 「어린시절(童年)」에서는 자신의 어린 시절을 노래하며 도시 사막 속에서 생활하는 현대인의 정서를 노래하고 있다. 이 시 역시 도시적 일상 공간 속에서 한 중년 부인의 모습을 그리고 있는데, 마치 시인 자신의 자화상을 보고 있는 듯한 느낌이다. 피안의 부인은 '아내'와 '어머니'라는 이름 속에서 사랑과 행복을 추구하며 평안한 밤을 꿈꾸고 있다. 이러한 시 속에서 시인의 여성의식은 자신 자신의 모습을 바로 볼 수 있고 자신의 존재의미를 깨닫게 되는 과정 속에서 '아내'와 '어머니'로서의 이중적 신분의 동일시로 나타나고 있다는 것을 알 수 있다.

이상으로 간단히 싱가포르의 화문 시가의 전개와 발전을 살펴본 바, 싱가포르 시단은 중국의 5·4 신문학의 영향 아래 출발하였으며, 일제에 저항하는 항전시기를 거치며 50년대에는 말레이시아에서 출생하고 성장한 젊은 시인들이 등장하여 점차 본토의식을 강조하는 시단으로 발전하였으며, 대만 현대시의 영향 아래 사실과 현대 논쟁이 벌어지기도 하

용히 관조하며 자신이 하고자 하는 일을 하며 정의로운 일과 선행을 겸하였다. 열살무렵 글을 쓰기 시작하여 필명으로 막야(莫邪)와 만천(萬千) 등이 있다. 시로써 세상에 이름을 알리며 초기의 작품들은 『싱가포르 15인 시집』등에 수록되어 있으며, 최근 시집으로 『막야의 아카시아(莫邪的相思樹)』가 있다. 그 외에도 많은 산문집들이 있다.

23 彼岸的婦人 /你的名字叫妻子 /你的眼睛 /飽含水份, 洗淨 /他雙手血腥 /以你甜美的舌溫潤的唇 /吻去他深重的 / 深重的 /喚他回家, 喚他 /回遙遠的家. 不要 /不要再製造血的 /悲劇 //你的名字叫母親 /彼岸的婦人 /阻止你所愛的去殺死 /別個母親的所愛 /你的手掌暖洋洋 /足以充實而且豐滿 /一家融蝙蝠的愛 /所以帶他走, 帶他走 /像一個迷失的頑童 //你的名字叫妻子 /彼岸的婦人 /你的名字叫母親 /設計充足的喜悅是你的 /本能, 你們應該擁有 /每一個平安夜 /很多個平安夜 /你已失去. 別再失去 /他屬於你, 要他也屬於 /此夜漫樹觸目的 /平安" -- 莫邪, 「彼岸的婦人」 전문.

였다. 이러한 흐름 속에서 싱가포르의 화문 시가는 중국문학의 모체문화를 지속적으로 유지 발전시켜 나가면서 서구의 현대시의 영향 속에서 새로운 싱가포르 시단을 형성하여 나갔다고 할 수 있다.

3. 향수의식과 유랑의식

싱가포르의 화문 시문학은 대체적으로 중국의 동남부에서 이주한 작가들과 대만이나 홍콩에서 수학하며 이주한 작가들, 그리고 싱가포르에서 태어나고 성장하며 싱가포르인으로서의 정체성을 유지하고자 하는 작가들 등 여러 유형으로 나누어 볼 수 있다. 이 가운데에서 싱가포르의 시문학은 대체적으로 중화 민족으로서의 정체성을 유지하며 싱가포르의 본토문학을 창조하는 문학이라고 할 수 있을 것이다. 무엇보다도 역사적이고 문화적 구성물, 상상의 공동체로서의 '민족' 상상과 친족관계를 중심으로 한 '종족' 상상을 그 기반으로 하고 있다고 할 수 있기 때문이다. '중국'이란 영토의 외부인 제3의 지역 국가인 '싱가포르'라는 국가에서 중국인 또는 중국 화교, 그리고 싱가포르의 '국민'으로서의 정체성을 유지시켜 가고자 하는 새로운 변화 앞에서 싱가포르의 화인 시문학 역시 모습을 드러낼 수 밖에 없다. 이미 베네딕트 앤더슨이 '민족'의 정의를 "민족은 본래 제한되고 주권을 가진 것으로 상상되는 정치공동체"[24]라고 지적한 것처럼 싱가포르에서 살고 있는 사람들에게 '중국' 또는 '중화민족'은 하나의 상상의 공동체로서 역사적이고 문화적 구성물이라고 할 수 있다. 이러한 측면에서 지금 중국의 민족주의는 점차 동남아의 여러 나라로 전파되어 나가고 있으며 싱가포르 역시 이러한 상상의 공동체로서의 중화 민족주의 기원과 전파의 중요한 실험장이 되고

24 베네딕트 앤더슨, 『상상의 공동체—민족주의의 기원과 전파에 관한 성찰』, 윤형숙 옮김, 서울:나남출판, 2002, 25쪽.

있다.

싱가포르에서 이미 중국 화교들은 자신들만의 정치적·경제적·문화적 공동체를 형성하며 중화 민족으로서의 정체성을 변화 발전시켜 나가고 있다. 싱가포르에서 중국 화교의 역사는 이미 오래전부터 시작되었으며, 지금 현재 싱가포르의 자본주의적 경제성장과 리콴유(李光耀)[25]라는 국가의 지도자의 출현, 그리고 새로운 아시아적 가치에 대한 유교자본주의의 신화 속에서 중국 화인들의 중요한 역할은 빼놓을 수 없는 사실이 되었다. 그리하여 그들은 싱가포르 자본주의의 새로운 신화 속에서 그들 나름대로의 교육적 체계를 통하여 영어와 중국어를 공용어로 써나가며 한 가족과 종족, 민족, 그리고 국민으로서의 정체성이 혼재되고, 동남아의 다양한 문화와 인종, 그리고 언어라는 특징을 함께 아우르며 문화적 혼종성과 다양성을 그 특징으로 발전시켜 나가고 있다. 이러한 싱가포르의 문화적 혼종성과 다양성 속에서 화인들의 시문학 역시 다양한 문화적 정체성을 반영하고 있다고 할 수 있다. 그들의 문화적 정체성이란 바로 중국 화교로서 중국 영토와 중국문화에 대한 향수와 그리움으로 나타났으며, 그들은 또한 여권에조차 종족을 표시하는 항목이 있는 것처럼 디아스포라적 중국인으로서의 정체성과 싱가포르 국민으로서의 이중적 정체성을 함께 갖고 있다.

따라서 싱가포르 화인 시문학에서는 무엇보다도 화인으로서의 이동하는 사유를 보여주고 있으며, 디아스포라 중국인 또는 싱가포르인으로서의 내면심리를 잘 표현해 주고 있다. 더구나 그들의 내면심리에는 영

25 싱가포르에서 리콴유(李光耀, 1923~)가 성공할 수 있었던 있었던 요인으로 첫째는 국가에 대한 헌신과 진정성, 둘째는 국가의 발전과 이익을 위해서라면 그 누구에게서도 거리낌 없이 배우는 실용주의 정신, 셋째는 안정을 추구하기보다는 변화와 진보를 선택하는 모험 정신, 넷째는 한번 세원 원칙은 어떤 난관이 있어도 지켜 냈다는 점, 다섯째는 능력주의와 업적주의 등으로 꼽고 있다. 김성진 저, 『리콴유-작지만 강한 싱가포르 건설을 위해』, 서울:살림, 2007, 8-9쪽.

국의 식민통치 속에서 과거 식민 통치에 대한 기억과 선택을 통하여 역사적 공동체로서의 종족을 형성해 나가고 있다. 중국인으로서의 종족성을 유지하는 한편, 서구적 정치체제의 실험장으로써 아시아적 가치를 중시하는 민족공동체를 강조하고 있는 특징이 나타나고 있다. 이러한 가운데 중국인과 서구인, 자기(우리)와 타자(그들)를 끊임없이 구분해 가며 "자기 민족이나 종족의 혈통적 순수성과 도덕적 우월성, 그리고 권력의 정당성을 절대화하는 신화적 허구성을 성찰하고 동시에 그들이 나(우리)를 타자화하는 폭력"[26]을 이해할 필요가 있다. 이러한 싱가포르의 중국 화인들의 문화적 정체성을 간파하기 위해서 그들의 의식구조를 살펴보는데 시문학이 가장 적절한 방법이 될 것이라고 생각한다. 여기에서 적민(適民)[27]의 「38년(三十八年)」이란 한 편의 시를 살펴보자.

"지구를 한바퀴 빙돌아도 /이틀이면 되는 길 /해협을 건너자고 /장장 삼십팔년이 걸렸네 //사람들마다 두 개의 삼십팔년이 /있을 수 있는 것이 아닐진대 /어떤 사람들은 반생의 시간이 걸려서야 /해협이란 천연요새를 뛰어넘었네……// 해협 물은 /깊은가? 얕은가? /얼굴의 눈물은 /쓴가? 달다 /삼십팔년이 /긴가? 짧은가? /눈앞의 일이 /진짜인가? 가짜인가? //집을 떠날 때는 /청춘 소년였는데 /집에 돌아올 때는 /생애가 얼마남지 않았네 //하지만 더이상 삼십팔년을 /기다릴 필요 없기를 바라며 /양안이 손을 맞잡고 /해협이 환한 얼굴로 나타날 수 있기를 바라네"[28] -- (적민, 「38년(三十八年)」 전문)

---

26 김광억 외, 『종족과 민족』, 서울:아카넷, 2005, 9쪽.

27 적민(適民)은 원명이 황성발(黃盛發)이며, 조적(祖籍)은 광동(廣東) 조안(潮安)이며, 1941생이다. 1966년 싱가포르 남양대학 중문과를 졸업하였으며, 프랑스 파리대학을 유학하며 박사학위를 취득하였다. 후에 싱가포르 국립대학에서 교편을 잡았으며 열대출판사(熱帶出版社) 사장을 역임하였다. 『열대문예(熱帶文藝)』『해협시간(海峽詩刊)』등을 주편하였으며, 시집으로 『찬설중탄(贊雪中炭)』『청산은 영원히 늙을 수 없다(靑山永不老)』 등이 있다.

28 "繞地一周 /只需兩天 /跨越海峽 /却要整整三十八年 //不是人人 /都能有兩個三十八年 /多少人用了半生的時間 /才跨過海峽這道天險…… //海峽的水 /是深? 是淺? /臉上的淚 /是苦? 是甛 //三十八年 /是長? 是短? /眼前的事 /是眞? 是贋? //離家的

이 시는 중국 대륙과 대만의 양안관계를 살펴볼 수 있는 시로, 평화로운 양안관계를 희망하고 있다. 무엇보다 양안을 '38년'이란 오랜 시간이 지나서야 '해협'을 건널 수 있었으며, 수많은 사람들이 반평생에 가까운 시간이 걸려서야 대륙을 방문할 수밖에 없었던 역사적 관계를 보여주고 있다. 여기에서 해협은 하나의 천연요새에 가까웠고 해협의 물은 깊은지 얕은지 모르고, 얼굴의 눈물 역시 쓴지 단지도 모를 정도로 오랜 세월이 지나서야 서서히 양안관계가 풀어지고 있음을 시인은 서술하고 있다. 그리하여 그의 의식 속에서 "집을 떠날 때는 /청춘 소년였는데 /집에 돌아올 때는 /생애가 얼마남지 않았네"라며 청춘의 소년이 이미 만년의 나이가 된 노인의 모습을 보여주고 있다. 이러한 자화상 속에서 중국 밖에서 떠돌고 있는 많은 시인들이 '나그네' 의식을 갖게 된 것은 필연적이라고 할 수 있다.

"12월 /나의 그리움은 /눈꽃처럼 그대의 두 어깨에 뿌리며 /그대는 길을 가는 나그네 /별빛에도 눈꽃에도 아랑곳없이 //삼천리 밖에서 그대를 생각하며 /엄동을 마주하며 /그리움은 가을 낙엽처럼 떨어지고 /애정은 얼음 기둥처럼 얼어버렸다 //이곳에는 겨울이 없을지라도 /어젯밤 꿈이 끊어졌을 때 /창문을 두드리는 빗소리를 듣는 것도 익숙지 않고 /새벽 추위도 견디지 못하겠구나 //빗소리는 창문을 두드리고 새벽 추위가 엄습하는데 /그대는 삼천리 밖에서 / 아득한 곳에 있는 듯 /그날 밤 함께 춤출 때 /선율이 깊은 적막 속으로 나를 끌고 들어간 것을 기억한다"[29]--(담영, 「나그네(過客)」, 1972년 미국 캘리포니아주에서, 전문)

時候 /還是青春少年 /回家的時候 /已是風燭殘年 //但愿不必再等 /三十八年 /兩岸才能携手 /海峽才現歡顔" 柳易冰 選編, 『鄕愁—臺灣與海外華人抒情詩選』, 河北人民出版社, 1990, 412-413쪽.

29 "十二月 /我的懷念 /像雪花灑在你雙肩上 /你是赶路的過客 /漠視星光 漠視雪花 //想你在三千里外 /對着一季嚴寒 /讓相思凋零如秋葉 /愛情凝成冰柱 //此處雖無冬 /昨夜夢斷時 /仍不慣聽雨打紗窓 /仍不耐五更寒 /雨打紗窓五更寒 /你猶在三千里外 / 猶在渺茫處 /我却記取那夜共舞時 /旋律把我卷入深深的寂寞裏" 淡瑩 著, 『太極詩譜·淡瑩詩集』, 싱가포르:教育出版社, 1979, 123-124쪽

이 시는 싱가포르의 저명한 여성 시인인 담영(淡瑩)[30]의 「나그네(過客)」란 시로, 싱가포르 화인들의 의식세계를 잘 표현해 주고 있다. 이 시 역시 시인이 미국 캘리포니아주에 있을 때 쓴 시로, 말레이시아 출생으로 대만에서 유학하며 미국을 경험한 광동(廣東) 매현(梅縣) 출신으로 중국 화인이라고 할 수 있다. 싱가포르 화인들의 의식세계에는 무엇보다도 '나그네'처럼 세계를 유랑하고 있다는 것과 항상 떠날 때와 돌아갈 때, 떠난 곳과 돌아갈 곳을 염려하고 있다. 특히 삼천리 밖, 12월의 엄동설한 속에서 길을 가는 나그네가 되어 그대를 생각하고 있다는 의식이 바로 화인 시인들의 유랑의식을 직접적으로 표출하고 있다. 그리하여 "그리움은 가을 낙엽처럼 떨어지고 /애정은 얼음 기둥처럼 얼어버렸다"라며 그리움과 애정이 모두 쇠잔해가는 유랑자의 비애와 슬픔을 표현하고 있다. 또한 창문을 두드리는 빗소리에도 새벽 추위에도 놀랄 수밖에 없고 꿈마저 끊어지는 먼 곳에 처해 있다는 시공간의 '거리감'을 나타내 주고 있다. 그래서 시인의 의식의 심연에는 항상 먼 아득한 곳에 있지만 언제나 시인의 기억 속에는 아름다운 모습만으로 각인되어 있다. 시인은 "그대는 삼천리 밖에서 / 아득한 곳에 있는 듯 /그날 밤 함께 춤출 때 /선율이 깊은 적막 속으로 나를 끌고 들어간 것을 기억한다"며 아름다운 과거의 기억 세계를 추억하며 현재의 '나'와 과거의 '나'를 이어주고 있다.

담영의 또다른 시 「운명(命運)」이란 시를 살펴보자. 이 시는 과거, 현재, 미래 등 세 가지의 시간구성을 하고 있으며, 이러한 시간 변화를 통

---

30 담영(淡瑩)은 원명이 유보진(劉寶珍)이며, 광동(廣東) 매현(梅縣) 사람이다. 1943년 말레이시아에서 태어났으며, 대만대학 외국어과를 졸업하고 왕윤화(王潤華)와 함께 『성좌시간(星座詩刊)』『창세기(創世記)』동인을 창립하였다. 미국 위스콘신대학에서 석사학위를 취득하였으며, 현재 싱가포르 국립대학 화어연구중심에서 강사를 맡고 있다. 『五月詩刊』창시인의 한 사람이며, 시집으로 『천만편양관(千萬遍陽關)』『단인도(單人道)』『태극시보(太極詩譜)』『담영문집(淡瑩文集)』등이 있다.

하여 여성적 자아의 심리적 이미지를 표현해 주고 있다.

1. 과거

나의 얼굴은 /누군가의 손바닥 위에서 /보리수로 /한무더기 피어난다 //나무 아래 쪽으로 지나가는 것을 때리는데 /자신의 발자국 소리가 /깊은 산의 북소리 같음을 /들었을 것이다 /자신의 얼굴이 /거울 속의 꽃같다고 /비춰 보았을 것이다 //나무 위에 날아가는 것들은 /봉황처럼 화염 속에서 /흔들거리며 떠오르는 것을 /전율했고 /날개짓했을 것이다

2. 현재

옛사당의 무너진 담장이 /한층한층 떨어져 내리는데 /마지막 남은 /내 마르고 수척한 얼굴 //나의 얼굴은 /불꽃에 물든 후 /포말처럼 /믿겨지지 않는다 //짜고 떫음을 바닷물에 돌려주며 / 차갑고 준엄함은 바위에게 돌려주고 / 어둠을 검은 밤에 돌려주지만 /놀라 두근거리는 답안은 /저 별무리에서 /결국 찾아낼 수 없다 //손을 흔들며 /나는 자신의 얼굴을 /하늘로 던지자 /새소리가 /가물가물 쪼아댄다

3. 미래

삼월이 반드시 봄은 아니다 /봄이라고 반드시 꽃이 피는 것은 아니다 /꽃이 핀다고 열매를 맺는 것은 아니다 /열매를 맺는다고 달콤한 것은 아니다 //그래서 일요일날 /나는 시초점으로 /운명을 점치니 /손금이 갑자기 두 손에서 /날아간다 /그날 저녁 /나는 10시 반에 잠자리에 들며 /11시에 등불을 끄며 잠자리에 든다 -- (담영, 「운명(命運)」, 전문)[31]

---

31 "一. 過去 //我的臉 /在手的掌上 /開出一叢一叢 /菩提樹 //凡打從樹下經過者 /必聽見 /自己的跫音 /如深山鼓 /必照見 /自己的容貌 /如鏡中花 //凡打從樹上飛過者 /必震栗 /必振翼 /如鳳凰 /自火焰中 /冉冉升起 ///二. 現在//古廟的頹垣 /一層一層剝落 /最後剩下 /我清癯的臉 //我的臉 /經煙火渲染後 /是一粒泡沫那樣 /令人不可置信 //把咸澁還給海水 / 冷峻還給巖石 / 幽冥還給黑夜 /而驚悸的答案 /在那組星座 /終究搜索不出來 //一揚手 /我把自己的臉 /抛向天空 /讓鳥聲 /啄個稀爛 ///三. 未來 //三月不一定是春天 /春天不一定開花 /開花不一定結果 /結果不一定甘甛 //所以日曜日 /我以一束蓍草 /占卦命運 /掌紋驀然自雙手 /飛出 /當天晚上 /我仍是十點半上床 /十一點正熄燈就寢" 淡瑩 著, 『淡瑩文集』, 厦門:鷺江出版社, 1995, 48-50쪽.

1장 과거에서는 '나의 얼굴'은 '보리수'로 피어나고, '거울 속의 꽃'이나 '봉황' 같은 이미지로 전율하고 날갯짓하는 비교적 활기차고 생명이 있는 아름다운 모습으로 그려지고 있다. 그러나 2장 현재에서는 '옛 사당의 무너진 담장'이나 바닷물의 '포말'처럼 '어두운 검은 밤'이란 시적 인식 속에서 별무리도 찾아낼 수 없고 새소리만 가물가물 하늘을 쪼아대고 있는 비극적 인식을 보여주고 있다. 3장에는 이러한 비극적 현실 인식이 다시 시간의 변화 속에서 삼월의 봄을 맞아 꽃과 열매를 생각하며 자신의 운명에 대해 점을 치면서 잠자리에 들거라는 미래의 자신의 모습에 대해 알려주고 있다. 이러한 시간의 변화과정을 통해 여성적 자아의 생명의 탄생과 성장, 그리고 소멸의 단계를 거쳐 우주와 인생에 대한 깊은 관찰과 인식을 표현해 주고 있다.

담영의 이러한 시세계를 통해 볼 때 싱가포르 화인들의 시가의식 속에는 항상 과거에 자신이 살아온 문화적 뿌리에 시인 영감의 촉수가 맞닿아 있을 뿐만 아니라 이러한 향수의식이야말로 현재적 삶의 중요한 근원이 되고 있으며, 항상 과거와 현재, 그리고 미래에 대해 성찰하는 깊은 현실 인식의 세계를 보여주고 있음을 알 수 있다.

4. 싱가포르(인)의 본토성과 자기정체성

싱가포르 화인 시문학은 위에서 본 것처럼 우선적인 특징이 '중국'의 외부에서 '중국'을 향하고 있는 작자의 심사와 함께 중국의 바깥을 유랑하며 화인으로서의 돌아갈 곳이 마땅치 않은 유랑의식을 나타내고 있다. 이와 더불어 싱가포르 화문시가에서는 싱가포르의 토착문화와의 상호 융합과 동화적 삶을 살아가며 현지화 되어 가고 있는 모습을 살펴볼 수 있다. 그런 가운데 싱가포르 화인 사회의 종족관계와 유대관계를 더욱 공고히 하였을 뿐만 아니라 싱가포르 화인으로서의 정체성을 유지해 나가고 있다. 아울러 그들은 화교 1세대가 겪었던 고난의 삶에서 점차 벗어나며 중국과의 유대관계가 소원해짐에 따라 점차 현지에 동화되어 '싱가포르인'으로서의 정체성을 추구해 가고 있다. 이러한 싱가포르의 화인들의 시문학 속에는 자연적으로 문화의 잡종성 내지 혼종성 양상이 나타날 수 밖에 없으며, 주변부 의식에서 점차적으로 주체적인 의식으로 발전하고 있음을 알 수 있다. 이러한 싱가포르 화인 시인의 대표적인 본토성 작가로 왕윤화(王潤華: 1941~)[32]를 들 수 있다. 이른바 본토성이란 "싱가포르 말레이시아 화문문학의 본토성"으로, "영역의 의미로서의 본토이자, 중국본토(대만을 포함하여)를 조금도 겨냥하지 않는 본토"[33]라고 할 수 있다. 이러한 본토성의 의미에는 중국문학의 전통 영향에서 점차 벗어남으로써 자신만의 독창적인 문화적인 정체성을 세우고자 하는 흐름이라고 할 수 있다. 여기에서 왕윤화는 싱가포르 화문문학사의의 정리와 서사를 중시하며, 『화문문학에서 세계문학으로(從新華文文學到世界文學)』라는 책에서 싱가포르 화문문학의 발전사실을 탐구하며 그 전망을 바라보고 있다. 그는 "외래의 씨앗(중국문학을 가리킴)이 이국의 땅에 파종되어, 모든 씨앗은 그것이 뿌리를 내리고 성장하는 땅과 기후의 영향을 받을 것이다. 따라서 싱가포르 당시의 사회 요소는 화문문학의 형성과 발전에 대해 싱가포르 국가의 성장의 일환으로 간주해야만 한다. 이렇게 해야만 화문문학이 발전하는 정확한 방향과 그 정신적 의미를 더욱 정확하게 찾아낼 수 있다"[34]고 하였다.

32 왕윤화(王潤華)는 광동(廣東) 사람으로, 1941년 말레이시아에서 태어났다. 대만 정치대학을 졸업하고 미국 위스콘신대학 문학석사학위를 취득하였다. 현재는 싱가포르 국립대학 교수를 역임하고 있으며, 싱가포르 창작인협회 회장을 맡고 있다. 시집으로 『병든 태양(患病的太陽)』『고조(高潮)』『내외집(內外集)』『고무나무(橡膠樹)』『왕윤화문집(王潤華文集)』등이 있으며, 시문 합시로 『남양향토집(南洋鄉土集)』과 산문, 학술논문 등 여러 가지가 있다.

33 南治國, 「新馬華文文學的本土性建構-以王潤華的相關論述爲中心」, 『華文文學』, 總第66期, 2005.1, 23쪽.

34 王潤華, 『從新華文文學到世界文學』, 潮州八邑會館, 1994, 南治國, 앞의 논문, 24

"나는 새벽 안개를 뚫고 /아이오아 시립공원의 참나무숲을 달린다 /다람쥐가 두 손으로 마지막 도토리를 받쳐들고 /뒷다리로 깡총 서서 /슬프게 나뭇가지를 바라본다 /어제 숲을 뚫고 지나가는 한류는 /불꽃 없는 큰불이다 /나뭇잎이 모두 불타버리고 /찬서리가 불의 씨앗처럼 /작은 나무 덤불 속의 소맥수(蘇麥樹)를 /활활 불태운다"[35] -- (왕윤화, 「참나무숲(橡樹林)」, 1970년 10월, 전문)

"아침 10시 /습한 야자나무 그림자가 / 산만하게 숙근초 풀더미에 누워 /들새들은 햇빛을 깨끗이 쪼아먹고 /지지배배 /우연히 나무 그늘 아래 토해내는 / 여행객들의 헛소문들을 빼앗아 쪼아 먹는다"--(왕윤화, 「산새(山雀)」 전문)

위의 두 편의 시는 왕윤화의 시풍을 살펴볼 수 있는 대표적인 시이다. 첫 번째 시 「참나무숲(橡樹林)」은 미국의 아이오하 시립공간에서 새벽에 참나무숲을 달리며 다람쥐가 마지막 도토리를 들고 서 있는 모습을 통해 외국을 유랑하고 있는 자신을 비유하고 있다. 시풍이 대체적으로 서정적이며 자연의 변화 속에서의 삶의 조화를 모색하고 있다. 다람쥐가 마지막 도토리를 들고 나뭇가지를 바라보고 있는 절망적 상황과 점점 차가워지는 날씨 속에서 찬서리가 불의 씨앗처럼 내리자마자 거꾸로 덤불 속의 소맥수(蘇麥樹)는 점점 생명의 불씨를 활활 불태운다는 상황인식을 보여주고 있다.

두 번째의 시 「산새(山雀)」는 '산새'를 상징물로 하여 야자나무 그림자 아래에서 여행객들이 뱉는 헛소문들을 쪼아 먹고 있는 자연풍경을 묘사하고 있다. 그러나 이 시는 사실상 자유로이 비상하는 자유의 날개를 가진 새가 누리는 자연생명의 소중함을 일깨우고 있다. 이 가운데 시

쪽 재인용.

35 "我穿過晨霧 /跑上愛荷華市立公園的橡樹林 /松鼠雙手捧着最後一顆橡實 /用後腿高高地站起來 /傷心地仰望着樹梢 /昨天穿過樹林的寒流 /是一把沒有火焰的大火 /把樹葉都燒焦了 /寒霜像火種 /熊熊地燃燒着 /矮樹叢中的蘇麥樹" 柳易冰 選編, 앞의 책, 414쪽.

인을 산새에 비유하며 자유를 향한 시인의 시적 열정을 생각해 볼 수 있을 것이다. 이러한 자연풍경을 노래한 시들을 통해 더 이상의 디아스포라 중국인의 정체성보다는 싱가포르인으로서의 정체성을 추구해 가고 있는 본토성 문학을 찾아볼 수 있다.

> "고무나무는 가장 더운 것을 두려워하고 / 고무나무는 가장 수줍어 하지 않는다 /새해부터 /겉옷과 속바지를 /하나하나 깨끗이 벗으며 /산비탈에 실오라기 하나 걸치지 않고 서서 /성적 매력을 주지 못하는 몸을 드러낸다 //옷을 입지 않은 고무나무는 /매 한 그루마다 마른 뼈가 우뚝 솟아 있고 /몸에는 칼의 흔적이 겹겹이 나 있는데 /나는 그것이 바라는 바를 알고 있다 /빗물이 열대숲으로 돌아와 /그것을 대신해 녹색의 새로운 옷을 입히고 /그것을 대신해 옅은 황색의 작은 꽃을 피우기를……"[36] -- (왕윤화, 「고무나무(橡膠樹)」, 1970년 10월, 전문)

그리고 위의 「고무나무(橡膠樹)」는 왕윤화의 대표 시집의 제목이자 한 편의 대표시이다. 이 시의 제재를 보듯 '고무나무'는 싱가포르의 열대기후의 산물이다. 남양의 자연풍경을 직접적으로 드러낼 수 있는 제재를 가지고 새해의 산비탈에 옷도 걸치지 않은 채 몸을 드러내고 칼자국이란 상처를 안고 다시 생명의 녹색 옷을 입고 작은 꽃을 피우기를 시인의 희망을 노래하고 있다. 그리하여 여기서 '고무나무'는 생명을 잃었다가 다시 생명을 되찾고자 노력하는 시인의 열망과 감수성의 대상이 되고 있는 것이다. 왕윤화는 이러한 시를 통해 '중국'과의 거리두기에 성공하고 있으며, 싱가포르 화인으로서의 독자적인 본토성을 지닌 작품을 창작하고 있는 것이다.

---

36 "橡膠樹最怕熱 /橡膠樹最不害羞 /從新年開始 /就把外衣內褲 /一件一件脫個精光 /一絲不挂地站在山坡上 /赤裸着并不性感的身體 //沒穿衣裳的상橡膠樹 /每一棵都是瘦骨嶙嶙 /而且身上刀痕累累 /我知道它正在盼望 /雨水回來熱帶叢林 /替它換上綠色的新衣裳 /替它戴上淡黃色的小花……" 王潤華 著, 『王潤華文集』, 厦門:鷺江出版社, 1995, 38쪽.

5. 나오며

이상으로 싱가포르 화문시가의 대표적인 작가와 작품들을 통하여 싱가포르 화문시가의 문화적 정체성을 살펴보았다. 화문문학 또는 화인문학에 대한 문제는 기존의 중국문학의 외연을 확장하는 것과 동시에 기존의 중국문학 중심에서 점차 멀어지며 주변부 의식에서 독자적인 주체의식으로 발전해 가고 있는 것을 의미한다. 이를 통해 싱가포르의 사회와 문화 속에서 중국 화인들의 삶과 의식의 문제를 고찰하며 다종족, 다문화적 싱가포르 사회 속에서의 중국인 화인에서 싱가포르인으로의 변화되어 가는 과정을 살펴볼 수 있었다. 싱가포르 화인 작가들에게 있어 그들의 문화적 정체성이란 상당히 복잡하고 중요한 의미를 지니고 있다고 할 수 있다. 이것은 시를 쓰는 주체에 관한 문제이자 그의 작품에 드러나는 시적 대상의 문제라고 할 수 있는 만큼, 기존의 중국문학과 어느 정도 관련이 있는지 없는지 면밀한 검토가 필요하며 싱가포르 본토문화와 토착문화 속에서 싱가포르인들이 어떻게 주체적인 의식을 획득해 나가고 있는지 충분한 검토가 더욱 필요하다고 할 수 있다. 무엇보다 이러한 싱가포르 화인문학 또는 화문문학 뿐만 아니라 동남아의 화문문학 전반에 걸쳐 충분한 연구와 관심이 더욱 활성화 되어야 할 것으로 보인다. 이로써 동남아라는 제3의 공간에서의 중국 화인들의 문화적 정체성을 밝혀낼 수 있을 것이다.

참고문헌

高巍 主編,『世界華人詩歌鑒賞大辭典』, 太原:書海出版社, 1993.

公仲 編著,『世界華文文學概要』, 北京:人民文學出版社, 2000.

김광억 외,『종족과 민족』, 서울:아카넷, 2005.

김성건,『싱가포르의 사회와 문화』, 문경출판사, 1997.

김성진,『리콴유-작지만 강한 싱가포르 건설을 위해』, 서울:살림, 2007.

南治國,「新馬華文文學的本土性建構-以王潤華的相關論述爲中心」,『華文文學』, 總第66期, 2005.1.

淡瑩,『淡瑩文集』, 厦門:鷺江出版社, 1995.

淡瑩,『太極詩譜·淡瑩詩集』, 싱가포르:教育出版社, 1979.

柳易冰 選編,『鄉愁—臺灣與海外華人抒情詩選』, 河北人民出版社, 1990

박사명 외,『동남아의 화인사회』, 서울:전통과 현대, 2000.

柏楊 主編,『新加坡共和國華文文學選集』(史料篇), 臺北:時報文化出版事業有限公司, 1982.

柏楊 主編,『新加坡共和國華文文學選集』(詩歌篇), 臺北:時報文化出版事業有限公司, 1982.

베네딕트 앤더슨,『상상의 공동체—민족주의의 기원과 전파에 관한 성찰』, 윤형숙 옮김, 서울:나남출판, 2002.

小莫,「華文詩歌的概念與特性」,『詩刊』, 1997 1기.

왕겅우,『중국 밖의 또 다른 중국인 화교』, 윤필준 옮김, 다락원, 2003

王潤華,『王潤華文集』, 厦門:鷺江出版社, 1995.

姚堯,『當代華文詩歌的一種發展趨向』,『詩刊』, 1998 6기.

原甸,『馬華新詩史初稿(1920-1965)』, 홍콩:三聯書店香港分店, 1987.

이용주 김덕영,『신화가 되어버린 싱가포르』, 한국학술정보(주), 2005.

지세화,「중국의 '華文文學'에 대한 연구동향과 인식태도 고찰-화문문학 연구성과의 검토를 중심으로」,『중국학연구』, 중국학연구회, 제

46집, 2008.12.
陳賢茂,「新加坡華文詩壇的歷史回顧」,『臺灣香港與海外華文文學論文選』, 福州:海峽文藝出版社, 1988.

9

파농과 사르트르의 폭력에 대한 사유*

—『대지의 저주받은 자들』의 ‘서문’을 중심으로

변광배

1. 시작하며

이 글의 주된 목적은 1961년에 프란츠 파농(Franz Fanon)에 의해 출간된 『대지의 저주받은 자들Les Damnés de la terre』[2]의 ‘서문’을 중심으로 사르트르와 파농의 폭력에 대한 사유를 심층적으로 이해하는 데 있다. 보다 구체적으로 우리는 이 글을 통해 파농이 『대지』를 집필하는 과정에서 사르트르에게서 수용했다고 여겨지는 폭력론의 실체에 주목할 것이다. 이를 위해 이 글에서는 사르트르의 후기 사상이 집대성되어 있는 『변증법적 이성비판Critique de la raison dialectique』[3]를 주로 참고하게 될 것이다. 실제로 파농이 『대지』를 집필하면서 수용했다고 하는 사르트르

---

* 이 글은 『철학과 문화』 제24집(2012.봄)에 실린 것을 수정·보완한 것임.

2 이하 이 책은 본문과 주에서 『대지』로 약칭.

3 이하 이 책은 본문에서 『변증법』으로 약칭.

의 폭력론은 『변증법』에서 주로 다루어지고 있는 것이기 때문이다.

그렇다고는 하나 사르트르가 『변증법』에서 다루고 있는 폭력론은 ‘계급투쟁’에 관련된 것이다. 다시 말해 어떻게 하나의 공동체 내에서 지배계급(또는 유산계급)과 피지배계급(또는 무산계급)이 형성되며, 피지배계급은 지배계급의 억압과 착취로 인해 발생한 폭력적 상황을 또 어떻게 타파해나가는가의 문제가 그것이다. 실제로 사르트르는 『변증법』에서 피지배계급이 지배계급에 의해 발생한 폭력적 상황을 타파하는 유력한 길이 바로 ‘폭력’을 통하는 길이라는 것을 밝히고 있다. 지배계급이 피지배계급에게 가하는 ‘기존폭력(la violence déjà existante)’에 맞서는 ‘대항폭력(la contre-violence)’이 그것이다. 『변증법』에서 제시되고 있는 이와 같은 주장으로 인해 사르트르는 그의 친구였던 아롱으로부터 “폭력의 사도(l'apôtre de la violence)”라는 칭호를 받기도 했다. 여하튼 사르트르는 『변증법』에서 계급투쟁의 시각에서 폭력론을 전개하고 있다는 것은 분명하다.

주지의 사실이지만 파농은 『대지』에서 주로 탈식민지적 관점에서 폭력론을 전개하고 있다. 이것은 『변증법』에서 논의되고 있는 사르트르의 폭력론과 『대지』에서 논의되고 있는 파농의 그것은 그 범주 면에서 일치하지 않는다는 것을 의미한다.[4] 또한 파농은 『대지』에서 식민지 상황의 타파를 위해 문화적 요소, 심리적 요소를 강조하고 있기도 하다.[5] 그럼에도 불구하고 『대지』에서 볼 수 있는 식민지 상황에 대한 파농의 타파 논리의 핵심은 ‘폭력에 의한 폭력의 제압’에 있다는 것은 의심의 여지가 없어 보인다. 이와 같은 점으로 미루어보면 『변증법』에서 전개되고 있는 사르트르의 폭력론에 대한 이해는 『대지』에서 전개되고 있는 파농

---

4 Cf. 프란츠 파농, 『대지』, 그린비, 남경태 옮김, 2004, 60쪽.

5 『대지』의 목차는 1. 폭력에 관하여, 2. 자발성의 강점과 약점, 3. 민족의식의 함정, 4. 민족문화에 관하여, 5. 식민지 전쟁과 정신질환, 6. 결론이다.

의 폭력론의 이해를 위한 하나의 발판이 될 수 있을 것으로 판단된다.

2. '서문'의 집필 배경과 쟁점

1) '서문'의 집필 배경

사르트르가 파농의 마지막 저서 『대지』의 '서문'을 쓰게 된 것은 정확히 파농의 부탁에 의한 것으로 알려져 있다. 사르트르가 1905년에 태어났고, 파농이 1925년에 태어났기 때문에, 이들 사이에는 정확히 20년의 나이 차이가 있다. 하지만 20년의 나이 차이에도 불구하고 이들은 꽤 일찍 소통했던 것으로 보인다. 비록 이 소통이 파농으로부터의 일방적 소통이었음에도 불구하고 말이다. 파농이 사르트르에 대해 관심을 가지게 된 것은 1948년경으로 알려져 있다. 그 무렵에 파농이 사르트르의 존재를 전혀 몰랐다고 가정하기는 어려울 것 같다. 그도 그럴 것이 파농이 프랑스 리옹에서 의과대학에 다니던 1946-47년 사이에 사르트르는 이미 프랑스를 대표하는 철학자, 소설가, 극작가, 참여 지식인 등으로 자리매김하고 있었기 때문이다. 하지만 특히 파농의 관심을 불러일으켰던 것은 1948년에 집필된 사르트르의 「검은 오르페우스Orphée noir」라는 글이었다. 이 글은 레오폴 세다르 생고르에 의해 편찬된 『프랑스어 새로운 흑인시와 말가쉬시 선집Anthologie de la nouvelle poésie nègre et malgache de langue française』에 붙인 사르트르의 서문이다. 이 글에서 사르트르는 '네그리튀드(négritude)'에 대한 독특한 견해를 제시하고 있는데, 파농은 아마 이 견해에 큰 관심을 가졌던 것으로 보인다.

파농의 사르트르에 대한 관심은 「검은 오르페우스」 이후 점차 더 커져갔으리라 생각해볼 수 있다. 실제로 사르트르는 이 글 이후, 특히 1950년대 중, 후반에 식민지 문제 커다란 관심을 가지게 된다. 알제리 전쟁(1954-1962)에 대한 관심이 그 예이다. 그는 식민지주의에 반대하는 몇 편의 글을 썼고, 식민지주의를 주제로 「톱니바퀴L'Engrenage」라는 시나리오를 집필하기도 했다. 사르트르는 또한 알제리 전쟁에 반대하기 위해 1960년에 "121인 선언"에 서명하기도 했다. 그리고 알제리 전쟁에 대한 과격한 반대 입장으로 인해 사르트르는 프랑스 전체에서 가장 미움을 받는 자가 되었고, 심지어는 그로 인해 그가 살고 있던 아파트가 프랑스 극우파의 폭탄 세례를 받기도 했다. 게다가 1950년대 초, 중반을 지내면서 사르트르의 태도, 특히 지배계급(부르주아)에 대한 그의 증오심은 극에 달하게 된다. 그 결과 사르트르는 소련을 중심으로 한 좌파 이데올로기에 더욱 더 가까워졌고, 그 연장선에서 1960년에 『변증법』을 출간하게 된다.

아무튼 파농이 「검은 오르페우스」 이후 식민지 문제에 대해 이처럼 일관된 입장을 보였던 사르트르의 일거수일투족에 대해 주목했으리라는 점, 따라서 파농이 당대의 시대정신을 구현하고 있던 지식인이자 철학자였던 사르트르로부터 직, 간접적으로 영향을 받았으리라는 점을 어렵지 않게 짐작해볼 수 있다. 특히 파농은 『변증법』으로부터 커다란 영향을 받았을 것으로 짐작된다. 왜냐하면 파농 자신이 1957년에 2년 동안 근무했던 알제리의 블리다 정신병원을 떠나면서 알제리에서 추방당했으며, 그 뒤로 튀니지의 수도인 튀니스로 가서 알제리 민족해방운동(FLN)에 가담하면서 식민 해방 운동에 적극적으로 가담하기 했기 때문이다. 이와 같은 상황에 있었던 파농으로서는 한 공동체 내에서 발생하는 폭력적 상황 —사르트르에게 있어서는 계급투쟁의 상황이고, 파농에게 있어서는 식민적 상황이이지만— 에서 벗어나기 위해 '폭력'에 의존할 수밖에 없다는 주장을 펼치고 있는 사르트르, 그것도 『변증법』을 쓴 사르트르가 구세주처럼 보였을 수도 있다. 파농은 사르트르를 "살아 있는 신(神)"으로 생각했다고 하고,[6] 그 자신 사르트르의 『변증법』을 정독

했으며, 이 책의 사상을 다른 사람들에게도 가르치려고 했다.

이처럼 글을 통해 간접적으로 이루어졌던 파농과 사르트르 사이의 관계, 그것도 파농 쪽에서 일방적으로 이루어졌던 이들의 관계는 1960년에 보다 더 긴밀해지게 된다. 실제로 사르트르의 책임 하에 발간되고 있던 『현대Les Temps modernes』 지 특파원 자격으로 클로드 란츠만과 마르셀 페쥐가 튀니스로 파농을 방문한 적이 있다. 이때 알제리를 포함해 아프리카 여러 나라들의 해방을 위한 "반식민주의 회의"가 열렸으며, 많은 지식인들이 거기에 참가했다.[7] 이 방문이 있고 난 후에 이 잡지에 미발표의 상태에 있던 파농의 글 「알제리 혁명 제 5년L'An V de la révolution algérienne」의 발췌본과 「알제리 문제 앞에서의 프랑스 지식인들과 민주주의자들Les intellectuels et les démocrates français devant la question algérienne」이라는 글이 실리게 된다. 또한 이 잡지는 그 이후 '알제리' 특집호를 냈으며, 알제리 민족해방전선의 활동에 지속적으로 지원을 하게 된다. 물론 이 모든 것이 이 잡지의 책임자였던 사르트르의 동의하에 이루어졌다는 것은 말할 나위가 없다.

이처럼 「검은 오르페우스」와 『현대』 지를 매개로 관계를 맺었던 파농과 사르트르는 드디어 1961년 7월에 직접 만나게 되고, 또 이 만남을 계기로 『대지』의 '서문'에 대한 부탁과 수락이 이루어지게 된다. 그 무렵 사르트르는 쿠바를 방문한 후에 로마에서 휴가를 보내고 있었고, 백혈병에 걸렸던 파농은 치료를 위해 이탈리아를 방문했으며, 로마를 경유하는 길이었다. 보부아르는 이들이 첫 번째 만남을 『사물의 힘』에서 다음과 같이 회상하고 있다.

> 이탈리아 북부에서 류머티즘[8]을 치료하려 했던 파농이 그의 방문을 알렸을

---

6 베르나르 앙리 레비, 『사르트르 평전』, 변광배 옮김, 을유문화사, 2009, 56-57쪽.
7 패트릭 엘렌, 『나는 내가 아니다』, 곽영단 옮김, 우물이 있는 집, 2000, 276쪽.

때 우리는 기뻤다. 그 전날 저녁에 도착한 란츠만과 함께 나는 공항으로 파농을 마중하러 갔다. (......) 차에서 그는 흥분해서 이렇게 말했다. 지금부터 48시간 이내에 프랑스 군대가 튀니지를 공격할 것이고, 많은 피를 흘리게 될 것이라고 말이다. 식사를 하기 위해 사르트르와 자리를 같이 했다. 그들의 대화는 새벽 2시까지 이어졌다. 사르트르가 잠을 자야 한다는 구실로 나는 점잖게 그들의 대화를 끊었다. 그러자 파농은 화를 냈다. "나는 자기 자신을 아끼는 사람들을 싫어합니다.", 라고 란츠만에게 그가 말했다. 란츠만은 그 다음날 아침 8시까지 깨어 있었다. 쿠바인들과 마찬가지로 알제리 혁명군들도 밤에 4시간 이상 자지 않았다. 파농은 사르트르에게 할 말도 많았고, 그에게 던지고 싶은 질문도 많았다. "2주일 동안 사르트르와 함께 아침부터 저녁까지 대화를 할 수 있다면 나는 하루에 2만 프랑을 지불하겠소.", 라고 그는 웃으면서 란츠만에게 말했다. 금요일, 토요일, 일요일, 그리고 그가 아바노행 열차를 딸 때까지 우리는 계속 이야기를 나누었다.[9]

파농은 사르트르를 직접 만났던 무렵에 그의 마지막 저서인 『대지』를 막 완성한 참이었다. 이 저서는 프랑스의 마스페로(Maspero) 출판사에서 출간될 예정으로 있었다. 사르트르와의 만남이 있기 직전에 파농은 출판사에 초조한 마음으로 다음과 같은 내용의 편지를 썼다.

건강 상태가 약간 호전되었으므로, 그래도 뭔가 글을 쓰기로 결심했습니다. 우리나라 사람들을 생각할 때, 그러지 않을 수 없군요. 이 책의 인쇄를 '서둘러 주시기를' 부탁드리는 바입니다. 저를 만족시켜주실 것으로 압니다. 알제리와 아프리카에서 그것을 필요로 하고 있습니다. 사르트르에게 제 책의 서문을 써달라고 부탁하십시오. 제가 식탁에 앉을 때마다 그 분을 생각한다고 그분께 전해주십시오. 그 분은 우리의 미래를 위해 매우 중요한 글을 쓰시지만, 그 분 자신의 나라에서는 아직 그것을 읽을 줄 아는 독자들이 없으며, 우리나라에서는 그

8 파농은 그 당시 백혈병 합병증으로 류머티즘을 앓았다고 한다.
9 Simone de Beauvoir, *La Force des choses*, Gallimard, 1963, pp.619-620.

냥 독자들이 있을 뿐입니다.[10]

이 요청을 받고 사르트르는 기꺼이 『대지』의 '서문'을 써주기로 약속을 하고, 또 이 약속을 지키게 된다. 이 책의 원고는 란츠만을 통해 사르트르에게 전해졌다. 보부아르는 『사물의 힘』에서 그때 당시의 사정을 이렇게 회상하고 있다.

> 파농은 사르트르에게 『대지의 저주받은 자들』의 서문을 써줄 것을 부탁했다. 파농은 란츠만을 통해 이 책의 원고를 사르트르에게 전했다. 사르트르는 쿠바를 방문하는 동안 파농이 말하고자 했던 다음과 같은 진리를 발견했다. 피억압자들은 폭력 속에서 자신들의 휴머니티를 길어 올린다는 것이 그것이다. 사르트르는 극단적이고, 총체적이며, 선동적임과 동시에 복잡하면서도 미묘한 제3세계의 선언인 파농의 책에 동의했다. 사르트르는 기꺼이 이 책에 서문을 써주기로 했다.[11]

이렇게 해서 『대지』보다 더 유명한 사르트르의 이 책에 대한 '서문'이 탄생하게 된 것이다. 1961년 9월의 일이었다. 이 '서문'은 사르트르의 글들 가운데 "가장 격렬한" 글로 알려져 있으며, 이 글로 인해 프랑스에 이른바 "제3세계주의(le tier-mondisme)"의 출현의 계기가 된 것으로 여겨지고 있다.[12] 한편, 파농은 백혈병을 이기지 못하고 1961년 12월 6일에 워싱턴에서 세상을 뜨게 된다.

2) '서문'의 쟁점

사르트르는 파농의 『대지』의 '서문'에서 크게 다음과 같은 세 가지

---

10 Anni-Cohen Solal, *Sartre(1905-1980)*, Gallimard, 1985, p.555.
11 Simone de Beauvoir, op. cit., p.619.
12 Michel Contat/Michel Rybalka, *Les Ecrits de Sartre*, Gallimard, 1970, p.361.

내용[13]을 지적하고 있는 것을 보인다. 식민지 상황은 '폭력', 보다 구체적으로는 '기존폭력'의 세계이다, 이 폭력의 세계는 다른 '폭력', 보다 구체적으로는 '대항폭력에 의해 분쇄될 수 있다,[14] 식민자들은 피식민자들이 단결하지 못하도록 온갖 노력을 다한다는 그것이다. 그런데 이 내용들 하나하는, 한편으로는 『대지』에서 다루어지고 있는 파농의 폭력론을 잘 요약하고 있으며, 다른 한편으로는 『변증법』에서 전개되고 있는 사르트르 자신의 폭력론이 잘 반영되어 있는 것으로 보인다.[15]

물론 사르트르는 '서문'에서 『대지』에서 볼 수 있는 파농의 폭력론을 극단화시키고 왜곡시켰다는 비판을 받고 있기는 하다. 그러니까 파농이 『대지』에서 폭력을 '분석'한데 반해, 사르트르는 '서문'에서 '폭력'을 정당화했다는 것이다.[16] 하지만 파농이 『대지』를 집필한 최종 목표는 분명 폭력을 타파하기 위한 길의 모색에 있다고 할 수 있을 것이다. 이런 측면에서 볼 때 사르트르에게 가해진 과격한 '서문'을 썼다는 비판의 의미는 상당 부분 퇴색할 수밖에 없는 것으로 보인다. 『대지』의 '서문'에서 볼 수 있는 세 가지 쟁점과 『대지』, 특히 이 책의 제1장, '폭력에 관해서'에서 읽을 수 있는 파농의 폭력에 대한 사유를 간략하게 살펴보자.

제일 먼저 『대지』의 '서문'에서 사르트르는 식민지 상황을 폭력적 상

---

13 사르트르가 이 '서문'을 쓴 목적 중의 하나는 자신들의 처지를 각성하기 시작한 아프리카인들의 눈으로, 다시 말해 주체성을 회복하기 시작한 '타자'의 눈으로 '나', 곧 프랑스를 위시한 유럽의 식민 당사국들을 보면서 이들 국가들의 현주소를 객관적으로 제시하고, 그에 대한 반성을 촉구하는 데 있다는 사실을 지적해야 할 것이다.

14 사르트르는 식민자들인 프랑스인들을 포함해 유럽인들의 '도덕적 자각(自覺)', 곧 그들의 식민지주의에 대한 반성을 촉구하고 있는데, 이것 역시 식민지의 폭력적 상황을 타파하기 위한 하나의 길이 될 수 있을 것이라고 보고 있다. 하지만 『대지』의 '서문'에서 사르트르는 이 방법보다는 '대항폭력'에 의한 길을 전적으로 옹호하고 있다.

15 파농의 『변증법』에 대한 관심에 대해서는 패트릭 엘렌, 앞의 책, 276쪽을 볼 것.

16 『대지』, 알리스 세르키의 '2002년판 서문', 15쪽; Cf. 알리스 세르키, 『프란츠 파농』, 이세욱 옮김, 실천문학사, 2002, 419쪽.

황으로 파악하고 있다. 다시 말해 식민지 상황을 본국인들과 '이주민들(les colons)'의 폭력 —이것이 뒤에서 보게 될 '기존폭력'에 해당한다— 으로 피식민자들이 인간 이하의 삶을 살 수밖에 없는 그런 상황으로 파악하고 있다.

> 또한 합병된 나라의 주민들은 우수한 원숭이의 수준으로 격하시켜 아주민들[17]이 그들을 짐승처럼 대하는 것을 정당화했다. 식민지에서의 폭력은 노예화된 사람들이 가까지 접근하지 못하도록 하는 것은 물론 그들을 비인간화하려는 목적을 가지고 있었다. 원주민의 전통을 말살하고, 그들의 언어를 우리의 언어로 대체하고, 우리의 문화를 그들에게 주지 않으면서 그들의 문화를 파괴하기 위해 온갖 조치가 행해졌다. 신체적인 노역만으로 그들을 마비시키기에 충분하다. 기아와 질병에 시달리면서도 그들에게 영혼이 남아 있다면, 공포로 일을 마무리한다. 군인들은 농민들에게 총을 겨누고, 민간인들은 농민들의 땅을 빼앗고 그들에게 매질을 가해 땅을 경작하도록 강요하는 것이다. 물론 농민이 싸울 태세를 보이면 군인은 즉각 그를 쏘아 죽인다. 농민이 항복하면 그는 스스로 영락하며 더 이상 인간이기를 포기한 것이다.[18]

『대지』의 '서문'에서 볼 수 있는 이와 같은 사르트르의 식민지 상황에 대한 인식은 『대지』의 제1장 '폭력에 관하여'에서 볼 수 있는 파농의 그것과 정확히 일치한다고 할 수 있다.

> 마니교가 논리적 결론에 이르게 되면 원주민을 비인간화한다. 쉽게 말해 인간을 짐승으로 만드는 것이다. 사실 이주민이 원주민을 대할 때 사용하는 용어는 동물학적 용어다.[19]

---

17 그린비에서 남경태에 의해 번역된 『대지』에서는 '식민자들'을 '본국인들'과 '이주민들(les colons)'으로 구분하고 있다. 이 글에서는 이 구분을 그대로 따르기로 한다.

18 『대지』, '서문', 32-33쪽.

> 폭력은 식민지 세계의 질서를 지배한다. 폭력은 토착 사회구조를 해체하고 경제의 준거틀을 완전히 파괴할 뿐 아니라 복식과 사회생활의 관습까지 변화시킨다.[20]

그 다음으로 사르트르는 이와 같은 폭력적 상황이 극에 달해 피식민자들이 더 이상 사는 것이 불가능해지는 상황에서 그들은 '폭력' —이것이 뒤에서 살펴보게 될 '대항폭력'에 해당한다— 에 호소하는 길밖에 없다고 주장하고 있다. 또한 사르트르는 이와 같은 폭력을 통해 '새로운 인간', 즉 인간다운 삶을 사는 인간, 즉 "폭력의 아이"가 태어난다고 주장하고 있다.

> 유럽인은 조만간 그 대가를 치러야 한다. 그 뒤 그들[=원주민들]이 자라나서 수치와 굶주림과 고통이 뭔지 알게 되면, 그들은 활화산처럼 분노를 터뜨리게 된다. 그 분노의 힘은 그들을 억압한 힘과 맞먹는 크기다. 그들은 폭력밖에 모른다고 했던가? 당연하다. 처음에는 이주민만이 폭력을 행사하지만 곧 그들도 폭력을 알게 된다.[21]

> 부드러움으로 폭력의 흔적을 지워버릴 수는 없다. 오직 폭력 자체만이 폭력을 부술 수 있는 것이다.[22]

> 농민이 손에 총을 쥐면 낡은 신화는 희미해지고 금제(禁制)는 하나씩 잊혀진다. 반역의 무기는 그가 인간임을 증명하는 증거다. 반란의 초기에 그는 남을 죽여야 한다. 유럽인을 쏘아 죽이는 것은 일석이조의 행위다. 억압자를 없애는 동시에 피억압자를 없애는 것이기 때문이다.[23]

---

19 Ibid., p.63.
20 Ibid., p.61.
21 Ibid., '서문', p.35.
22 Ibid., '서문', p.40.
23 Ibid., '서문', pp.40-41.

폭력은 아킬레우스의 창처럼 폭력으로 인한 상처를 치유할 수 있다.[24]

폭력의 아이, 그는 매 순간 자신의 인간성에서 폭력을 끌어낸다. 우리는 그를 희생시켜 인간이 되었고, 그는 우리를 보고 스스로 인간이 되었다. 그는 더 고결한 다른 인간이다.[25]

또한 사르트르는 피식민자들의 이와 같은 대항폭력 사용이 이루어지게 될 때, 그들은 '동지'가 되어 하나로 뭉치게 된다 —이것이 뒤에서 보게 될 '융화집단'에 해당한다— 고 보고 있다.

조국은 전진한다. 조국의 자식들이 싸우는 현장 어디에나 조국이 함께 한다. 그들이 서로 간에 느끼는 감정은 그들이 당신에게 느끼는 증오의 정반대다. 그들은 지금 적을 죽였고, 앞으로도 언제든 다시 적을 죽여야 한다는 점에서 서로 형제다.[26]

『대지』의 '서문'에서 읽을 수 있는 사르트르의 이 두 번째 주장 역시 파농의 주장과 완전히 일치한다. 파농 역시 '폭력'은 '폭력' 분쇄의 "가장 중요한 수단"으로 보고 있으며, 피식민자들의 삶 자체에 결정적인 위기 —이 시기가 뒤에서 보게 될 "삶과 죽음"이 문제되는 순간, 혹은 "사는 것이 더 이상 불가능한 순간"에 해당한다— 가 도래할 때 그들은 하나로 뭉치게 된다고 주장한다.

피착취자는 해방을 이루기 위해 모든 수단을 사용하며, 그 중에서도 특히 폭력은 가장 중요한 수단이다.[27]

---

24 Ibid., '서문', p.51.
25 Ibid., '서문', p.43.
26 Ibid., '서문', p.41.

테러는 항상 테러를 부르고, 폭력은 대항 폭력을 부른다. 이러한 증오의 악순환은 알제리에서 좀처럼 사라지지 않고 있다.[28]

무릇 무장투쟁에는 돌이킬 수 없는 시점이라는 게 있게 마련이다. 그 시점은 거의 예외 없이 식민지 민중 전체에 대한 전면적인 억압이 자행되는 시기다.[29]

투쟁의 열기 속에서 내부의 모든 장벽들은 무너진다. 기업가와 상인으로 구성된 괴뢰 부르주아지, 늘 특권적인 지위를 누리는 도시 프롤레타리아, 소도시의 룸펜 프롤레타리아는 모두 민족 혁명군의 든든한 예비대인 농민 대중과 행동을 함께 하게 된다.[30]

그러나 식민지 민중으로서는 폭력만이 유일하게 가능한 일이기 때문에 폭력에 긍정적이고 창조적인 성격을 부여하게 된다. 폭력의 행사는 그들을 하나로 묶어주며, 각 개인은 폭력이라는 커다란 사슬의 고리들이 된다. 이 거대한 폭력의 유기체는 이주민이 처음에 행사한 폭력이 클수록 덩치가 커진다. 집단들은 서로를 인정하고, 미래의 통합된 민족이 싹을 드러낸다. 무장투쟁은 민중을 동원시키며, 한쪽 방향을 취하도록 몰아간다.[31]

하지만 식민자들은 결코 피식민자들이 하나로 뭉쳐 자기들을 물리치도록 그대로 보고만 있지 않으며, 그들은 채찍과 당근으로 끊임없이 피식민자들의 분열을 획책한다는 것 —이것이 뒤에서 보게 될 '실천적-타성태'의 작용 하에서 나타나는 "태양계적 체계"에 해당한다— 이 『대지』의 '서문」에서 볼 수 있는 또 하나의 사르트르의 주장이다. 파농 역시 같은 주장을 펴고 있다.

---

27 Ibid., p.82.
28 Ibid., p.113.
29 Ibid., pp.113-114.
30 Ibid., '서문', p.28.
31 Ibid., p.117.

모국은 봉건적 지배자로 군림하면서 충분한 대가를 얻어내는 한편, 분할 통치를 통해 원주민 부르주아지, 즉 머리에서 발끝까지 위선적인 자들을 만들어냈다. 또한 모국은 식민지에 이주민(colon)을 보내면서 동시에 식민지를 착취하는 사기극을 벌이기도 했다. 이런 식으로 유럽은 분파와 반대파를 양산했고, 여러 계층과 때로는 인종적 편견까지도 만들어냈으며, 온갖 수단을 동원해 식민지 사회의 계층 분화를 심화시켰다.[32]

앞서 우리는 원주민의 폭력이 민중을 단결시킨다고 말했다. 식민주의는 그 본성상 분리주의적이고 지역주의적이다. 식민지주의는 여러 부족의 존재를 인정하기만 하는 것이 아니라 부족들 사이의 분열을 강화하고 조장한다.[33]

이처럼 사르트르는 '서문'에서 파농의 『대지』, 특히 제1장인 '폭력에 관하여' 부분을 잘 요약하고 있는 것으로 보인다. 그런데 한 가지 흥미로운 것은 이 세 가지 쟁점에 사르트르가 『변증법』에서 전개하고 있는 폭력론의 핵심이 거의 그대로 담겨 있다는 점이다. 이것은 그대로 『대지』에서 개진되고 있는 파농의 폭력론의 심층적인 이해를 위해 『변증법』에서 볼 수 있는 사르트르의 폭력론을 좀 더 자세히 살펴보아야 할 이유에 해당한다 하겠다.

3. 사르트르의 폭력론

1) 폭력의 기원 또는 기존폭력

사르트르의 폭력에 대한 관심은 그 기원에서부터 그 현상 분석, 그리고 그것의 극복에 이르기까지 아주 넓은 스펙트럼을 보여주고 있다. 이 스펙트럼을 따라가면서 『대지』의 '서문'에서 볼 수 있었던 폭력에 대한

32 Ibid., '서문', p.27.
33 Ibid., p.117.

그의 주장을 이해하고, 이를 바탕으로 『대지』, 특히 이 저서의 제1장 '폭력에 관하여'에서 볼 수 있는 파농 자신의 폭력론을 이해하도록 하자.

우선, 폭력의 발생, 곧 '기존폭력'에 대해서 살펴보자. 이와 관련해 사르트르는 두 가지 관점을 제시하고 있다고 할 수 있다. 하나는 『존재와 무』 차원에서 제시되는 '존재론적 관점'이라고 할 수 있다. 현상학적 존재론의 차원에서 기술되고 있는 '나'와 '타자' 사이에 발생하는 '시선(regard)' 투쟁이 그것이다. 사르트르는 '타자'를 '시선' 개념을 통해 정의하고 있다. 그에 의하면 '타자'는 "나를 바라보는 자"로 정의된다. 이처럼 타자의 나에게의 직접적이고 구체적인 현전을 설명해주는 이 시선은 단순히 그 주인의 두 눈동자의 집중을 의미하지 않는다. 이와는 달리 시선은 그 주인의 의식이 흐르는 일종의 '도체(le fil conducteur)'로 여겨진다. 따라서 시선은 '힘(puissance)'으로 규정된다. 그것도 그 끝에 와 닿는 모든 것을 화석화(pétrification)시켜버리는, 즉 객체로 사로잡아버리는 그런 힘으로 말이다.[34]

사르트르의 사유 체계에서 인간은 누구나 주체성, 자유, 초월의 상태에 있으려고 한다. 이런 면에서 나와 타자는 상극이다. 왜냐하면 나와 타자는 만나자마자 서로 주체성의 자리를 두고 끊임없이 시선을 통해 싸워야만 하기 때문이다. 나는 타자를 만나자마자 그를 바라보면서 객체화시키려고 하고, 타자 역시 같은 시도를 한다. 또한 나의 시선에 의해 한 순간 객체화되었다고 해도 타자는 곧바로 그의 시선을 폭발시켜 나를 바라보면서 그의 주체성을 회복할 수 있다. 이런 면에서 타자는 내가 주의를 해서 취급해야 하는 위험한 도구로 여겨진다. 이처럼 사르트르에게서 나와 타자의 관계는 '갈등'과 '투쟁'으로 점철될 수밖에 없다.[35] 그리고 사르트르의 존재론적 관점에서 폭력의 발생은 정확히 이

34 Jean-Paul Sartre, *L'Etre et le néant : Essais d'ontologie phénoménologique*, Gallimard, coll. Bibliothèque de philosophie, 1943, p. 324.(이하 EN으로 표기.)

지점에서 이루어진다.

하지만 인간들 사이의 관계는 단순히 개인 대 개인 차원에서 정립되는 것이 아니다. 그 보다는 오히려 그들의 관계는 사회, 역사적 지평에 맺어지는 관계, 한 집단의 구성원 자격을 가진 자들의 관계이다. 그런데 이런 사실을 고려하면서 사르트르가 『변증법』에서 기술하고 있는 인간들 사이의 관계 역시 폭력과 무관하지 않다. 실제로 사르트르는 그 자신의 후기 사상이 집대성되어 있는 이 저서에서 '인간학적 관점'에서 폭력의 기원을 추적하고 있다. 그에 의하면 인간들이 살고 있는 이 세계는 '희소성(rareté)'에 의해 지배되는 것으로 이해된다.[36] 그런데 이 희소성에 의해 매개된 인간들 사이의 관계는 당장 폭력으로 치닫는다. 그도 그럴 것이 이 세계는 수많은 인간들이 '비-존재(le non-être)', 즉 죽음의 나락으로 떨어지지 않기 위해 서로 경쟁해야 하는 곳이기 때문이다.[37]

하지만 『변증법』에서 전개되고 있는 사르트르의 논의는 이처럼 단순하지만은 않다. 이 저서에서 그는 폭력의 발생과 관련하여 아주 흥미로운 개념 하나를 제시하고 있다. '실천적 타성태(le pratico-inerte)' 개념이 그것이다. 사르트르는 이 개념에 대한 분명한 정의를 내리고 있지는 않다. 그럼에도 불구하고 그에게서 폭력이 문제가 될 때 이 개념이 갖는 중요성은 아무리 강조해도 지나치지 않을 것이다. 그렇다면 실천적-타성태는 어떤 개념인가?

이 물음에 답하기 위해 우선 이 개념이 두 단어의 합성어라는 사실에 주목하자. 이 개념은 불어 단어 '실천'을 의미하는 'praxis'와 '무기력'을 의미하는 'inertie'의 합성어에서 온 것이다. 『변증법』에서 포착된 인간

---

35 Ibid., p.502.

36 Jean-Paul Sartre, *Critique de la raison dialectique*(précédé de Questions de méthode), t. I : Théorie des ensembles pratiques, Gallimard, coll. Bibliolthèque de philosophie, 1960, p.236.(이하 CRDI로 표기.)

37 Ibid., p.194.

은 '실천'의 주체이다. 『존재와 무』 차원에서와는 달리 이 실천은 물질적 환경에서 이루어진다. 그 목적은 인간의 물질적 욕구를 충족시키는 것이다. 그런데 흥미로운 것은 인간이 이처럼 자신의 물질적 욕구를 충족시켜가는 과정에서 '뭔가'를 생산해낸다는 것이다. 이 뭔가가 바로 이 인간의 실천의 결과인 '가공된 물질(la matière ouvrée)' —'기계'가 그 한 예이다[38]— 이다. 그리고 이것의 기능은 희소성에 대한 그의 투쟁을 도와야 하며, 나아가서는 그의 미래 차원의 실천을 또한 도와야 하는 것이다. 그런데 이 기계가 갑작스럽게 그 생산자(또는 소유자)에게 '반목적성(la contre-finalité)'[39]을 보이며, 그의 미래 차원의 실천을 '무기력하게' 만들면서 방해하는 요소가 될 수도 있다는 것이 사르트르의 주장이다. 가령 너무나 많은 자동차 생산으로 인해 발생하는 공기 오염이라든가 교통 혼잡 등이 그 예에 해당한다고 할 수 있다. 어쨌든 사르트르는 기계가 갖는 이와 같은 특징을 '실천적-타성태'로 명명하고 있다.[40]

그런데 실천적-타성태로 작용하는 기계에 의해 매개되는 인간들 사이의 관계는 갈등과 투쟁, 나아가서는 폭력의 발생과 무관하지 않다는 것이 사르트르의 주장이다. 왜 그런가? 이 물음에 답을 하기 위해 '버스 정류장에서 버스를 기다리는 승객들'의 예를 살펴보도록 하자. 이 예는 『변증법』에서 사르트르가 직접 제시하고 있는 예이기도 하다. 이 예에서 '버스'는 분명 하나의 '기계'이다. 이 버스는 인간들의 희소성 —시간과 공간의 희소성— 을 극복하는데 일조를 해야 할 것이다. 그런데 이와

---

38 사르트르에게서 실천적-타성태의 예는 '가공된 물질'인 '기계'에만 한정되지 않는다. 그에 의하면 인간이 과거에 고안해낸 모든 것이 실천적-타성태에 해당된다고 할 수 있다. 가령 모든 '제도'(정치제도, 경제도, 법제도 등), '언어' 등이 그것이다. 그리고 특히 '역사'가 거기에 해당된다. 왜냐하면 인간들은 누구나 자신들이 만든 역사를 바탕으로 미래의 역사를 만들어 나가는데, 이 과정에서 역사는 항상 그들이 고려해야 하는 조건으로 작용하기 때문이다. 이런 시각에서 보면 식민지주의 역시 정확히 실천적-타성태에 해당한다.

39 Ibid., p.237, p.317.

40 Ibid., p.317.

반대되는 현상이 발생할 수도 있다. 우선, 이 버스의 정원은 정해졌다. 따라서 버스를 기다리는 승객들의 관계는 이 '버스-기계'의 매개로 서로에게서 "자기(自己)와 다른 자"를 발견하는 자들이 된다. 다시 말해 이들의 관계에 '이타성(altérité)'이 출현하게 된다.

처음에 이 승객들은 서로가 서로에게서 '자기'와 똑같은 '자기'를 발견한다. 이는 당연하다. 이들은 버스를 기다린다는 목적이라는 면에서는 하등 다를 바가 없기 때문이다. 그런데 버스의 정원이 정해져 있기 때문에, 이들의 관계는 이 버스를 기준으로 보면 서로 '교환가능한(interchangeable)' 자들의 관계가 되며, 따라서 서로는 서로에게서 물리쳐야 할 '적(敵)'을 발견하게 되는 관계로 바뀌게 된다.[41] 그 결과 이들의 수가 늘어나면 날수록 그들의 관계는 더욱 더 갈등, 폭력으로 이어질 가능성이 커지게 된다. 물론 버스의 예에서는 이와 같은 극단적인 상황이 잘 나타나지 않을 수도 있다. 하지만 전쟁의 참화를 피해 피난열차를 타려는 사람들을 생각해보라. 여하튼 한 가지 분명한 것은, '버스-기계'의 '실천적-타성태'의 작용으로 인해 인간들은 본래의 의도와는 다르게 갈등과 폭력의 주체로 변하게 된다는 것이다.

'실천적-타성태'에 대한 사르트르의 논의는 거기에서 그치지 않는다. 이 개념으로 인해 인간들 사이에는 인간적인 삶을 사는 자들과 그렇지 못한 자들의 구분이 나타나고, 이로 인해 발생하는 갈등, 투쟁, 폭력의 관계는 점차 집단적 성격을 띠게 되며, 급기야는 '계급투쟁'으로까지 발

41 Ibid., p.367. 사르트르는 이와 같은 인간들 사이의 관계의 변화를 '집렬체화(sérialisation)'로 규정하고 있으며, 이 집렬체화를 바탕으로 형성되는 공동체를 '집렬체(série)'로 명명하고 있다. 결국 '실천적-타성태'에 의해 지배되는 이와 같은 집렬체의 세계는 '지옥'과도 같다는 것이 사르트르의 주장이다. 결국 그렇기 때문에 집렬체 구성원들의 모든 관심사는 어떻게 하면 이 지옥과도 같은 생활에서 벗어나는가에 있다고 할 수 있다. 『변증법』에서는 이것이 집렬체가 다른 공동체, 가령 '융화집단(groupe en fusion)'으로 옮겨가는 근본적인 계기로 이해된다.

전한다는 것이 사르트르의 주장이다. 여기에 다시 등장하는 개념들이 바로 '요구(exigence)', '이해관계(intérêt)', '운명(destin)' 등이다.

먼저 '요구'를 보자. 기계는 그 소유주에게 그 자체를 계속 증가시켜 줄 것, 그리고 값싼 비용을 들여 효율적으로 작동해줄 것을 '요구'한다는 것이 사르트르의 견해이다.[42] 또한 이 소유주는 이 기계의 요구를 거절할 수가 없다. 그도 그럴 것이 이 소유주는 자신의 소유 대상이 되는 기계를 통해 자신의 존재를 증가시키기 때문이다.[43] 그러니까 기계의 요구에 응하는 것은 곧 소유주 자신의 '이해관계'에 따르는 행동이 되는 것이다. 이처럼 기계 소유주와 이 기계는 '이해관계'에 의해 얽혀 있다.[44] 하지만 이 이해관계는 기계에 의존해 생활하는 자, 가령 노동자에게는 '반이해관계(le contre-intérêt)'로 나타난다.[45] 왜냐하면 이 기계는 그 소유주에게 그 자체를 최소비용으로 운용할 것을 요구하기 때문이다. 그런데 이 비용은 노동자의 입장에서 보면 '임금'에 해당한다. 따라서 노동자 역시 이 기계에서 자신의 '이해관계'를 보긴 한다. 하지만 이 이해관계는 기계 소유주의 그것과는 정면으로 배치되는 것이다. 이런 사실을 고려해 사르트르는 기계에서 노동자가 보게 되는 '이해관계'를 '반이해관계'로 규정하고 있으며, 이를 노동자의 '운명'이라고 명명하고 있다.[46]

---

42 Ibid., p.300.

43 사르트르는 『존재와 무』에서 인간 "실존의 주요 세 범주(trois catégories cardinales de l'existence)"로 "함(Faire)", "소유(Avoir)", "존재(Etre)"를 들고 있다. 그런데 이 세 범주는 "이중의 환원(double réduction)"이라는 특징을 가지고 있다. "함"의 범주는 "소유"의 범주로, 그리고 "소유"의 범주는 재차 "존재"의 범주로 각각 환원된다.(EN, p. 678.) 그러니까 인간이 뭔가를 하는 것은 그 결과물을 갖기 위함이고, 이것을 갖는 것은 그대로 그의 존재 강화로 이어지게 된다. "많이 가지면 가질수록 더 많이 존재한다."는 말에 담긴 의미가 바로 이것이다.

44 CRDI, p.307.

45 Ibid., p.316.

46 Ibid., p.318.

또한 사르트르는 '요구', '이해관계', '운명'이 '일반성(généralité)'[47]을 갖는 것으로 보고 있다. 이들 개념이 특정 개인에게만 해당되는 것이 아니라 "비슷한 부류의 불특정 다수"[48]에게 해당된다는 것이다. 정확히 이 단계에서 사르트르의 논의는 집단적 차원으로 이동하게 된다. 그러니까 한 사회가 생산하고 소유하는 가공된 물질, 곧 부(富)를 소유한 자들(유산계급)과 이 부를 매개로 그것을 소유하지 못하는 자들(무산계급) 사이에 맺어지는 관계는 집단 차원의 대립, 갈등, 폭력으로 치닫게 된다. 이는 어쩔 수가 없다. 왜냐하면 유산계급에 속하는 자들이 자신들의 이해관계를 가진 소유대상 전체의 요구에 따라 자신들의 소유를 더 늘려가게 되면 될수록, 무산계급에 속하는 자들의 반이해관계, 곧 그들의 운명은 점차 비참해지게 될 것이기 때문이다. 다시 말해 유산계급에 속하는 자들에 의해 자행된 '기존폭력'에 의해 무산계급에 속하는 자들은 비인간적인 삶을 영위할 수밖에 없게 될 것이다.

2) 대항폭력 또는 초석적 폭력

그렇다면 이와 같은 폭력적 상황, 즉 무산계급에 속하는 자들이 영위하게 되는 비인간적인 삶에 종지부를 찍는 것, 이것은 어떻게 가능할까? 여러 가지 방법이 있을 수 있다. 그런데 사르트르가 제시하는 방법은 '폭력'에 의한 것이다. 다만 조건이 있다. 유산계급에 속하는 자들의 폭력으로 인해 무산계급에 속하는 자들의 "삶과 죽음"이 문제되는 상황이라는 조건이 그것이다. 그러니까 그들이 "불가능한 삶을 사는 것이 더 이상 불가능한 상황"이라는 조건 말이다.[49] 이와 같은 상황에서 그들이 하나로 뭉쳐 —이 상태가 바로 '융화집단'이다— 자신들을 그런 상황으

---

47 Ibid., p.319.
48 Idem.
49 Ibid., p.436, p.454.

로 빠뜨린 자들과 전면적 투쟁을 하기에 이른다는 것이 사르트르의 주장이다. 이것이 바로 '계급투쟁'의 기원이자 '혁명' 발발에 대한 설명이기도 하다.[50] 사르트르는 정확히 이와 같은 예를 프랑스 대혁명 당시 바스티유 감옥을 공격하던 파리 시민들에게서 찾고 있다.

어쨌든 사르트르는 이처럼 유산계급에 속하는 자들의 폭력, 곧 '기존폭력'에 맞서 무산계급에 속하는 자들이 자신들의 잃어버린 인간적인 삶을 되찾는 한 가지 방법으로 폭력의 사용을 제시하고 있다. 그리고 이때 사용되는 폭력이 바로 '대항폭력'이다. 그런데 이 대항폭력은 그것을 통해 기존폭력에서 벗어나는 새로운 공동체, 곧 융화집단의 형성을 가능케 해준다는 의미에서 '초석적 폭력(la violence fondatrice)'이라고도 할 수 있다. 그렇다면 이 대항폭력을 통해 출현하는 융화집단은 어떤 면에서 그 이전 단계의 공동체, 즉 '실천적-타성태'에 의해 지배되는 '집렬체'와 다를까?

우선, 집렬체 구성원들 사이의 관계가 자기와는 다른 자기가 되는 자들 사이에 맺어지는 관계, 즉 '이타성'에 의해 맺어지는 관계인 것과는 달리, 융화집단에서는 "완벽한 상호성(la réciprocité parfaite)"에 의해 맺어진다.[51] 이는 달리 진행될 수 없다. 왜냐하면 이 집단의 구성원들은 서로 '동지(frère)'이기 때문이다. 다시 말해 이들 사이에는 '나'와 '너'의 구분이 없다. 그 결과 이 집단은 '우리들(nous)'의 세계가 된다.[52] 또한 이 집단은 '편재성(ubiquité)'이라는 특징을 갖는다.[53] 이것 역시 당연하다. 왜냐하면 이 집단에서는 '내'가 '지금, 여기에' 있는 것은 곧 '네'가 '지금, 저기에' 있는 것과 동의어이기 때문이다. 따라서 구성원이 한 명 더 늘면 그만큼 갈등, 투쟁, 폭력 발생의 가능성이 더 커지는 집렬체와

50 Ibid., pp.422-423.
51 Ibid., p.495.
52 Idem.
53 Ibid., p.502.

는 달리, 이 융화집단에서는 구성원이 한 명 증가할 때마다 이 집단의 힘이 더 커지게 된다. 정확히 이와 같은 공동체의 도래를 가능케 해준다는 의미에서 대항폭력은 초석적 폭력으로 여겨지는 것이다.

우리는 바로 위에서 '대항폭력'을 통한 '집렬체'에서 '융화집단'으로의 이행을 살펴보았다. 그 과정에서 우리는 이와 같은 이행이 피지배계급에 속하는 자들의 단결에 의해 아주 쉽게 이루어지는 것처럼 전제를 했다. 다시 말해 이들이 지배계급에 속하는 자들과의 전면적 투쟁에서 하나로 뭉쳐 융화 상태에 이르는데 아무런 문제가 없는 것처럼 상정했다. 과연 그럴까? 지배계급에 속하는 자들은 피지배계급에 속하는 자들의 공격에 속수무책으로 당하고만 있을까? 그렇지는 않을 것이다. 오히려 그들의 저항은 아주 거셀 것이고, 특히 피지배계급에 속하는 자들을 분열시키면서 하나로 뭉치는 것을 적극적으로 방해하려 든다는 것이 더 사실에 가까울 것이다. 그도 그럴 것이 그들의 이와 같은 방해 전략 역시 그들의 소유대상이 발하는 '실천적-타성태'의 작용의 한 부분일 것이기 때문이다.

이에 걸맞게도 사르트르는 지배계급에 속하는 자들의 방해 전략에 말려들어 피지배계급에 속하는 자들이 분열을 일으키는 현상에 주목하고 있다. 사르트르는 이 현상을 "태양계적 체계(le système solaire)"라고 부르고 있다. 피지배계급에 속하는 자들이 전체적으로 보면 지배계급에 속하는 자들의 폭력에 시달리는 것은 사실이다. 하지만 피지배계급에 속하는 자들 사이에 이미 지배계급에 속하는 자들과 거의 비슷한 위치에 있는 자들이 나타나게 된다. 가령 복잡한 기계를 다루는 엘리트노동자, 숙련노동자 등이 그 예이다. 실제로 이들의 생활은 피지배계급에 속하는 자들의 평균 생활수준보다 높다고 할 수 있다. 다시 말해 마치 태양을 중심으로 위성들이 배치되는 것처럼, 이들은 지배계급에 속하는 자들과 가까운 곳에 위치하게 되는 것이다. 이것이 바로 "태양계적 체계"이다. 다만 주의할 것은 이와 같은 체계는 지배계급에 속하는 자들의 소유대상이 발하는 '실천적-타성태' 작용의 결과라는 점이다. 물론 피지배계급에 속하는 자들이 융화 상태를 이루기 위해서는 지배계급에 속하는 자들의 이와 같은 방해를 극복해야 하는 것은 말할 나위가 없다.

> 이렇게 해서 19세기의[54] 기계는 선험적으로 프롤레타리아의 수동적 구조를 형성했다. 나는 이것을 태양계적 체계라고 부르려 한다. 결국 노동자들은 불특정인들이지만, 그러나 일반적으로 전문성을 갖춘 한 전문가 주변에 5-6명의 노동자들 ―역시 불특정인들이지만 기술이 없는 개인들로 한정된(그러니까 완전히 불특정의)― 이 속해 한 조를 이루는 형태를 취하고 있다. 기계가 인간들을 조직한다. (......) 이미 공장은 자신의 기계와 함께 단순노동자와 전문기술자의 수적 관계를 결정해 놓았고, 이미 공장은 각자에게 그들이 엘리트에 병합될 것인지 아니면 인간 이하의 인간에 머물러 있을 것인지를 결정해 놓았다.[55]

3) '동지애-공포' 또는 방어적 폭력

이렇게 해서 우리는 사르트르의 「변증법」에서 제시되고 있는 두 종류의 폭력을 살펴보았다. 이제 이 저서에서 다루어지고 있는 세 번째 폭력을 살펴보자. 이를 위해 다시 융화집단으로 돌아가 보자. 사르트르에 의하면, 이 집단은 그 구성원들의 융화 상태를 지속시키는 문제에 부딪친다고 보고 있다. 이들이 목숨을 걸고 맞서 싸웠던 적(敵)은 패배해서 재차 공격의 기회를 엿보고 있다. 하지만 지금 당장 위협이 있는 것은 아니다. 따라서 승리의 기쁨을 맛본 순간이 지나게 되면 이 집단의 구성원들 사이의 긴장이 풀리고 그들 사이의 결속도가 현저하게 떨어지는 시간이 오게 된다.[56] 사르트르가 보기에는 이 시간이 그들에게는 가장

54 사르트르는 여기에서 19세기 산업혁명 당시의 기계와 공장을 염두에 두고 있으나 이것은 현재에도 그대로 적용되는 것으로 보인다.

55 Ibid., pp.348-349.

중요한 시간이다. 그도 그럴 것이 이 시간에 방어 준비를 소홀히 하게 되면 자칫 적의 반격에 그들의 융화 상태가 흐트러질 수도 있기 때문이다. 그렇다면 이와 같은 절박한 상황에서 이들의 융화 상태를 지속시킬 수 있는 방법은 무엇인가?

이 물음에 대한 사르트르의 답이 바로 '서약(serment)'이다.[57] 그러니까 융화집단 구성원들 각자가 다른 구성원들 앞에서 이 집단의 이름으로 서약을 한다는 것이다. 그리고 이 서약을 바탕으로 '융화집단'은 이제 '서약집단(le groupe assermenté)'이 된다.[58] 그렇다면 서약은 무엇인가? 우선, 그 내용은 이렇다. 만일 '내'가 이 집단의 융화 상태를 깨는 배반 행위를 하게 되면, 다른 구성원들이 집단의 이름으로 나를 처벌해도 좋다는 것이다.[59] 그 다음으로 서약은 '상호적'이다.[60] 왜냐하면 집단의 융화 상태를 깨는 행위를 하게 되면 나를 집단의 이름으로 처벌해도 좋다는 서약이 의미를 가지기 위해서는 당연히 다른 구성원들이 같은 행위를 하는 경우 내가 그들을 집단으로 처벌해도 좋다는 서약이 뒤따라야 하기 때문이다. 또한 이 서약은 단순한 '언어적 약속'이 아니다. 사르트르에 의하면, 서약은 서약 위반자의 목숨을 빼앗을 수도 있는 '강제력(la force coercitive)'이 뒤따르는 행위다.[61] 그렇다면 이 강제력은 어디에서 오는 것일까? 사르트르는 그 기원을 융화집단 구성원들 각자의 자유에 대한 포기에서 기인한다고 보고 있다. 그러니까 그들 각자는 스스로 자신의 자유를 집단을 위해 '저당잡힌다(hypothéquer)'는 것이다.[62]

이제 우리는 『변증법』에서 다루어지고 있는 서약의 본질이 무엇인지

---

56 Ibid., p.513.
57 Ibid., p.521.
58 Idem.
59 Ibid., p.572.
60 Ibid., p.519.
61 Ibid., p.529.
62 Ibid., p.502.

를 말할 수 있다. 사르트르에 의하면 서약의 본질은 '동지애-공포(Fraternité-Terreur)'이다.[63] 일단 서약은 '동지애'를 바탕에 깔고 있다. 그도 그럴 것이 융화집단 구성원들은 모두가 동지들이기 때문이다. 이것은 당연하다. 왜냐하면 공동의 적을 맞아 목숨을 걸면서 싸우는 과정에서 형성된 융화집단은 '우리들'의 세계이기 때문이다. 또한 이와 같은 동지애의 이름으로 서약 위반자에게 가해지는 처벌이 '공포'이다. 그런데 극단의 경우 서약 위반자의 목숨을 앗아갈 수 있는 이 공포는 '폭력'에 다름 아니다. 결국 서약의 본질은 '폭력'이라고 할 수 있다.

서약의 본질을 이루는 이 폭력은 앞에서 다루었던 두 종류의 폭력, 즉 '기존폭력'과 '대항폭력'과는 그 기능면에서 완전히 구분된다. 무엇보다도 이 폭력은 '방어적 폭력(la violence défensive)'으로 이해된다.[64] 왜냐하면 이 폭력을 통해 서약집단의 구성원들은 '실천적-타성태'의 지배 하에서 자신들의 '삶과 죽음'이 문제시되었던 폭력적 상황에서 벗어날 수 있기 때문이다. 다시 말해 서약 위반자를 처형한다는 최소한의 폭력으로 최대한의 폭력을 방어할 수 있다는 것이다. 이런 측면에서 사르트르의 서약의 본질에 해당하는 '동지애-공포'라는 폭력은 지라르가 제시하는 '방어적 폭력'과도 같은 것으로 보인다.

『변증법』에서 사르트르는 이 서약집단의 변모 과정에 대해서도 설명하고 있다. 그에 따르면 이 집단은 그 다음 단계에서 '조직화된 집단(groupe organisé)'으로 바뀌게 된다.[65] 사르트르는 이 조직화된 집단의 예로 하나의 '축구팀'을 들고 있다.[66] 쉽게 짐작할 수 있는 사실이지만, 이 축구팀의 구성원들은 이제 승리라는 목적을 위해 자기들 내부에 재차 '이타성'을 용인하게 된다. 이는 어쩔 수가 없다. 왜냐하면 이 축구팀

63 Ibid., pp.537-538.
64 René Girard, *La Violence et le sacré*, Grasset, 1972, p.25.
65 '조직화된 집단'에 대해서는 CRDI, pp.542-670을 볼 것.
66 Ibid., p.533 이하를 참고할 것.

이 다른 팀과의 경기에서 승리를 거두기 위해서는 선수들 개인이 맡은 포지션에서 제 역할을 해야 하기 때문이다. 예컨대 골기퍼는 골기퍼대로, 공격수는 공격수대로, 수비수는 수비수대로의 전문적 기술과 능력을 길러야 하는 것이다. 어느 정도까지는 수비수가 공격수를, 공격수가 수비수를 대신할 수 있을 것이다. 하지만 각자의 포지션에서 선수 각자가 자신의 능력을 최대한 발휘한다면 그들 사이의 대체 가능성은 점차 줄어들게 될 것이다. 다시 말해 그들 각자는 재차 팀의 승리를 위해 '자기와는 다른 자기'가 되어야 한다. 이것은 그대로 이들 사이에 '이타성'이 다시 허용되었다는 것을 의미한다. 물론 그 목표는 이 팀의 능력을 극대화하기 위함이다. 다시 말해 이타성을 도입함으로써 이 팀의 구성원들은 팀을 위해 자신들의 능력을 능률적으로 사용하고자 한다. 이처럼 사르트르에 의하면 '조직화된 집단'의 특징은 이 집단 구성원들 사이의 관계를 갈등, 투쟁, 폭력으로 이끌었던 이타성 —이 이타성은 항상 '실천적-타성태'의 작용으로 나타난다는 것을 잊지 말자— 을 어쩔 수 없이 다시 도입한다는 것이다.

사르트르는 이와 같은 '조직화된 집단'은 재차 '제도화된 집단(le groupe institutionnalisé)'으로 변모한다고 보고 있다.[67] 『변증법』에서는 '국가'가 이 집단의 가장 좋은 예로 제시되고 있다. 다시 말해 이 저서에서 국가는 '집렬체'의 전형적인 예로 제시되고 있다. 사르트르에 의하면 이 집단에서는 다시 '이타성'으로 인한 폐해가 극대화된다. 이 집단에서는 재차 이 집단의 소유대상 전체를 가진 자들(유산계급이자 지배계급)과 그렇지 못한 자들(무산계급이자 피지배계급) 사이의 갈등과 투쟁이 극대화되고, 이런 상태가 계속됨으로 인해 무산계급에 속한 자들의 '삶과 죽음'이 문제시되는 상황으로 치닫게 된다는 것이다. 그러면 이들은 다시 하나로 뭉쳐, 다시 말해 '융화집단'을 형성해서 그들을 그런 상태

---

67 '제도화된 집단'에 대해서는 Ibid., pp.670-738을 볼 것.

로 빠뜨린 자들과 전면전을 치르게 된다는 것이다. 이처럼 사르트르는 인간들에 의해 형성되는 '역사'를 움직이는 법칙은 '집렬체'와 '융화집단' 의 무한 왕복 운동 —즉, "재집단화와 경화(硬化)의 끊임없는 이중운동(le double mouvement perpétuel de regroupement et de pétrification)"[68]—으로 보고 있다. 아무튼 한 가지 흥미로운 것은, 사르트르가 파악하고 있는 이 운동의 기저에는 세 종류의 폭력, 즉 '기존폭력', 거기에 맞서는 '초석적 폭력'으로서의 '대항폭력', 그리고 이 대항폭력을 통해 형성된 융화집단을 끝까지 지속시키려는 목표로 자행되는 '방어적 폭력'으로서의 '동지애-공포'가 그것이다.

4. 마치면서

지금까지 사르트르의『변증법』에서 개진된 폭력론과『대지』에서 파농에 의해 전개되고 있는 폭력론 사이에 커다란 친화성이 존재한다는 사실을 살펴보았다. 그 과정에서 사르트르의『대지』의 '서문'에는『대지』, 특히 이 저서의 제1장 '폭력에 관하여'에서 파농에 의해 전개된 폭력론이 아주 잘 요약되어 있다는 것을 확인할 수 있었다.

먼저 식민지 상황을 폭력적 상황으로 물들이는 '기존폭력'의 기원 문제와 관련하여, 식민자들(모국에서 거주하는 자들)과 이주자들이 결국 그들의 전체 소유 대상의 '요구'에 따라 원주민들, 즉 피식민자들을 비인간적인 삶을 영위할 수밖에 없는 폭력적 상황으로 몰아넣는 근본 원인이라는 사실이 확인되었다. 또한 이 과정에서 사르트르가 주창한 핵심 개념인 '실천적-타성태' 개념이 작용하고 있다는 것 역시 알 수 있었다.

68 Ibid., p.760.

그 다음으로 이와 같은 폭력적 상황을 타파하기 위해 결국 '폭력', 즉 '대항폭력'에 의존할 수밖에 없다는 사실이 확인되었다. 그리고 이와 같은 '대항폭력'에 의해 식민지 상태에서 부분적으로나마 해방된 경우, 피식민자들은 다시 식민자들, 이주민들의 무차별 분열 공작에 시달린다는 사실을 확인할 수 있었다. 그리고 이 모든 과정이 사르트르에 의해 주창된 '실천적-타성태' 작용 하에서 나타나는 "태양계적 체계"와 무관하지 않다는 사실 역시 확인되었다.

마지막으로 사르트르의 『변증법』에서 전개된 폭력론 가운데 파농이 가장 큰 관심을 보였다고 하는 "동지애-공포" 개념은 『대지』에서 그다지 크게 부각되지 않고 있다는 사실을 확인할 수 있었다. 이것은 파농이 『대지』를 집필하던 시기에 식민 상태에서 완전히 해방된 나라가 많지 않다는 데에 그 원인 있다고 할 수 있겠다. 다시 말해 '동지애-공포'는 억압 상태에서 한 번은 완전히 벗어나고 난 뒤에 나타나는 개념이기 때문이다. 물론 파농이 『대지』에서 식민 해방운동의 부분적인 성공 사례를 보여주고 있고, 또 이와 같은 사례에서 '동지애-공포' 개념과 비슷한 생각을 피력하고 있는 것은 사실이다. 하지만 이와 같은 파농의 생각과 사르트르의 '동지애-공포' 개념과의 친화성의 폭은 다른 부분에서 확인되는 친화성의 그것보다 더 폭이 좁다고 할 수 있을 것이다.

『대지』의 '서문'에 대한 다음과 같은 하나의 일화로 이 글을 마치려고 한다. 파농이 세상을 떠나고 난 뒤 미망인 조지 파농은 『대지』 출간 6년 후에 발발한 6일전쟁, 즉 중동과 이스라엘의 전쟁에서 사르트르가 이스라엘을 지지하는 발언을 하면서 결국 "살인자들" 중 한 명이 되어 "다른 진영으로 넘어갔다"는 이유를 들어 그를 비판했고, 또한 이 저서에서 그의 '서문'을 삭제해달라고 출판사 편집자에게 요청을 하기도 했다. 이 일화로 미루어 보면 조지 파농은 결국 이스라엘을 지지한다는 발언을 한 —물론 사르트르는 아랍 세계를 지지하는 발언도 했다— 사르트르의 태도를 문제 삼은 것이지, 그의 '서문'의 내용을 문제 삼은 것은 아니라고 할 수 있다. 요컨대 사르트르의 '서문'은 『대지』에서 파농에 의해 주창된 식민지 해방을 위한 유력한 수단인 폭력을 전면에 내세운 논리를 분명하게 보여줌과 동시에 그 정당성을 입증해줌으로써 『대지』와 그 어떤 괴리도 보여주지 않는다고 하겠다.

참고문헌

Aron (Raymond), *Histoire et dialectique de la violence*, Gallimard, coll. Les Essais, CLXXXI, 1973.

Beauvoir (Simone de), *La Force des choses*, Gallimard, 1963.

Contat (Michel)/ Rybalka (Michel), *Les Ecrits de Sartre*, Gallimard, 1970.

Girard (René), *La Violence et le sacré*, Grasset, 1972.

Sartre (Jean-Paul), *L'Etre et le néant : Essais d'ontologie phénoménologique*, Gallimard, coll. Bibliothèque de philosophie, 1943.

______, *Critique de la raison dialectique(précédé de Questions de méthode)*, t. I : *Théorie des ensembles pratiques*, Gallimard, coll. Bibliolthèque de philosophie, 1960

Solal (Anni-Cohen), *Sartre(1905-1980)*, Gallimard, 1985.

베르나르 앙리 레비, 『사르트르 평전』, 변광배 옮김, 을유문화사, 2009.

알리스 세르키, 『프란츠 파농』, 이세욱 옮김, 실천문학사, 2002.

패트릭 엘렌, 『나는 내가 아니다』, 곽영단 옮김, 우물이 있는 집, 2000.

프란츠 파농, 『대지의 저주받은 자들』, 남경태 옮김, 그린비, 2004.

10

아프리카 연극과 탈식민주의*

— 소잉카 극을 중심으로

이석호

1. 소잉카 연극의 탈식민주의적 자원

소잉카 연극의 특징을 한 마디로 규정하기는 쉽지 않다. 그러나 단순화의 위험을 무릅쓰고 그 특성을 일별해보자면 대강 '근대성 비판' 정도로 가늠해볼 수 있을 것이다. 서구 정전에 대한 비판적 재해석, 전통의 현대적 전유에 대한 줄기찬 관심 그리고 아프리카의 탈식민화를 견인하는 방법에 대한 고민 등에서 그는 서구식 '근대(성)'에 대한 거리감을 노골적인 형태로 드러낸다. 소잉카의 서구식 근대에 대한 비판은 궁극적으로 아프리카의 자발적 근대가 성취 가능한 과제인가라는 물음과 맞물려있다. 소잉카 연극은 여러 가지 층위에서 아프리카가 자발적으로 근대를 간취해내는 일이 지난하긴 하지만 결코 불가능한 것만은 아님을 역설한다.

---

* 이 글은 『비교문학』 48집(2009.06)에 실린 것을 수정·보완한 것임.

소잉카가 서구의 근대를 비판하기 위해서 동원하는 연극적 자원은 무궁무진하다. 과거, 현재, 미래로 이어지는 직선적 시간관의 파괴, 열린 공간에 대한 막역한 애정, 서구식 연극 내러티브의 해체, 나아가 아리스토텔레스 류의 연극문법에 대한 강한 부정 등이 그 내용의 주종을 이룬다. 소잉카에게 연극의 선험적 형식으로서 시간과 공간은 고정되고 화석화된 사유 이전 혹은 그 너머의 세계가 아니라 즉물적으로 변주가 가능한 주물의 대상일 뿐이다. 소잉카는 이 즉물적 시·공간의 자유자재한 주물을 통해서 과거, 현재, 미래로 이어지는 시간적 불가역성의 원칙을 거스를 뿐만 아니라 공간적인 불연속성도 의도적으로 방기한다. 동시에 주로 등장인물의 대사에 의존해 이야기를 이끌어나가는 서구식 근대 연극의 내러티브보다는 삼라만상 모두를 내러티브의 주체로 호출하는 범신론적 세계관을 선보인다. 물론 소잉카의 범신론은 아프리카의 구전 전통에 크게 빚지고 있다. 게다가 연극의 삼일치론과 카타르시스론 등을 통해 서구 근·현대 연극의 원형적 전통을 구축했던 아리스토텔레스 류의 연극문법을 전향적으로 거스름으로써 아프리카 연극의 탈식민화 가능성을 진지하게 검토한다.

이 글에서는 나이지리아가 독립하기 한 해 전인 1959년에 초연되어 영국 왕실 극단의 주목을 받았던 『사자와 보석』을 통해 식민지 아프리카의 근대성 문제를 탐구해보려 한다. 동시에 독립 이후에 쓰인 『길』(1965)과 『여로의 변신』(1973)을 통해서는 신식민지 아프리카의 탈식민화 내지는 탈근대화의 과제가 무엇인지를 궁구해보려고 한다.

2. 전통과 근대의 길항 : 『사자와 보석』

『사자와 보석』은 『늪지대 사람들』(1958)과 더불어 소잉카의 초기 저작에 속한다. 『늪지대 사람들』이 늪이라는 운명적 질곡을 등 뒤에 두고 떠날 수도 남을 수도 없는 사람들의 처연한 파토스를 그린 작품이라면, 『사자와 보석』은 다분히 낭만적으로 그 비극적 파토스의 중심에 해학적 구멍을 뚫는 작품이라고 말할 수 있다. 식민주의라는 시대적 전형 하에서도 소잉카가 『사자와 보석』이라는 작품 속에 낭만성을 담보할 수 있었던 이유는 역설적이게도 서구의 근대가 인종적으로, 역사적으로, 문화적으로 타자화하고 엽기화한 아프리카의 전통적 가치에 대한 반역적 신념 때문이다.

『사자와 보석』이 식민지 체제 하에서 공안기관의 검열을 염두에 두고 쓰였음에도 불구하고, 소잉카의 요루바 전통에 대한 신념은 이 작품에서 묘한 형태의 자기검열이 강화되는 후기의 그 어느 작품에서보다도 더욱 절절하게 드러난다. 실제로 이 작품은 식민지 치하가 아닌 독립 정부의 검열 기관에 의해 1966년에 나온 『춤추는 숲』, 『여로 형제의 시련』, 『수감자』 그리고 『콩기의 추수』 등과 같은 기타 소잉카의 저작 등과 함께 정치적인 이유로 판금 및 상연 금지 조치를 당한다. 기타 소잉카의 저작에 비해 비교적 명료한 주제와 단순한 구성 그리고 소규모의 등장인물군과 잘 읽히는 문장 등으로 구성된 『사자와 보석』은 그 접근의 용이함과는 달리 미학적 측면에서는 대단히 독특한 장관을 연출한다. 물론 이 작품에서 소잉카가 구가하는 미학적 독특함이란 서구 연극의 전통문법에 대한 전면적인 부정에 다름 아니다. 소잉카는 아리스토텔레스가 원시적 제의와 연극을 구분하면서 서구 연극에 부여한 과학성이라는 특권적 지위를 박탈하고 연극의 '원시성'을 통해 형식적으로 무너지고 구부러진 전통과의 제휴를 모색할 뿐만 아니라 더 나아가서는 일천한 근대성 내지는 근대주의의 몰역사성을 희롱한다.

소잉카의 근대성 희롱의 한 장면을 보자. 소잉카는 『사자와 보석』의 시종을 '일루진레'라 불리는 한 벽촌의 학교 선생이자 스스로를 근대주의자로 자처하는 라쿤레에 대한 지문 묘사로 일관한다. 스물 세 살밖에 안되는 애송이임에도 불구하고 라쿤레는 "누더기는 아니지만 바느질은 좀 엉성한 그리고 깨끗하긴 하지만 다림질은 전혀 안 된 대략 크기가 한 두 사이즈 정도는 작은 유행이 지난 영국 풍 양복"[1]을 입고 다닌다. 소잉카는 작품이 시작하는 지점부터 그와의 감정적 거리감의 유지를 통해 그가 대변하는 근대성 또는 근대적 윤리의식을 다소 소극적(笑劇的)으로 그려낸다. 라쿤레의 근대성 혹은 근대적 윤리의식이 가장 강력하게 환기되는 지점은 그가 자신이 사모하는 마을 처녀 시디와 결혼 지참금의 지불 여부를 놓고 한 판 설전을 벌이는 장면에서 노골적으로 드러난다.

시디 : 물론 나는 당신과 오늘, 다음 주, 아니 지금 당장이라도 당신이 원한다면 결혼해드릴 용의가 있어요. 물론 그 대가로 결혼 지참금은 반드시 지불하셔야 해요. 아니면 날 포기하시던가요. 다시 한번 말하지만, 결혼 지참금은 단 한 푼도 깎아드릴 수 없어요. 라쿤레, 날 동네 웃음거리로 만들 생각은 아니겠죠? 아무튼 맘대로 하세요. 나, 시디는 동네 사람들의 싸구려 입방아 감이 되고 싶지 않으니까요.

라쿤레 : 이런 야만적인 관습을 봤나! 원시적이고 구태의연해서 폐기처분해 버려도 모자랄, 게다가 악마적이고, 사멸된, 고리타분한, 저질의, 이루 말할 수 없을 만큼 쪽 팔린, 반동적이고, 퇴폐적인 관습같으니라구! (8쪽)

---

1 Wole Soyinka, *The Lion and the Jewel in Collected Plays 2,* London : Oxford University Press, 1974, p.3. 앞으로 본문 인용은 이 책에서 하며 인용문 뒤에 쪽수만 표시하기로 한다.
이 작품의 마지막 지문에서까지도 소잉카의 라쿤레에 대한 해학적 거리는 줄어들지 않는다. 시디와 마을 족장인 바로카의 결혼식이 있기 바로 직전까지도 수그러들 줄 모르는 '근대적' 수사를 동원해 시디에게 열렬히 구애하던 라쿤레가 상황이 자신에게 유리하게 전개되지 않자 피로연을 하는 도중 함께 춤추던 다른 처녀와 슬며시 종적을 감추는 모습을 소잉카는 다소 동정적으로 묘사하고 있다.

몇 줄 뒤에 가면 소잉카는 라쿤레의 전통 혐오증이 결혼지참금 지불을 거부하기 위한 속악한 경제적 책략에서 비롯한 것일 뿐만 아니라 모터 싸이클을 "귀신이 타고 다니는 말"로 그리고 카메라를 "외눈박이 상자"(11쪽)로 이해하는 순진한 시디 같은 시골 처녀를 사취하기 위한 다분히 수사적인 명분에 기초하고 있음을 드러낸다.

> 라쿤레 : 이 바보 천치 같은 아가씨야, 아직도 이해하지 못하겠어? 지참금 같은 건 시골 장터에서 소, 돼지 같은 가축을 살 때나 내는 돈이라구. 넌 그런 소유물이 아니잖아. (아주 부드럽게 부른다) 시디! 우리가 결혼하면 넌 내 더러운 발꿈치를 따라다니거나 그 뒤에 쭈그리고 앉아 있지 않아도 돼. 우린 맨 바닥이 아닌 식탁에 함께 앉아 우아하게 식사를 하게 될 거야. 지저분한 맨손가락이 아니라 깨지기 쉬운 접시 위에 놓인 포크와 나이프로 말이야. 교양 있는 문화인들처럼 말이지. (9쪽)

라쿤레에게 근대란 '맨손가락이 아닌 포크와 나이프로 먹는 식사'요, "하이힐에 붉은 립스틱을 칠한 숙녀"이며, "잡지 사진에 나온 여자처럼 직모를 한 여인과 나이트클럽에서 추는 한 주말 밤의 왈츠와 폭스트로트"이고 "세련되고 낭만적인 키스"(9-10쪽)이다. 이런 낭만적인 선망 외에도 "결혼 지참금 제도가 없어지고, 마을 한 가운데로 자동차 도로가 지나가며, 도시가 형성되고, 모든 아낙네들의 부엌에 편리한 주방기구가 들어설 뿐만 아니라 일부일처제가 뿌리를 내리는 것"(34쪽) 등이 라쿤레가 근대에 부여하는 혁명적 의미이다.

그러나 라쿤레가 보이는 근대를 향한 이토록 깊은 연모의 정과 충절은 역설적이게도 그가 사모하는 시디가 '귀신이 타고 다니는 말'을 달리다 자신이 살고 있는 마을에 불시착한 도시에서 온 한 외지인의 '외눈박이 상자'에 의해 내셔날 지오그라피 류의 잡지에 표지모델로 발탁이 되는 순간에 심하게 요동을 치게 된다. 다시 말해 순진한 시골 처녀 시디가 라쿤레보다 상대적으로 더 근대화된 근대인에 의해 근대화되는 순간 라쿤레의 근대에 대한 철학이 자못 심각하게 흔들리게 되었다는 것이다. 라쿤레의 근대에 대한 생각이 얼마나 취약한 토대 위에 뿌리를 내리고 있는가를 알려주는 대목이다.

한편, 외지인의 표지모델로 발탁이 됨으로써 '몸 값'이 한껏 오른 시디 역시 근대성의 수혜를 실감하며 주변의 세계를 달라진 눈으로 보기 시작한다. 결혼 지참금만 지불하면 언제라도 결혼을 해줄 것 같았던 라쿤레에게 "세상이 다 아는 이 몸이 시골 샌님과 결혼하여 이름에 먹칠을 할 수 있겠느냐"(12쪽)며 일거에 청혼을 거절하는 것은 물론이고, 심지어는 마을의 족장이자 권력자인 바로카를 향해서도 "이젠 시디가 바로카보다 더 중요한 인물이 되었답니다./ 나무 위의 팬더 곰보다 더 유명해졌단 말이지요./ 그는 이제 나보다 한 수 아래라구요./ 여자를 등쳐먹는 그 후안무치의 늙은이보다 말이죠"(13쪽)라며 감언을 쏟아 붓기에 이른다. 급기야 첫 번째 부인인 사디쿠를 보내 "바로카의 보석이 되어줄 수 없겠느냐"(20쪽)는 족장의 청혼에 대해서까지도 시디는 이렇게 대답한다.

시디 : 공연히 입 아프게 헛수고 마시고 돌아가세요. 그럴 걸 그 이방인이 사진첩을 들고 나타나기 전에 왜 진작 제게 청혼하지 않았대요? 제 얼굴이 온 세상에 알려지기 전에 그 사자 같은 위용을 왜 제 앞에서 굽히지 않았느냐구요? 그가 이제 와서 청혼하는 이유가 뭔지 아세요? 이제야 제 진가를 알게 된 거죠. 사람들의 입에서 자신의 이름보다 더 높게 울려 퍼지는 제 이름의 진가를 말이죠. 사람들이 왜 이 고졸한 시디를 위해 연가를 짓고 노래를 부르는지 그 이유를 이제야 알게 된 거란 말이죠. 사자 같던 자신의 명성은 날이 갈수록 땅에 떨어져 가는데 말이죠. (21쪽)

시디는 바로카의 청혼이 높아만 가는 자신의 명성에 대한 질투에서 기인하고 있는 것임은 물론이고 그 질투를 정당화하고자 하는 그의 고질적인 보수성에 착근하고 있음을 간파한다. 다시 말해 바로카가 "시디 자신의 아름다움을 굴복시킴으로써 스스로의 남성성을 회복함은 물론, 일루진레의 보석을 손아귀에 넣음으로써 새로운 명성을 얻겠다"(21쪽)는 의도로 자신에게 청혼을 했음을 주지하고 있다는 것이다. 사디쿠는 외지의 한 근대인과 내지의 근대인인 라쿤레에 의해 '갑자기' 근대화된 시디의 비정상적인 변화가 "성난 신에 의한 신들림"(22쪽) 때문이라며 그 탓을 라쿤레의 "그 쓰레기"(21쪽) 같은 근대 타령으로 돌리고 상고(Sango) 신께서 그녀를 하루 빨리 회복시켜 주기를 기원한다. 한 시골 촌부의 입을 통해 근대(성)가 '신들림의 광기'와 '쓰레기'로 전복되는 순간이다.

사실 시디의 급작스런 변화는 얄팍한 근대적 성의 상품화와 밀접한 관련을 맺고 있다. 시디는 자신의 '몸'에 대한 새로운 '인식'을 통해 보수적 전통과의 길항을 시작한다. 그러나 시디의 '몸'에 대한 새로운 인식이란 것이 '몸'에 대한 기왕의 전통적 인식을 혁파할 만한 발본적인 것은 아니고 기실은 '몸 값'에 대한 새로운 '가치매김' 따위의 협량한 세속적 깨달음에 준한다. "보석 같은 가시나무보다 더 찬란한 아름다움"(20쪽)이랄지, "보라빛 피부"나 "풍만한 가슴"(21쪽) 등과 같은 '몸'에 대한 시디의 깨달음이 궁극적으로 늙어빠진 바로카의 보수적 기지를 넘어서지 못하는 이유도 그 때문이다.

반면, 바로카는 일루진레 마을의 보수적 전통을 대변하는 인물이다. 그는 근대를 "기차길과 무역, 발전, 모험, 성공, 문명, 유명세 그리고 국제적 명성"(24쪽) 등과 등치시키는 라쿤레와는 달리 "헌 술은 새 부대에 담아야 제 맛"(49쪽)이라며 전통과 근대의 절합을 강조한다. 라쿤레에 의해 일루진레 마을의 근대화를 의도적으로 훼방하고 있는 반동적 인물로 낙인 찍힌 바로카는 그러나 근대적 '발전'에 대해 라쿤레와는 다소 다른 견해를 피력한다. "나도 발전을 싫어하는 건 아니야./ 다만 모든 마을 사람들의 지붕과 모든 마을 사람들의 얼굴을 모두 똑같이 만들어놓는 그런 발전을 싫어할 뿐이지"(47쪽)라는 말에 타율적 혹은 획일적 '근대화'에 대한 그의 반감이 잘 드러난다. 사실 엄정한 의미에서 보면 바로카는 보수주의자가 아니다. 단지, '근대' 내지는 '발전'에 대한 생각을 라쿤레를 비롯한 여느 근대주의자들과도 달리할 뿐이다. "그 학교 샌님과 나는 여러모로 비슷한 점이 많아"(48쪽)라든가, "나나 학교 샌님이나 서로가 서로에게 배울 게 많은 사람들이지"(49쪽)라는 등의 발언을 통해 그가 스스로를 라쿤레와 동일시 할 때 그 점은 더욱 확연해진다. 절충주의의 혐의를 다소 풍기는 듯한 바로카의 이 '절합론'은 결국 라쿤레는 물론 시디까지도 어렵지 않게 굴복시키기에 이른다.

바로카 : 늙은 것들이 신선한 것들 속으로 흘러드는 것은 당연한 이치란다, 시 디. 괜스레 중뿔나게 고집이나 피우며 유아독존 혼자 잘난 체나 하고 있으면 볼상 사나운 법이지. 그러니 너 같은 애송이도 늙은이만이 알 수 있는 기적을 배울 필요가 있는 거란다. 그렇게 생각지 않느냐?

시디 : 지당하신 말씀이십니다, 어르신. 지당하고 말고요. (49쪽)

결국 바로카의 기지에 넘어가 그와 하룻밤을 함께 보낸 시디는 그를 "영원한 젊음의 소유자" 그리고 "나무 위의 팬더 곰"(57쪽)이라는 이름으로 칭송하면서 그와의 결혼을 결심하게 된다. 반면, 처녀성의 상실까지도 눈 감아 줄 테니 제발 결혼만 해달라고 애걸복걸하는 라쿤레에게는 "수염도 안 난 미숙한 인간"(57쪽)과는 결혼할 수 없다며 청혼을 거절한다. 시디를 사이에 둔 바로카와 라쿤레의 줄다리기 그리고 시디의 선택을 통해 소잉카가 제시하려 했던 주제는 '전통에 기반한 자율적 근대의 실현'이다. 이 주제의 실현 가능성을 소잉카는 묻고 있는 것이다.

3. 근대, 그 밤으로의 긴 여로 : 『길』

소잉카 작품의 대부분이 그러하지만, 『길』은 그 중에서도 특히 난해하기로 '악명'이 높은 작품 중의 하나이다. 『길』이 공연된 당시 한 문학저널이 이 작품에 가한 품평을 보면 그 난해함의 정도가 어느 수준인지를 가늠해볼 수 있다. "『길』 근처에는 얼씬도 하지 마십시오."[2] 이 작품의 난해함은 형식적이면서 동시에 내용적인 층위의 '낯섦'과 긴밀한 관련이 있다. 형식적인 낯설음이라 함은 이 작품의 구성이 공연 형식으로서의 전통적인 '연극' 개념 자체를 철저하게 전복하고 있다는 점과 관련되어 있다. 가령, 주제를 전달하는 유용한 매개로 다소 진부하고 고답적인 '대사'보다는 마스크 춤이나 음악 그리고 침묵 등을 사용한다든지 혹은 '죽음'이라는 형이상학적 소재를 형상화하는 수단으로 '아게모'(agemo)라는 육탈의 종교의식과 요루바 신화를 입체적으로 전용한다든지 등의 시도가 그것이다. 물론 침묵이나 의미 없는 제스쳐 등을 중요한 의미전달의 한 내러티브로 양식화한 연극적 실험은 서구 연극의 전통 속에서도 어렵지 않게 찾아볼 수 있다. 사무엘 베케트나 헤럴드 핀터 그리고 에드워드 올비 등으로 대표되는 부조리 극이 그 모범적인 예에 속할 것이다. 그러나 부조리 극의 형식 실험이 서구 연극의 진부한 내러티브 전통에 대한 반동으로 출현해 다시 그 전통의 뒤주 안에 갇히고 마는 한계를 드러내는 반면, 소잉카의 실험은 그것이 실험의 차원이 아니라 '일상' 내지는 '리얼리티'의 연장선상에서 자연스럽게 이루어지고 있다

2 D. S. Izevbaye, "Language and Meaning in Soyinka's *The Road*", in *Critical Perspective on Wole Soyinka*. ed.., James Gibbs. London: Heinemann, 1980, p.90.

는 측면에서 의미의 차이를 드러낸다.

한편, 내용적인 낯설음이라 함은 요루바 신화, 그 중 특히 오군 신(Ogun)에 대한 선지식과 관련이 있다. 『길』은 오군 신에 대한 기본적인 이해가 수반되지 않고서는 "해석을 수행할 수 없는"[3] 텍스트라고 보아도 전혀 과언이 아니다. 앞에서 언급한 아게모와 뮤라노의 마스크 춤의 의미도 궁극적으로는 오군 신에 대한 선지식으로 귀결되기 때문이다. 요루바의 창조설화에 의하면 조화와 질서의 신인 오바탈라(Obatala)가 운명의 신이자 협잡의 신인 에슈 신(Eshu)의 도움으로 천둥의 신인 샹고 신(Shango)의 손아귀에 갇히게 되고 그 사이 오바탈라의 평천하 속에서 미동도 못하던 전쟁과 파괴 그리고 창조의 신인 오군 신이 활개를 치게 되면서 천지가 탄생하게 되었다고 한다.[4]

소잉카는 오바탈라와 오군의 대립을 적대적인 것이 아니라 순환적인 것으로 파악한다. 다시 말해 오바탈라가 승하면 오군이 쇠하게 되면서 우주의 질서와 조화가 회복되는 반면, 오군이 승하면 오바탈라가 쇠하면서 우주의 창조적 파괴가 자행된다는 것이다. 소잉카는 창조적 파괴를 감행하는 오군 신이 바로 예술의 신이며, 그 창조적 파괴가 역사의 진보를 추동한다고 설명한다. 따라서 소잉카에게 조화의 한 전형으로서 삶은 미구에 전복될 순간의 질서요, 파괴의 한 전형으로서 죽음은 다시 삶으로 나아가는 필연적 수순에 다름 아닌 것이다.

『길』에서 오군 신의 존재의미를 가장 철학적으로 그리고 예술적으로 간파하고 있는 극중 인물은 '교수'이다. 교수는 한 때 교회에서 주일학교의 교사 일을 보다가 지금은 '길' 언저리에서 그 '길'을 달리다 사고가 난 차량들의 부품을 훔쳐와 중고 가게에 내다파는 일 뿐만 아니라 직업

---

3 D. S. Izevbaye, 같은 글, 103쪽.

4 Andrew Gurr, "Third-World Drama: Soyinka and Tragedy" in *Critical Perspective on Wole Soyinka.* ed., James Gibbs. London: Heinemann, 1980, p.141.

이 없는 부랑자들을 위해 면허증을 위조해주는 일을 호구지책으로 삼고 있는 인물이다. 그러나 기실 사고 차량의 부품을 내다 팔고 동시에 면허증을 위조해주는 일은 교수에게는 매우 부차적인 일이다. 그가 동이 희뿌염하게 터오는 새벽마다 사고 현장에 나가 진정으로 찾는 것은 오군 신의 '말씀'이다. 오군 신이 사고가 난 죽음의 현장 혹은 주검을 통해서 계시하고자 하는 '말씀'의 알심을 찾고자 하는 것이다. 그의 '말씀'에 대한 집착은 "이건 거의 기적이야.... 새벽은 항상 엄청난 기적을 선사하지. 그러나 오늘 이 신새벽의 기적과 비교하면 아무 것도 아니야. 아무리 낯선 곳일지라도 신, 신, 신, 그래 신의 말씀은 무소부재하단 말씀이야"[5]라고 처음으로 무대에 등장하며 중얼거리는 대사에서도 극명하게 드러난다. 물론 교수에게도 신의 말씀이 늘 "명백한 진리"로 나타나는 것은 아니다. 이해하기 힘든 "기호"(160쪽)로 나타날 때가 다반사이다.

교수의 말씀 찾기와 관련해 삼손, 코토누 그리고 살루비 등을 비롯한 기타 등장인물이 가장 곤혹스러워 하는 것은 그 말씀이 생명 혹은 삶과 관련된 말씀이 아니고 죽음과 관련된 말씀이라는 점이다. 말씀은 죽음을 통해 증거된다는 사실을 입증하기 위해 사고 현장에 함께 가보자고 백만장자로 변신한 삼손에게 제안하는 교수의 발언을 통해 그가 얼마나 엽기적 관심을 가진 인물인지를 알 수 있다.

삼손 : 싫수다. 난 그런 불쾌한 장면은 보고 싶지 않소이다.

교수 : 두려우신가 보군. 물론 무언가를 찾는 일에는 항상 위험이 따르기 마련이오. 말씀 역시 아마도 삶보다는 죽음에 더 가까울 거요. 당신, 기억하지. 왜, 나무에 부딪혀서 죽은 세 명의 영혼 말이오. 당신은 아마도 그것이 자동차 사고

5 Wole Soyinka, *The Road in Collected Plays 1.* London:: Oxford University Press, 1973, p.157. 앞으로 본문의 인용은 이 책을 근거로 하며 인용문 뒤에 쪽 수 표시만 하기로 한다.

때문이라고 믿고 있을 게요. 밖에서 하도 성긴 소리가 나서 나가 보니 차체가 엉망이 되었더군. 차 안에 있던 셋은 모조리 즉사했지. 마치 그 단단한 나무를 십자가 삼아 처형이라도 당하는 듯한 포즈를 취하면서 말이야. 나는 그 자들의 피가 흥건히 고여 들어 자동차 바퀴를 철퍼덕 철퍼덕 적셔가는 곳에서 말씀이 자라나는 것을 똑똑히 보았다오. (159쪽)

교수의 엽기성은 그 '길'의 의미를 다른 방식으로 찾아가는 삼손이나 살루비 그리고 세이 도오쿄오 키드 등과 같은 일종의 '근대주의자'들의 관점에서 볼 때 '엽기적'일 뿐이다. 삼손과 살루비 그리고 세이 도오쿄오 키드는 현실적으로는 부랑자 또는 시정잡배의 처지를 면하지 못하고 있지만, '길'을 통해 다시 화려한 근대적 생활인으로의 부활을 꿈꾸는 일종의 '근대의 그늘'과 같은 인물들이다. 반면, 교수와 더불어 이 작품에서 가장 기형적인 인물로 등장하는 뮤라노는 자동차 사고로 거의 사경을 헤매다 교수의 지극정성 어린 치료를 받고 다시 살아난 벙어리이다. 교수는 '말'을 할 줄 모르는 벙어리 뮤라노가 "이 지상에 있는 인물 중 '말씀'이 가장 가까이 거할 수 있는 인물"(186쪽)이라고 말한다. 왜냐하면 뮤라노는 "죽음이라는 목구멍의 어두운 심연을 기어 나와 신을 그 안에 품고 있는 인물"(223쪽)이기 때문이다.

뮤라노의 아게모와 마스크 춤이 의미하는 것도 삶에서 죽음으로 그리고 죽음에서 다시 삶으로의 전이 과정과 밀접한 관련을 맺고 있다. 소잉카는 이 작품의 모두(冒頭)에 연출자를 위한 한 마디 조언을 달면서 아게모가 "살이 용해되어 가는 육탈의 한 종교 제식"임을 밝힌다. 동시에 뮤라노의 마스크 춤이 "죽음의 과정을 시각화한 극적 장치"임을 알린다. 소잉카는 교수와 뮤라노를 음산한 밤과 신산한 죽음을 대변하는, 그리고 오군 신의 '말씀'을 가장 의미 있게 체현하는 인물로 묘사한다. 백주대낮의 신작로는 "신기루"(183쪽)일 뿐이며 "한낮의 대리석은 거짓

계시자"(183쪽)일 뿐이라고 말하면서 말이다. 소잉카에게 '길' 가에 널린 죽음 혹은 주검은 사이비 근대가 양산한 비극적 망상의 한 결과물인 동시에 생명과 조화의 세계로 거듭 나아가기 위해 반드시 거쳐 가야 할 밤으로의 긴 여로, 그 고단한 자기파괴적 여정의 한 부산물이다. 그러나 교수와 뮤라노가 걷는 밤으로의 이 긴 여로가 단순히 비극적이지만은 않은 것은 그것이 거짓 근대로의 "승천을, 승천을 멈추고 지상을 향해 추락하다가 어느 지점에선가"(187쪽) '말씀'의 속살을 그대로 드러내게 되리라는 믿음 때문이다.

4. 상품화된 근대의 딜레마 : 『여로의 변신』

『여로의 변신』은 1960년대 이바단에서 초연된 『여로보암 형제의 시련』의 연작 형태로 쓰인 작품이다. 『여로보암 형제의 시련』이라는 작품이 나이지리아의 독립을 전후로 해 사이비 종교와 부패한 권력의 담합을 다소 맹아적인 형태로 고발하고 있는 작품이라면, 『여로의 변신』은 그로부터 십 삼년이 지난 완전한 독립 정부 나이지리아의 한 왜곡된 근대상을 아이러니칼하게 패로디하고 있는 작품이다. 재미 있는 것은 십 삼년의 간격을 두고 쓰인 이 두 작품이 식민주의의 잔재로 남겨질 혹은 남겨진 근대의 문제를 해석하고 수습하는 데 있어서 거의 차이를 드러내고 있지 않다는 점이다. 다시 말해 근대라는 부정적 잔재를 해소하기는커녕 오히려 발전시키고 있다는 것이다. 그런 의미에서 『여로의 변신』은 독립 이후 진정한 탈근대로의 '변신'의 희망이 좌초된 신식민지 아프리카를 다소 자학적으로 보여주고 있는 텍스트라고 볼 수 있다.

여로의 변신이 부정적 의미의 변신임을 가장 단적으로 드러내는 대목은 여로보암이 바 비치(Bar Beach)에 있는 사교 교주들을 모두 한 자리에 모아놓고 그곳의 위기 국면에 대해 일장연설을 늘어놓는 장면이다. 여로보암과 같은 사교 교주들이 들끓는 바 비치를 국립 공개 사형장으로 바꾸어 그 주변에 위락시설을 유치함으로써 관광 세수를 늘리려는 꿍심을 가지고 있는 시 당국에 대항해 생존권 사수를 내걸고 여로보암이 나선 것이다. 여로보암은 이 위기 국면을 '발전'의 한 계기로 바꿀 줄 아는 뛰어난 지략을 가진 인물이다. 그러나 그가 강조하는 '발전'이란 것도, 그리고 그 '발전'을 도모하기 위해 사용하는 '지략'이란 것도 매우 속물적인 것임은 두 말할 나위가 없다.

> 여로 : (돌아서서 군중들을 노려보며) 만장하신 동료 목자 여러분! 더 이상 시간 낭비하지 맙시다. 서로가 알 만큼 아는 사이들임으로 긴 말하지 않겠습 니다. 여러분들을 모두 여기 한 자리에 모이시라고 한 건 다 함께 "발전"에 대해 논의해보자는 뜻에서였습니다. 마침내 우리가 "발전"을 위해 서로 단합을 해야 할 때가 왔습니다. 물이 차면 땅이 젖듯 "발전"의 계기가 우리 성소의 문 앞에 그렇게 와 있는 것입니다. 아시다시피 이곳 바 비치는 지금 온갖 프로젝트들 투성입니다. 도박장, 카지노 등을 비롯해 이곳에 위락시설을 유치하기 위한 프로젝트가 진행 중이란 말입니다. 돈의 노예들은 지금 이곳에 그 몹쓸 놈의 유흥업소 만들기에 여념이 없습니다. 그자들은 외국을 순방할 때마다 그 놈의 잘난 "경제적 사명"이라는 이름을 내걸고 유흥업소들을 방문했습니다. 이곳에 유흥업소가 들어오면 우린 어떻게 됩니까? 여호와 하나님을 섬기는 우리의 종교적 사명은 어떻게 되느냔 말입니다. 아마 그 더러운 돈의 제단 앞에 제물로 바쳐지지 않겠습니까?[6]

바 바치의 사교 교주들을 모아 놓고 여로가 논의하고자 하는 "발전"이란 "영적 카르텔의 결성"(202쪽)임이 이내 드러난다. 바 비치에 국립 공개 사형장을 건설한다는 명목으로 그곳의 사이비 교주들을 축출하려

---

6 Wole Soyinka, *Jero's Metamorphosis in Collected Plays 2.* London: Oxford University Press, 1974, p.200. 앞으로 본문 인용은 이 책에 근거하며 인용문 뒤에 쪽 수만 표기하기로 한다.

는 복안을 가진 시 당국을 대상으로 어떻게 하면 시 당국의 복안은 복안대로 지지하면서 자신들의 이권은 이권대로 챙길 것인가가 "발전"을 둘러싼 논의의 핵심 내용이라는 것이다. 여로의 묘안은 앞으로 국립 공개 사형장에서 치러질 대대적인 사형 장면의 상품화를 통해서 그 해프닝을 보러 오는 관객들을 대상으로 관광 세수를 늘리는 이권은 시 당국에게 넘겨주는 대신, 그곳에서 스러져갈 망자들의 넋을 위무하는 일을 일임받음으로써 축출의 위기를 모면함과 동시에 일말의 떡 고물도 챙기자는 것이다. 죽음과 주검의 해프닝화 혹은 상품화를 통해 권력과 종교의 세속적 담합이 매개되는 장면이다.

관리 : 당신이 원하는 게 뭔지 단도직입적으로 말해 보시오.

여로 : 당신들의 비밀문서를 입수해보니 바 비치를 독점하겠다는 계획이 있더군요. 그곳에 미용실, 슈퍼마켓, 레스토랑, 카페, 아이스크림 가게 등을 들이는 것은 물론이고, 해변에는 방갈로도 세우고 게임방, 도박장 그리고 주차장 등 이루 헤아릴 수 없이 많은 위락시설들을 세워서 그곳을 완전히 새로운 관광 명소로 만들 준비를 하고 있더군요. 좋소. 단도직입적으로 얘기합시다. 우리의 전지전능하신 하나님, 그분을 대표하는 내가 관심이 있는 건 이 엄청난 이권을 좀 나누자는 것이오.

관리 : 좀, 조용히 얘기합시다. (초조하게 주위를 돌아본다.) 그래, 좀 더 자세히 얘기해보시오.

여로 : 시저에게 가면 시저의 법을 따르고, 하나님 앞에서는 하나님 법을 따르라는 말이오.

관리 : 무슨 뜻이오? 쉬운 말로 얘기합시다.

여로 : 영적 독점에 관한 것이오.

관리 : 뭐라고요?

여로 : 우리 사제들이 만든 구세군 교회를 인정해달라는 뜻이오.

관리 : ...그게 전부요? 정말 종교 집회에 관한 독점적 권한만 인정해주면 된다는 거요?

여로 : 그거면 됩니다.

관리 : 아무리 작은 이권 사업이라도 절대 개입하면 안 됩니다. (210쪽)

죽음이나 주검의 상품화는 물론 영적인 것의 상품화까지도 언급하고 있는 형국이다. 이 물리적인 것과 영적인 것의 상품화는 바로 진정한 의미의 탈식민지로의 이행이 좌절된 신식민지 나이지리아의 총체적 파국을 의미한다. 이 점은 여로가 품은 변신의 욕망에서도 잘 나타난다. 여로가 처음으로 등장하는 지문(175쪽)에 보면 여로의 방 안에 마이크를 앞에 놓은 군인 복장을 한 사내의 사진이 걸려 있음을 알 수 있다. 지문은 여로가 이 사내와 자신을 동일시하는 욕망을 가지고 있음을 넌지시 드러낸다. 이 동일화의 욕망은 여로가 시 당국에서 나온 관리와 타협을 성공적으로 끝내고 제 방으로 돌아가 군인 복장을 한 사내의 사진을 제거하고 그곳에 군인 사진보다 더 큰 자신의 제복 입은 사진을 당당하게 걸어두는 대목에서 완전하게 성취된다(213쪽). 이것은 권력과 종교의 밀실 야합을 은유적으로 드러내는 상징이다. 소잉카는 이 변신의 욕망이라는 상징을 통해 거의 광신과 사교 수준에 이른 권력과 역으로 치유할 수 없는 독재 및 "영적 부패"(211)의 수위에 다다른 종교를 대위법적으로 비판한다. 식민지 근대가 남긴 부정적 잔재를 말끔히 청산하지 못한 신식민지 나이지리아에 대한 아픈 고발이다.

5. 소잉카와 탈주의 상상 그리고 아프리카 연극의 가능성

소잉카에게 연극은 탈주의 상상을 즐기는 가장 완벽한 기제이다. 물론 그 탈주란 근대적 연극 문법으로부터의 탈주이고, 그 근대적 연극 문법이 알게 모르게 옥죄는 기계적 상상으로부터의 탈주이다. 소잉카에게 이 탈주의 상상은 그의 신화적 뿌리에 맞닿아 있다. 전통으로 화석화되지 않고 현재까지 살아남아 당대의 삶과 문화에 견결한 영향력을 미치는 신화적 뿌리에 말이다. 소잉카에게 근대란 일방적인 수용의 대상도, 전면적인 기피의 대상도 아니다. 『사자와 보석』에서 바로카와 라쿤레의 짝패처럼, 『여로의 변신』에서 "모든 백인들은 위선자다"(193쪽)라고 비판하지만 자신은 정작 그 백인보다 더 지독한 위선자가 되어가는 여로처럼 그리고 『길』에서 교수와 뮤라노를 비롯한 기타 등장인물들의 일거수일투족을 배후에서 조종하는 오바탈라와 오군처럼 순환적 사유의 대상이다.

그렇다고 소잉카가 근대의 문제를 방임하는 것은 아니다. 소잉카에게 근대는 분명 자율의 문제인 것이다. 그가 요루바의 전통으로, 오군 신의 신화 속으로, 바로카의 수구적 근대관으로, 여로의 부패한 근대적 카르텔로 잠입해 들어가는 것도 궁극적으로는 근대에 대한 자율적 개념화 그리고 자율적 통제의 가능성을 심문해보려는 의도와 밀접한 관련을 맺고 있다. 소잉카에게 연극은 바로 이런 자율적 상상의 발동을 실험하는 장이자 동시에 그 의도를 공론화하는 마당이다. 이런 의미에서 그의 연극은 브레히트의 연극과 상당 부분 닮아있다. 물론 소잉카가 연극이라는 매개를 통해 추구하려는 소위 '이해'의 범주가 칸트의 '이성'과도 브레히트의 '심오한 깨달음'과도 다른 차원의 것임은 사실이다. 다시 말해 소잉카에게 연극적 '이해'의 의미란 '인간이 스스로의 힘으로 빛을 찾는다는 식'의 다분히 서구의 근대적 이성관에 기초한 '이해'도 아니요, 그렇다고 헤다 게블러의 자살까지 포함해 일련의 모든 행위 일반을 심문과 토론과 의심과 반문의 대상으로 삼았던 사회주의 리얼리즘 식의 공격적, 전투적 '이해'도 아니라는 말이다. 소잉카에게 연극은 보다 우주적인 그리고 숙명적인 세계와 인간 그리고 그 둘의 관계에 대한 보다 겸손한 '이해'의 한 방편인 동시에, 이미 태어났다 구천으로 돌아간 인간, 현재 태어나 살고 있는 인간 그리고 아직 태어나지 않은 미래의 인간들 간의 원형적 교감의 제식인 것이다. 바로 이것이 작게는 소잉카, 크게는 아프리카 연극의 탈근대적 맹아이자 탈식민주의적 자원인 것이다.

참고문헌

Gibbs, James. ed., *Critical Perspective on Wole Soyinka*, London: Heinemann, 1980.

Soyinka, Wole. *The Lion and Jewel in Collected Plays 1*, London: Oxford University Press, 1973.

______, *The Lion and Jewel in Collected Plays 2*, London: Oxford University Press, 1974.

세제르, 에이메, 『어떤 태풍』, 이석호 역, 서울: 동인, 2004.

아프리카문화연구소 편, 『소잉카 희곡 선집』, 서울: 동인, 2000.

이석호 편역, 『아프리카의 탈식민주의 문화론과 근대성』, 서울: 동인, 2002.

4 탈식민주의를 넘어

11

숨은 권력 찾기

— 재현 매체들이 만드는 가공 현실

송태미

에드워드 사이드는 『오리엔탈리즘』에서 서양과 동양의 포스트 식민주의적 관계를 설명하면서 재현의 문제를 부각시켰다. 그의 논지는 서양이 주도권을 잡은 이후 긴 헤게모니의 역사가 흐르는 동안 서양은 그들이 정복한 동양을 재현해 왔고 동양은 서양에 의해 '불리는' 존재가 되었다는 것이다. 서양이 재현한 동양은 실제 동양과는 다른, 서양인들이 상상한 동양이었으며 그렇게 '재현된' 동양을 실제보다 더 실제로 인식했다는 것이 사이드의 주장이다. 또한 동양인들 스스로 '재현된' 동양을 실제라고 믿도록 만듦으로써 식민을 정당화하는 효과적인 식민 정책을 펼칠 수 있었다는 것이다. 『오리엔탈리즘』이 세계 각국에서 큰 호응을 얻을 정도로 그의 주장은 설득력이 있으며 이 책이 말하는 현재 진행형 자본 식민주의는 부인할 수 없다. 그러나 그의 담론은 그가 문제 삼고 있는 '재현'의 방법을 사용해서 또 하나의 '서양'을 만들어낸다. 이 지점에서 모순이 느껴진다. 『옥시덴탈리즘』은 바로 이 모순을 비판하였으며 되풀이되는 재현의 굴레 속에서 동양 대 서양이라는 대립 구조가 더 굳어진다는 점을 지적했다. 이는 포스트 식민주의를 논하는 많은 담론들의 공통적인 문제이기도 하다. 강자와 약자, 지배자와 피지배자를 가르는 담론들 속에서 때로 사람들이 일종의 게임을 즐기고 있는 것은 아닌가 하는 의심이 든다. 승자와 패자의 자리를 교환하는 일련의 과정 속에서 진짜 게임판을 유지시키는 장치는 아무도 건드리지 않는 모습이다. 게임이 악하다면 게임을 진행시키는 장치를 찾아 멈춰야 한다. 아니, 어쩌면 이 게임이 실제가 아니라는 사실만 깨달아도 게임을 끝낼 수 있을지 모른다. 그 장치가 다름아닌 실재와의 혼동, 그 자체라는 것이 본 글에서 전하고자 하는 저자의 생각이다.

1. 소셜 네트워크

2010년 봄, 나는 파리 근교의 한 아파트에서 3개월 가량 20대 중반의 룸메이트와 같이 생활한 적이 있다. (한 아파트 안에 두 개의 방을 각각 하나씩 임대하여 각자의 방이 있었지만 편의상 룸메이트라고 하겠다.) 내 룸메이트 J는 평범하지 않았다(적어도 내 기준에는). J는 인터넷 소셜 네트워크에서 사는 사람이었다. 대부분의 시간을 소셜 네트워크에서 보냈다. 여기까지 얘기하면 듣는 사람은 보통 일본의 오타쿠, 게임 중독자, 우울증 환자의 모습을 연상한다. 그러나 J는 보통 사람보다 더 사회적이었고 대화에 능통했다. 만약 당신이 J와 대화를 나눈다면 지극히 활발한 사회 활동을 하며 사리 분별을 하는 똑똑한 아가씨라는 인상을 받을 것이다. 그만큼 J의 언어 능력은 뛰어났다. 다만 그녀는 소셜 네트워크에서 살고 있었다. 나와 대화를 할 때에도 J는 소셜 네트워크에 있었다. 실제와의 연결 고리가 없는 말들이 자연스럽게 이어졌다. 가령, 내가 없는 동안 내가 사다 놓은 우유를 반 통 마시고 저녁에 내가 돌아와 우유를 꺼내며 '우유 좀 마실래?'하고 물으면 '나는 유제품을 잘 못 먹어, 체질적으로 소화를 못 시켜서…'라고 대답한다. 아무런 거리낌이 없이 내 방의 모든 물건을 허락 없이 사용하며 그런 와중에서도 나와 아주 친밀한 대화를 나눈다. 처음엔 도벽을 의심했다. 다음엔 정신 분열증을 의심했다. 그러나 나는 그 어떤 규정된 병명으로도 J를 설명할 수 없었다. 단지 소셜 네트워크 밖의 규범들이 J에게 무의미하다는 것을 눈치 챘을 뿐이었다. 어느 날 화성인이 지구에 온다면 지구인의 규범을 전혀 개의치 않을 것이다. 나는 감히 J에게 내가 믿는 상식들에 대해 말조차 꺼낼 수 없었다. J에게 중요한 것은 온라인 세계에서 지켜야 하는 규범들뿐이었다. 다만 그녀의 몸은 물리적으로 인터넷 밖에 있을 수밖에 없어서 갖가지 문제를 일으켰다. 운동을 하지 않고 빠르게 해결할 수 있는 음식들만 섭취한 끝에 끔찍한 위장병에 시달리는 등 여러 가지 문제들이 있었지만 심각하게 고민하지 않았다. 사소한 알러지를 그냥 견디고 사는 사람들처럼 귀찮아하기만 했다. 어느 날 J는 소셜 네트워크에서 채팅을 통해 친구를 만났고 그 친구는 우연히도 한 다리 건너 나를 아는 사람이었다. 둘이서 온라인 대화를 하며 나에 관한 이야기를 나누고는 반가운 표정으로 내 방에 달려왔다. 자신이 친숙하게 여기는 공간에서 나라는 사람의 흔적을 찾았다는 것이 반가운 듯했다. 목소리와 표정에 생기가 넘쳤다. 아파트 안에서 나와 J, 두 사람이 사회로부터 분리되어 있는 한 J가 인식하는 현실과 내가 인식하는 현실은 무엇이 유효성을 갖는지 판단할 수 없는 상태에서 갈등할 수 밖에 없었다. 외부 사회에 노출되는 순간 현재로서는 대다수의 사람들이 J의 상태를 비정상으로 보겠지만, 50년쯤 후에는 어떨까? 나를 경험한 J가 다른 사람들에게 경험담을 들려주는 일이 일어날 수 있을 것이다.

인터넷 소셜 네트워크는 언어와 이미지로 만들어지는 세계다. 이 곳에서 많은 시간을 사는 J는 언어와 이미지를 통한 커뮤니케이션에 탁월한 능력을 보였다. 그러나 언어 내적 논리에 민감해지는 동시에 필연적으로 언어와 실제 간의 구분에는 둔감해졌다. J는 언어와 이미지로 실제와 다른 새로운 J'를 만든다. 그리고 J'는 인터넷상에서 수많은 A', B', C' 들과 교제한다. 그들 모두는 실제 A, B, C가 아니다. 실제의 J와 재현을 통해 만들어진 온라인의 J'는 우유를 마시는 J와 우유를 소화하지 못하는 J'만큼의 거리가 있다. J를 통해 내가 엿본 것이 그리 오래지 않아 도래할 미래 사회의 모습인 것 같아 섬뜩함을 느끼게 한다.

각종 기술 매체와 결탁한 언어와 이미지가 인간 사회를 지배하는 현상은 오랜 역사를 두고 진행되어 온 일이며 그 기술은 계속 진보하여 오늘날 인터넷의 시대에까지 이르렀다. 인터넷이라는 신기술 매체와 결탁한 언어와 이미지는 사람과 사람 사이의 교제망, 즉 소셜 네트워크에 개입하여 친절한 매개자로서의 입지를 마련하고 있다. 매개자로서의 권력이 튼튼하게 구축되고 나면 지금처럼 마냥 친절하지만은 않을 것이다.

인터넷 소셜 네트워크는 아이러니하게도 사람과 사람의 분리, 인간관계의 단절로 특징지어지는 문화의 소산물이다. 지하철을 타면 다수가 손바닥 크기의 모니터에 시선을 고정시키고 있다. 신과의 교류가 단절되면서 인본주의 시대가 열렸듯 지금 우리는 인본주의 시대의 끝자락에서 사람과 사람의 관계의 단절을 경험하고 있다. 신으로부터 분리된 아담이 숲으로 숨었다고 했던가. 사람으로부터 분리된 아담은 모니터 화면 속으로 숨고 있다. 각종 모니터 화면 속에 사람으로부터 달아난 외로운 아담이 자신만의 왕국을 건설하고 있다. 인터넷 소셜 네트워크는 관계 단절의 과정이 아무런 고통 없이 이루어질 수 있도록 환각제 역할을 한다. 더 많은 사람과 더 가까이 있는 듯한 환영 속에서 우리는 이전에 알지 못했던 엄청난 단절을 경험한다.

2. 초승달, 반달

백남준은 역사상 가장 오래 된 텔레비전은 달이라고 말했다. '달'은 인류 역사에서 실제와 가상이 혼합되어 만들어진 가장 오래 된 '실제적 가상'이다. 상상력의 산물로서 재현의 과정을 통해 만들어진 '초승달', '반달'은 우리 삶 속에서 아무 문제없이 실재처럼 기능한다. 달들은 실재적 가상의 한 예일 뿐이다. 사람은 상상력을 가진 동물로서 실재 공간뿐 아니라 가상공간도 살 수 있는 존재이기 때문에 가상과 실재를 오가며 끊임없이 혼합을 시도한다. 제약이 많은 실재 공간에 가상을 가져와 끝없는 욕망을 실현하고자 한다. 그러나 가상이 한번 실재와 혼합되어 돌연변이를 낳게 되면 그 돌연변이가 어떤 권력을 갖게 될지 예측할 수 없다. 권력을 가진 '실재적 가상'들은 '지금', '여기'에 가득하다.

텔레비전, 라디오, 신문 등의 대중 매체를 타고 쏟아지는 뉴스들은 언어와 이미지가 만드는 화려한 쇼를 뽐낸다. 우리는 뉴스가 재현해내는 세상을 보면서 분노하고 감동한다. 정의상 픽션으로서, 사실을 보도한다는 원칙을 내세우지도 않는 영화, 소설로도 대중에게 사실처럼 다가가는 것이 어렵지 않다면, 뉴스, 다큐멘터리의 영향력이란 말할 것도 없다. 그러나 이미 오래 전부터 뉴스는 어떠한 사실성과도 무관한, 보드리야르가 말한 시뮬라크르의 가장 심각한 수준에 도달해 있었다. 최근에 나는 매스미디어 공간에 난무하는 언어와 이미지의 가상성과 영향력을 재미있는 방식으로 보여주는 놀이를 만났다. 『뉴스왕』(→p.4)은 어린이 장난감 카드놀이 '유희왕'을 패러디한 것이다. 본래 '유희왕' 카드놀이는 각 낱장의 카드에 괴물 등의 가상의 캐릭터가 있고 그 능력에 따라 다른 카드의 캐릭터와 겨룰 수 있도록 만들어진 힘겨루기 놀이이다. 다시 말해, 아이들이 가상의 캐릭터들을 활용해 힘겨루기를 즐기는 게임이다. 이를 패러디한 『뉴스왕』은 발상을 뒤집어 뉴스들을 사용하여 힘겨루기를 즐기도록 한다. 뉴스들은 뉴스왕이 되기 위해서 실재 대상을 활용한다. 카드의 공격력 및 방어력 등의 말이 가리키는 능력의 주체는 뉴스들이다. 『뉴스왕』은 대중 매체가 보도한 뉴스를 하나의 가상 캐릭터처럼 설정하여 뉴스의 공격력과 방어력을 분석한다.

얼마 전 세계를 떠들썩하게 만들었던 노르웨이 테러 사건을 다룬 뉴스가 『뉴스왕』의 유닛으로 만들어졌다:

> 〈노르웨이 테러 사건〉
>
> "이 카드는 특정 장소의 실제 위험성과 공포 이미지를 무한 복제하여 불특정 장소의 가상 위험성과 공포의 수치를 극대화시키며 이를 통해 현실 감각을 교란한다. 막연한 두려움과 공포심을 불러 일으켜 현실 공간에 대한 소극적 참여를 유도하는 유닛으로서 현실을 무력화한다/ 사건의 정황을 쉽고 빠르게 이해하기 위해 또 다른 가상 정보망에 빠져들게 하는 2차 공격력이 상당하다/ 해당 국가에 대한 이해가 부족할수록 공격력은 높아지는데 특수사회 맥락적 범죄행위를 보다 궁극적인 대형 이슈(인종 차별, 종교 분쟁…)로 전이시켜 현실을 교란할 수 있기 때문이다/ 공포라는 궁극적 감정과 교감하지 않는다면 도리어 현실 감각으로부터 역공격을 받을 수 있다"

2010년 여름, 텔레비전, 라디오, 신문 등 각종 매체에 강용석 국회의원의 여성 비하 발언 사건이 대서특필된 적이 있다. 그리고 이어서 소속당으로부터 제명되었다는 뉴스가 보도되었다:

> 〈여성 비하 발언 의원 제명〉
>
> "이 카드는 보다 중요한 이미지 구축을 위해 부분적 이미지를 제거하여 가상 정보망과 정치 이미지의 혼성적 존재를 자체 정화 및 보호하는 유닛이다/ 특정 대상에 국한된 불신과 불만의 감정이 불특정 대상으로 확장되는 2차 파급 효과가 막강하다 자칫 감정적 적대감이 현실 공간 및 대상을 넘어 가상 영역에 역류

해 들어올 수 있으므로 지속적인 정보 수집과 첩보가 중요하다"

『뉴스왕』은 가상의 주체가 실제 사건들을 가지고 놀이를 하는 모습을 보여준다. 이는 현실을 재현한 언어와 이미지가 얼마나 현실과 거리가 있는가를 보여주는 동시에 현실에 뒤섞여버린 이미지를 이미지 본래의 자리, 가상의 자리로 되돌려 놓기를 시도한다.

언어, 이미지와 유사한 속성을 가지고 실재를 좌지우지하는 또 하나의 실제적 가상은 화폐다. 화폐는 경제 활동에서 실물의 가치를 재현하는 매체라는 점에서 언어, 이미지의 속성과 닮아 있다. 화폐를 대하는 우리의 태도를 보면 재현을 아무런 의심 없이 실재로 받아들이는 또 하나의 예를 볼 수 있다. 최근에 저축 은행 사태가 사회의 큰 이슈가 됐었다. 많은 사람들이 문이 닫힌 은행의 셔터에 매달려 울거나 그 앞에서 아연실색하고 있는 모습을 보았다. 통장에 찍힌 숫자는 언제든지 화폐로 교환될 것이라는 확신을 갖고 있는 우리에게 경고음이 울린 것이다. 통장에 찍힌 숫자가 종이 화폐로 교환되는 시스템에 문제가 발생하듯 화폐가 실물로 교환되는 시스템에도 문제가 일어날 수 있다. 화폐에 새겨진 숫자의 세계가 실물의 세계보다 비대해졌기 때문이다. 부도난 은행이 부도 사실을 감추기만 하면 계속해서 경영이 되듯이 이미 오래 전에 부도가 났을 우리의 실물 창고도 화폐에 대한 우리의 믿음 덕분에 건재한 듯 보인다. 화폐는 초기부터 그것이 지시하는 대상, 즉 실물의 가치와는 별개로 자율성을 가지고 활동하기를 시작했고 언제부터인지 자본주의 시스템에서 실물은 오히려 방해가 되기에 이르렀다. 화폐는 실물에 의해 거의 아무런 제제를 받지 않고 기형적으로 비대해졌다. 국제 금융 시장에서 아무개 나라의 금 보유량보다 많은 화폐를 발행하는 일은 이제 놀라운 일이 아니다. 우리는 더 이상 실물을 보지 못한다. 화폐를 통해 재현된 실물만을 본다. 아니, 실재가 된 화폐만을 본다.

(뉴스왕 /2011/internet-shopping/print-card edition n'100/JUNG Heung-sup)

3. 재현 매체-언어, 이미지의 역설적 기능

『…이 방 안에는 책상 형태의 재봉틀 한대가 놓여 있고(…) 의복 재단사들이 주로 사용하는 이 재봉틀 책상을 우리는 '쟈넷트(jeannette)'라고 부른다. 그러나 이 기계에 대한 명칭은 아주 최근에서야 붙여진 것으로, 내 딸에게는 익숙한 용어지만 그 전까지는 오랜 세월 (언제부터인지는 알 수 없다) 별 다른 명칭 없이 존재했었다. 1922년에 와서야 비로소 『라루스 위니베르셀(Larousse universel)』백과 사전에 그 이름이 기록되었으며 그 이후로 곳곳에서 그 명칭이 상용되기 시작했고 각종 출판물에도 나타났다. 제조 번호만 붙여졌었던 이 재봉틀 책상에 공식적인 이름이 생기면서 기계 제조업자들과 판매업자들은 카탈로그에 상품명을 적을 수 있게 되었고 이로써 상품의 유통이 더 용이해졌다. (…) 1922년 이후부터 재봉틀의 효율성은 전과 같지만 정식 명칭이 등록된 사실만으로 그 위상이 높아졌고 지칭이 간편해짐으로 유통이 용이해졌다. 제조 정보와 명칭은 상품 명세서의 가로 세로 상의 기표이다. 상점에서나 우리의 머릿속에서 모든 사물은 적어도 하나의 이름이 붙여진 순간에서야 비로소 제 자리를 차지할 수 있다.』

- 프레데릭 폴(Frédéric Paul), "정흥섭의 작품 세계에 나타난 축적에 대한 연구" 중

인간은 관계맺기를 위해 창조된 존재처럼 생명이 시작되는 순간부터 이미 모태라는 공간에서 최상의 긴밀한 관계로부터 출생한다. 출생 이후 줄곧 자신을 둘러싼 세상과의 끊임없는 관계맺기가 이루어진다. 관계를 맺기 위해서 우리는 본능적으로 세상을 이해하려고 한다. 그러나 이 세상에 존재하는 그 어떤 것도 제대로 이해하려고 들면 너무나 복잡해서 완벽하게 이해하는 것은 불가능하다. 그래서 우리는 먼저 언어로, 이미지로 '재현하기'를 한다. 이것이 세상의 무수한 사물들이 각기 이름을 갖고 있는 이유다. '재현하기'의 역사는 인류의 역사라고 해도 과언이 아니다. 창조주가 아닌, 피조물인 인간이 어느 날 세상에 던져졌을

때 자기 자신을, 타인을, 자연을 이해하기 위해 취할 수 있는 유일한 방법이 재현이다. 그리고 재현의 산물을 통해 현실을 인식한다. 내가 모르는 타자를 알기 위해서 재현을 하고 그 재현된 산물을 통해 타자를 알았다고 믿고 그 믿음대로 보고 행동한다. 짝사랑에 빠진 사람이 실제의 상대방을 보지 않고 시간이 지날수록 자신만의 상상 속에서 새로운 '그'를 만들어 내는 것과 비슷하다.

그러나 역설적이게도, 많은 경우에 우리는 이름이 재현해내는 대상과 멀어지거나 혹은 관계가 단절된다. 이름은 태어나는 순간부터 지시 대상과는 별개로 살아 움직인다. 사람은 그 이름이 가리키는 대상만을 의식하기 때문에 이름들은 들키지 않고 우리의 삶에 개입할 수 있다. 게다가 오늘날에는 그 이름들이 실제 세계보다 훨씬 비대해져서 많은 문제들을 발생시키고 있다. 그러나 여전히 사람들은 그 책임을 이름에게 묻지 않기 때문에 이름은 자유롭게 숨어 다니며 권력을 행사한다. 재현의 그늘에서 권력을 획득하는 매체들, 즉 언어와 이미지는 우리에게 현실의 미니어처를 선사하고 우리는 그 곳에 살기를 선택한다. 그 곳에서 무한한 욕망을 가상 실현하는 대가로 실재를 느끼는 감각 능력을 상납한다.

재현 매체인 언어와 이미지가 권력의 주체라고 말하면 마치 이들이 사람을 속이고 실재에 개입하려는 욕심을 가진 것처럼 들릴 수 있다. 그러나 이들에게는 그런 욕심도 없고 그럴 계획도 꾸미지 않으며 오히려 언어는 언어의 자리에, 숫자는 숫자의 자리에, 이미지는 이미지의 자리에, 이들이 본래 있어야 하는 기호의 세계, 가상의 세계에 머물기를 원한다. 언어가, 숫자가, 이미지가 당신을 알아본 적이 있는가? 이들을 실재에 끌고 와서 실재와 섞어버리는 것은 사람이다. 사람의 욕망이 이들을 붙잡고 실재와 섞어서 가공 현실을 만든다. 재현 매체들은 사람과 일대일의 관계를 맺을 수 없다. 그런데도 우리는 재현된 것을 실제 세계에 끌고 와서 억지스러운 관계 맺기를 시도한다. 우리는 그들을 사랑하지만 그들은 우리에게 아무런 미련이 없다.

4. 사적 관계와 공적 관계

일대일로 맺는 관계를 '사적 관계'라고 부를 수 있다면 언어, 이미지는 사적 관계에서든 공적 관계에서든 매개자로서 기능한다. 그러나 사적 관계에서는 언어, 이미지가 큰 권력을 획득하지 못한다. 사적 관계에서 우리는 모든 종류의 감각 기관을 활용하여 소통하기 때문에 언어, 이미지에 대한 의존도가 미약하다. 또한 언어, 이미지가 재현하는 내용이 시시각각 달라지기 때문에 그 지배력이 커질 수 없다. 그러나 공적 관계(일대일 관계가 아닌 모든 관계. 대표적으로는 불특정 다수 대중과의 관계가 있다.)에서는 어떤가. 언어, 이미지에 대한 의존도가 거의 백에 가까워질 수 있다. 사람들이 가상을 실재와 섞어 가공 현실을 만드는 것은 이 공적 관계에서 일어나는 일이다.

우리 사회는 고대로부터 현대까지 사적 관계 영역이 축소되고 공적 관계 영역이 확대되는 방향으로 변화해 왔고 지금도 변화하고 있다. 우리가 인식하는 사적 관계의 중요성도 따라서 축소되고 공적 관계는 중요하게 인식되고 있다. 이런 가정은 무의미하지만 만약 변화의 방향이 반대였다면 어떤 일들이 일어났을까. 사적 관계의 핵심인 가정에서 확실한 자리를 잡는 것이 다른 사회 집단, 공적 관계에 기초한 집단에 자리를 잡는 것보다 치열한 관심거리가 되었을까? 가정주부의 자리가 너무 큰 권력을 갖는 나머지 그 자리를 차지하고 있는 여성에 대항해 남성들은 마스큘리니스트가 되어 '우리에게도 가정으로 돌아가 풀타임으로 자아실현을 할 수 있는 권리를 달라'라는 슬로건을 외쳤을지도...

나는 이 글에 장 보드리야르라는 사람이 쓴 글을 인용하였고 정흥섭이라는 사람이 만든 이미지를 빌렸다. 한 사람은 나와 아무런 사적 관계가 없는, 오직 언어에 의존하여 공적 관계를 맺은 사람이고 다른 한 사람은 십 년을 함께 산 남편이다. 누군가가 내 글을 읽고 보드리야르라는 성의 가운데 철자를 틀리게 쓴 부분은 큰 실수로 지적하면서 동시에 이미지 주소 앞에 꼭 남편 이름을 써야겠냐고, 빼는 게 어떠냐는 제안을 했다. 나는 그때 확대된 공적 관계의 중요성과 축소된 사적 관계의 중요성을 다시 한 번 느꼈다. 나는 보드리야르를 모른다. 그가 썼다고 표기된 책을 읽었을 뿐이다. 만약 보드리야르가 아닌 다른 사람이 썼는데 실수로 그 이름이 알려졌다 하더라도 나에게 미치는 영향은 없다. 말 그대로, 대중적, 익명적 만남이다. 그러나 내 남편과 그가 만든 이미지는 각각 나와, 언어로도 이미지로도 재현할 수 없는 긴밀한 사적 관계에 있다. 그런데 사회 일반적 인식은 내게 보드리야르의 이름을 정확히 기억하고 그의 글을 인용할 때 이름의 정확한 철자를 함께 기재하는 것은 중요하다고 말한다. 반면, 남편이 제작한 이미지의 출처를 적을 때는 작자의 이름이 없어도 된다.

5. 실재와 재현을 말하기와 놀이하기

에드워드 사이드를 비롯한 몇몇 포스트식민주의 담론가들이 한 민족이 다른 민족에 의해 실재와 다르게 재현된 사실과 재현을 통해 만들어진 왜곡된 정체성의 문제를 비판했을 때 그가 의존한 방법도 대중적 언어에 의한 재현의 방법이었다. 민족과 민족이라는 공적 관계에서 언어와 이미지가 가진 힘, 그것을 다시 같은 성격의 언어와 이미지를 통해 보여주고 고발하는 것으로는 어떤 대안을 바라기 힘든 것은 물론이고 이는 언어와 이미지의 권력을 강화시키는데 기여한다. 이는 가상을 실재와 섞어버리는 행위에 장단을 맞춰주는 격이기 때문이다. 언어와 이미지가 순환하는 굴레에서는 사실, 진실이라는 말 자체가 무의미한데도 불구하고 사실, 진실이 논란이 되면 될수록 언어, 이미지의 시스템이 원활하게 작동하는 데 윤활유를 제공한다.

일기예보가 없었던 시대에 사람들은 필요에 따라 일기 변화를 감지했다. 그리고 일기예보가 일상화되면서 우리는 더 이상 일기 변화를 느끼는 감각을 사용하지 않는다. 감각 자체가 거의 사라졌다. 언어와 이미지가 만드는 가공 현실 속에서 사람은 더 이상 실재와 재현을 구분할 수 없고 구분하는 감각 자체를 잃어버리고 있다. 활용하지 않는 감각은 늘 퇴보하다가 사라진다. 사적 관계 영역이 축소될수록 이 영역에서 우리가 활용하는 모든 감각들이 퇴보한다. 언제부터인가 시대를 고민하는 예술가들이 이 문제를 고민하기 시작했고 그 결과 이전에 볼 수 없었던 새로운 유형의 이미지를 만들기 시작했다. 낭시(Jean-Luc Nancy) 의 예를 들면, 그는 이미지를 두 가지로 구분했다. 실재를 재현하는 전통적인 이미지가 첫 번째라면, 두 번째는 이미지 자체를 사유하게 하는 이미지이다. 두 번째 이미지는 이미지를 통해 실재를 보게 하는 것이 아니라 재현 매체로서의 이미지의 가상성을 사유하게 한다. 아감벤(Giorgio Agamben)도 『목적 없는 수단』에서 재현을 둘러싼 감각을 되찾으라는 의미에서 '사유하라'를 외쳤다. 실제 세계와 재현된 이미지의 세계를 구분하고 이미지를 본래 이미지의 자리에 되돌려 놓아야 한다는 제안을 하고 있다. 사람에게는 재현의 정치적 장치에 흡수되기 이전의 실재를 살 수 있는 역량이 있다. 그 역량으로 삶을 사는 것, 이것이 그가 제안하는 '사유'다. 몇 년 후 아감벤은 『세속화 예찬』에서 '세속화'라는 개념을 소개하며 현대 사회에서 재현 매체가 갖는 정치적 속성을 무력화시키는 실천적 대안을 말했다.

"그런데 무슨 사용인가? 실을 감아 만든 공으로 고양이는 무슨 사용을 가능케 하는가? 그것은 어떤 주어진 영역 내부에서 하나의 행태를 유전적 등록(포식 활동, 사냥)으로부터 자유롭게 해준다. 이 자유로운 행태는 그 행태를 속박한 활동의 형식을 여전히 재생산하고 모방하지만, 그 형식의 의미와 어떤 목적에 대한 일체의 의무적 관계를 텅 비게 만들면서 새로운 사용을 위해 그 형식을 열고 이용할 수 있게 만든다. 실타래를 가지고 노는 놀이는 쥐를 먹잇감이 되는 것에서부터 해방시키며, 쥐가 포획과 죽음으로 향해갈 수 밖에 없음으로부터 포식 활동을 해방시킨다. 그렇지만 그 놀이는 사냥을 정의하던 바로 그 형태를 연출한다. 그러므로 이로부터 귀결되는 활동은 순수한 수단, 즉 하나의 수단으로서 그 본성을 확고하게 유지하면서도 목적에 대한 관계로부터 해방된 실천이 된다. 그것은 자신의 목적을 즐겁게 잊어버리며 이제 자신을 그 자체로서, 즉 목적 없는 수단으로서 보여줄 수 있다. 새로운 사용의 창조는 오래된 사용을 비활성화함으로써만, 오래된 사용을 무위로 만듦으로써만 가능하다."

종교의 '신성화'는 한 가지 사물에 한 가지 의미를 부여하여 법처럼 정해놓는 행위들을 대표한다. 세속화란 이렇게 한 가지 의미에 '바쳐진 것'을 해방시켜 자유로운 사용으로 돌리는 행위를 의미한다. 아감벤은 '세속화'를 설명하기 위해 실을 감아 만든 공으로 고양이가 포식 활동 흉내를 내며 노는 것을 예로 들었다. '놀이'의 형태로 자주 실현되는 '세속화'는 기존에 모든 사물을 재현한 이름으로부터 그 사물을 자유롭게 하는 한 가지 방법이 될 수 있다. 실재와 언어의 한 가지 결합 관계가 깨지고 새로운 재현이 다양하게 이루어지면 재현의 권력 장치는 새로운 재현 행위들에 의해 나약해진다. 새로운 재현 행위들, 재현을 '놀이하기'는 언어와 이미지의 권력 장치에 잔 고장을 내는 하나의 가능성이 될 수 있을 것이다.

6. 덧붙인 말

많은 문자와 많은 목소리는 내가 지배를 당하고 있다고 말한다. 포스트식민주의는 서양이 동양을 지배하는 식민이 계속되고 있다고 하니, 동양에 속하는 나라 사람인 나는 지배를 당하고 있는 것이다. 페미니즘은 여성이 남성 위주의 사회에서 억압을 받는다고 하니, 여성인 나는 억압을 당하고 있는 것이다. 자본주의 계급 사회에 대한 비판은 수입과 재산에 따라 계급적 차별이 있다고 하니 그 기준에서 열등한 나는 차별을 당하고 있는 것이다 … 그런데, 내가 정말 무엇으로부터 어떻게 지배를 당하고 있는 것인지 생각해봐야겠다. 이런 건 어디서도 물어볼 수가 없다. 기정사실로 간주되고 있는 것을 물어보는 것은 실례니까. 시간을 너무 멀리 거슬러 올라가려면 내 기억력 자체를 의심해야 할 테니 오늘 하루를 돌이켜봐야겠다. 나를 이렇게 저렇게 행동하게 만든 '숨은 권력'의 흔적을 볼 수 있을까.

『아침에 집을 나서면서 비가 온다는 일기예보를 듣고 우산을 챙겼다. 우산 때문에 가방이 무거워져 불만스러웠다. 전철역에 들어서면서 교통카드로 쓰고 있는 은행 현금 카드를 손에 꽉 쥐었다. 혹시나 사람 많은 전철역 어디에서 이 카드를 잃어버리지나 않을까 1초쯤 불안을 느꼈다. 은행 카드는 주인을 못 알아보니까. 그리고 전철을 기다리면서 승강장에 설치된 여러 개의 텔레비전 모니터를 통해 매일 반복되는 광고를 봤다. 이제 교회도 광고를 내 보내는구나' 혼잣말을 했다. 간 때문이야~'라는 우루사맨의 노랫가락을 나도 모르게 따라 했다. 학교에서 사람들과 같은 책을 보며 책 속에 깨알같이 박힌 문자가 무슨 얘기를 하고 있는지 해독을 해봤다. 책을 쓴 사람은 이미 죽은 사람이고 살아있다 해도 프랑스라는 먼 나라에 사는 사람이라 우리의 이해를 도와주기가 좀 힘들다. 그런데 그 사람이 자기가 살았던 시대도 아니고 그보다 더 이전 시대에 대한 글을 써 놓은 것이다. 나는 그걸 이해하려고 노력했다. 오후에 학교를 나오면서 구름 낀,

그러나 비는 뿌리지 않는 하늘을 보며 무거운 우산 괜히 하루 종일 들고 다닌 것이 억울했다. 저녁에 집에 돌아오면서 머릿속으로 이번 달 수입과 지출을 계산해봤다. '어디서 갑자기 예상치 못했던 수입이 생겼으면…' 집에 와서 9시 뉴스를 보는데 화면에 저축은행 부도 때문에 울고 있는 사람들이 있었다. 일기예보. 기상 캐스터가 말한다. '추분은 밤과 낮의 길이가 같은 날을 뜻합니다. 내일은 추분입니다. 하지만 정확히 밤과 낮의 길이가 같은 날은 사흘 후인 XX일입니다??' 잠자리에 들기 전 문자가 왔다. '언니, 우리 내일 몇 시에 봐요?' 오전에 약속이 있었던 걸 깜박하다니. 책을 뒤적거리다 자려고 했는데 그냥 일찍 자려고 맘을 먹는다.』

참고문헌

조르조 아감벤(Agamben, Giorgio), 『목적 없는 수단/ 정치에 관한 11개의 노트』, 김상운 옮김, 난장, 2009.

______, 『세속화 예찬/ 정치 미학을 위한 10개의 노트』, 김상운 옮김, 난장, 2010.

쟝 보드리야르(Baudrillard, Jean), 『시뮬라시옹』, 하태환 옮김, 민음사, 2001.

에드워드 사이드(Said, Edward), 『오리엔탈리즘』, 박홍규 옮김, 교보문고, 1991.

이안 브루마, 아비샤이 마갈릿(Bruma, Ian & Margalit, Avishai), 『'옥시덴탈리즘' 반서양주의의 기원을 찾아서』, 송충기 옮김, 민음사, 2004.

쟝 뤽 낭시(Nancy, Jean-Luc), 『숭고에 대하여/ 경계의 미학, 미학의 경계』, 김예령 옮김, 문학과 지성사, 2005.

프레데릭 폴(Paul, Frédéric), 『월드 트레이드 센터에서 파이널 판타지까지… 정흥섭의 작품 세계의 '축적'에 대한 연구』, 송태미 옮김. (『오브제 트루베(Objet Trouve)』Gallery Mark, 2009에 실린 글)

『뉴스왕』 (2011) http://heungsup.tistory.com/

12

사진치료의 실제를 위한 '문화제국주의와 상호문화소통' 담론

김종대

1. 서 론

용어가 사용된 지 상당히 오랜 시간이 흘렀는데, 현재 대한민국 사회에서 '다문화사회'라는 말은 아직 생소해 보인다. 용어에 대한 정확한 이해도 부족하고, 다문화사회에 대한 대중적 정서가운데 배려, 소통 및 나눔에 대한 논의 보다는 여전히 적응, 부적응, 폭력, 시선 등에 대한 일차원적 논의가 지배적이다. 비록 외적으로는 다문화사회를 표방하고 있지만, 실질적으로 대한민국 사회는 아직 다문화사회가 된 것이 아니고, 단지 다문화사회를 준비하고 있는 중이다. 최근 언론보도를 보면 알 수 있듯이, 한국인들 중 일부는 여전히 동남아시아에서 신부를 맞을 때 마땅히 표해야만 하는 인간적 예의를 다하지 않고, 자본의 어두운 면에 종속되어 지극히 비인간적 행위를 일삼는다. 다문화사회라는 용어는 국가의 위상을 새롭게 정립할 수 있는 중요한 말인데도, 현실의 삶에서 이

용어는 기대와 다르게 매우 부정적으로 인식되고 있다.

본고에서는 다문화사회를 이해하기 위해 다문화담론을 '문화제국주의와 상호문화소통'의 관점에서 살펴본다. 이를 위해 사진치료의 개념 및 대상에 대해 논의해본다. 연구 방법은 탈문화제국주의적 커뮤니케이션 담론을 활용하고, 연구 범위는 다문화가족 청소년들의 가정, 학교 및 사회생활 적응 방법으로 한정한다.

본 연구와 관련된 주목할 만한 문헌은 다음과 같다: 변학수(2002), 박소현(2004), 조진호(2011), 최정화(2008), 전순영(2008), Fryrear(2011), Habermas(2004), Jaspers(1984), 설진아(2007). 변학수는 문학 예술치료에 대해 실증적 고찰을 하고 있고, 미디어치료에 대한 인문학적 접근 방식을 잘 분석해놓고 있다. 설진아는 미디어 교육에 대해 논의하고 있고, 박소현, 조진호, 최정화는 사진 치료의 프로그램을 제시하고 있다. 특히 조진호는 대학생을 대상으로 연구하고 있고, 최정화는 중학생을 대상으로 연구한다. Fryrear는 사진치료의 기법들을 전하고 있고, Habermas는 문화간 갈등에 관한 야스퍼스의 실존적 견해를 분석하고 있다.

또한 다문화 담론에 관한 문헌으로는 한건수(2011), 한경구(2007), 주광순(2010), 김혜순(2008), 정유성(2009) 등이 있다. 주광순은 플라톤 사상과 용수의 중용사상을 상호문화철학적으로 분석한다. 동서양 사상을 비교해, 문화 이해의 객관적 기준을 제시하려는 시도를 하고 있다. 상호문화소통에 관한 문헌으로는 톰슨(2010)의 미디어 커뮤니케이션 이론이 있다. 그는 문화제국주의이론을 고찰하고 있고, 또한 커뮤니케이션의 흐름과 구조적 특징에 대한 인식들에 대해 다룬다. 사진치료를 상호문화소통의 시각에서 고찰할 때, 톰슨의 미디어 커뮤니케이션에 관한 논의는 다문화 담론의 이론적 토대를 형성하는데 기여할 수 있다. 또한 야스퍼스의 실존적 의사소통에 관한 이론들은 본고에서 상호문화성을 이해하는 척도로 작용한다. 그는 외부적 요인과 환경으로부터 자유로운,

'절대 고독'이라는 실존을 경험한 개인과 문화에 대해 논한다. 야스퍼스가 그린 개인과 문화에 대한 지시기호는 '이정표없는' 이정표의 역할을 한다. 실존적 인간을 바라볼 때, 그는 인간에 대한 실망과 기대를 동시에 표현하고 있기 때문이다.

2. 사진 치료의 개념과 대상

사진 치료란 무엇인지 알아보고 이어서 치료대상에 대해 논의해 본다. 뉴미디어 시대를 살아가는 현대인의 일상에서 사진은 각별한 의미를 갖는다. 핸드폰에 부착된 카메라를 이용해 누구든 편하게 아무데서나 사진을 찍을 수 있고, 동영상 촬영을 할 수 있고, 사진 전송이나 영상통화가 가능하게 된지 이미 오래되었다. 미디어의 발달 속도에 따라 사람들의 취향이나 미디어 사용 습관도 급변하고 있다. 미디어가 세상을 지배하고 있고, 심지어 미디어로 인한 심리적, 육체적 소외 현상까지 등장하기도 한다. 미디어는 이제 거부할 수 없는 '현재와 미래'의 의사소통 기구로 자리잡아가고 있다. 미디어 없는 세상 속에서 살기를 희구할 수는 있지만, 현실적으로 미디어에 관한 온갖 정보들이 차단된 삶을 상상하기란 어렵다.[1]

우선 사진 치료의 개념과 대상에 대해 논의한다. 개인의 심리적 불안, 대인 관계, 사회 부적응 문제 등을 해결하기 위해 사진을 적절히 활용할 방안을 마련해 볼 수 있을 것이다. 특히 문화간 갈등에 관한 야스퍼스의 커뮤니케이션 담론을 사진치료의 주요 방법론으로 차용하고, 다문화사회의 특성을 문화제국주의와 상호문화소통의 관점에서 규명해본다. 사진과 치료, 심리, 다문화 등에 대한 면밀한 사유를 통해 감성 중심의 사

---

1 J. B. Thompson, *The Media and Modernity*, Cambridge, 1995.

회 통합을 기대해 볼 수 있을 것이다.

1) 개념

사진치료란 사진 미디어를 활용해 심리치료를 하는 것을 뜻한다. 즉 단순히 활자화된 글을 읽기 보다는 사진 미디어의 장점을 부각시켜 미디어를 만지고, 찍고, 보고, 말하고, 전시하고 회상하면서 심리적 안정을 찾고 사회 적응력을 높이도록 하는데 그 목적이 있다.

사진 미디어는 인간의 감성적 측면과 이지적 측면을 종합하는 기능이 있다. 만지고, 찍고, 보는 기능은 미디어의 감성적 측면이 강조되는 반면, 말하고, 전시하고, 회상하는 기능은 이지적 측면이 요구된다. 이와 같이 사진 미디어의 강점이라고 할 수 있는 두 요소들을 종합할 때 치료 효과를 배가할 수 있다.

또한 사진은 지극히 일상적이면서 동시에 예술적이다. 일상의 흔한 소재들을 기록하기도 하지만, 관점과 용도에 따라 사진을 다루고 바라보는 사람의 무한한 상상력을 자극하는, 순수한 예술 작품으로 활용되기도 한다. 즉 일상과 탈 일상, 순수와 비 순수에 대한 논의가 동시에 가능한 미디어가 사진이다. 일상에서 겪는 고통, 불만, 불안, 차별 등을 극복하기 위해 사진 미디어가 지닌 상상력의 기능을 '미디어 치료'적 관점에서 활용할 수 있다. 사진은 그 자체가 예술이기 때문이다.

천 년의 세월을 견딘 울진 금강송을 찍은 사진은 대상에 대한 단순한 기계적 재현일 뿐만 아니라, 동시에 그 지역을 중심으로 펼쳐진 무언의 역사, 정신, 예술 등을 말해준다. 사진은 사진이면서 사진 그 이상의 것이다. 재미있는 풍경과 사건들을 보여주고, 말 못할 개별 사연들이 담겨져 있고, 과거와 미래를 동시에 보여주는 요술경이다. 바로 이러한 면들로 인해 사진치료가 가능하다. 벤야민은 사진 미디어를 통해 원본과 복제본의 관계, 기술과 마술, 현실과 초현실 간의 관계에 대해 논한다. 사진에는 일반 회화에서 보여주지 못하는 무의식의 세계가 존재한다고 본다. 베일에 가린 채 먼 곳에 놓여 있던 종교적, 권위적 및 전통적 아우라(Aura)는 '순간'의 미학에 의해 클로즈업되고 복제되어 만인에게 전시되고 공개되지만, 동시에 가깝게 다가 온 새로운 현실은 신비체험을 가능하게 하고 마력적 가치를 부여한다. 일방적이며 폐쇄적인 전통적 아우라는 사라졌지만, 사진 미디어를 통해 도달한 다른 차원의 경험 세계에서 현실과 추상 간의 긴장은 계속된다. 사진 미디어는 과거, 현재, 미래를 동시에 보여준다.[2]

사진 미디어를 활용한 치료의 목적은 우선 내담자가 스스로 불안, 대인관계, 공동체 생활 등 내면적, 사회적 갈등을 극복하며, 개인적으로 성장과정, 교우관계, 가족, 교육, 공동체, 놀이 등에 대한 자신 만의 고유한 경험들을 서술하면서 자존감을 회복하도록 돕는 데 있다. 더 나아가 개인이 속한 집단의 구성원으로서 스스로 행복한 삶을 누리는 자유인으로 행위할 수 있도록 사진 미디어에 대한 적극적 관심과 흥미를 갖고 사진을 자연스럽게 접근하도록 돕는 데 있다.

사진치료에 대한 일반적인 개념화는 Fryrear(1983)의 경우에서 볼 수 있다. 그는 사진치료를 통해 내담자의 생각과 행동에 긍정적인 변화를 추구할 수 있다고 보고, 이를 위해 사진의 이미지와 창작과정을 응용한다. 예를 들어 사진 몇 장을 찍어 자연과 연관된 자기 초상화를 구성해 보는 시도를 할 수 있다. 내담자는 주어진 과제를 작품으로 완성하기 위해 사진, 색, 형태 등을 변화시키게 된다.

---

2 W. Benjamin, *Das Kunstwerk im Zeitalter seiner technischen Reproduzierbarkeit*, Frankfurt a. M.: suhrkamp 2001, pp.21-25.

2) 대상

이 연구논문에서 사진치료의 연구 대상은 다문화 가족의 자녀가운데 초중등과정 학생이다. 가정, 학교, 사회로 구분해 적응에 어려움을 겪는 내담자들에게 문제를 스스로 파악하게 한 후, 사진 미디어를 흥미있게 다루면서 심적 안정을 취하도록 하고, 관심과 행위의 변화를 경험하도록 한다.

우선 가정문제들 가운데 폭력, 게임 중독, 대화 부재 등의 문제들을 해결할 수 있도록, 사진 미디어의 장점들을 활용해 테마별로 적합한 스토리를 구성해 내담자의 참여를 독려한다. 또한 다문화 가정 청소년들이 겪을 수 있는 학교문제들 가운데 폭력, 학습 부진, 교우 관계, 놀이와 취미 등의 문제들을 상담과정을 통해 언어나 사진 미디어로 표현할 수 있도록 해 적절한 치유책을 강구한다. 사회문제들 가운데 문화간 차이, 상호문화소통, 동질적인 것과 이질적인 것 등의 문제들을 해결하기 위해 한국의 전통 시장을 방문하거나, 전시회, 공연, 유적지 등을 관람하고 다양한 문화행사들에 참여해 사진을 직접 찍고, 말하고, 전시하게 한다.

학교에서 인성교육의 필요성이 절실한 현재, 왕따 등 학교폭력 및 부적응 문제를 해결하기 위해 공권력을 동원한 미국식 통제 시스템이 모방되고 있다. 경우에 따라 경찰을 학교에 파견해 문제 학생을 벌주고, 학교생활에 필요한 학생들의 행동 윤리에 대한 수업을 대신하고 있다. 문제의 심각성을 인지한 것은 좋으나 현행 교육 제도의 근간은 그대로 둔 채, 단지 벌로 학생들을 다스리려는 단순한 정치적 미봉책만을 제시하는데 그치지 않을까 우려된다.

다문화 가정 청소년들은 입시 위주의 경쟁 교육이 실시되고 있는 이러한 열악한 교육환경 속에서 적응해야 하는 이중의 어려움이 있다. 다문화 가정 청소년들의 가정, 학교생활 및 사회생활 적응 문제는 우선적으로 학교와 가정에서 체계적으로 인성교육이 실시되면 대부분 해결될 수 있는 문제들이다. 가정, 학교 그리고 사회에서 발생하는 청소년들의 문제들을 근본적으로 해결하기 위해서는 현행 입시 위주의 경쟁적 교육 정책을 인성교육으로 전환할 필요가 있다. 일차적으로 가정, 학교 그리고 사회에서 인성교육의 문제를 해결한 후, 비로소 다문화 가정 청소년 문제를 접근할 수 있을 것이다.

가정교육과 공교육에서 학습 주체의 정서(情緖)를 이해하고, 예(禮)와 의(儀)를 중시하며, 소통과 배려, 나눔을 실천하는 인성교육을 실행하기 위해서는 획기적인 인식의 전환이 필요하다. 기존의 성과 지향적 학습 방식은 가정과 초중등 학교에서 해결하기 어려운 복잡한 사회적 문제들을 양산해왔다. 지식을 얻어 기득권을 누리는 데 학습의 목표가 한정되어 있다면 그 사회의 청소년들은 심각한 가치관의 혼란을 경험할 수밖에 없을 것이다. 교육 환경의 변화에 맞추어 적절히 교육 행정을 변화시켜야 비로소 '민주적' 교육이라고 할 수 있을 것이다.

교육은 청소년의 현재와 미래를 변화시키고, 성장하는 자들에게 희망과 도전, 현실 극복 의지를 부여해주어야 한다. 가정과 초중등학교에서 새로운 교육환경을 조성하기 위해서는 우선적으로 가정교육과 공교육의 개념을 재정립할 필요가 있다. 현재의 교육 제도를 개선해 학습자의 정서에 맞는 새로운 교육 이념을 정립할 때, 많은 청소년 문제들을 해결할 수 있고, 그들에게 국가의 미래를 기대해 볼 수 있을 것이다.

현실적으로 '교육 개혁'의 문제는 많은 비용과 시간을 투자해야 하므로, 지금 현재 접근 가능한 한도 내에서 적용할 수 있는 몇 가지 문제들을 사진치료의 관점에서 논의해본다. 사진치료 과정에서 일차적으로 필요한 작업은 사진 미디어에 대한 이해다. 내담자가 사진 미디어에 대한 유익한 정보들을 잘 알고, 자신에게 필요한 몇 가지 사진 기술들을 미리 파악해 사진치료에 직접 응용할 수 있을 때 치료 효과는 배가될 수 있다.

3. 사진치료를 위한 사진 미디어의 이해

사진 미디어에 대한 이해는 사진치료 과정에서 반드시 거쳐야 하는 단계다. 변화된 행위를 도출하기 위해서는 일상의 삶에 대한 참여자의 흥미를 일깨워야 그 효과를 배가할 수 있기 때문이다. 사진 미디어에 대한 이해는 인식의 획기적 전환을 기대할 수 있을 정도로 그 영향력이 지대하다. 사진치료를 위해서 우선 내담자가 사진을 쉽게 알 수 있도록 소나무 사진, 오름 사진 등을 보여주거나, 사진의 간단한 역사 및 작동 원리, 기능 등 사진의 미묘한 세계에 대해 소개하고, 이어서 사진 미학에 대해 이론이 아닌 흥미 위주의 접근 방식을 내담자의 관심 정도에 따라 적절히 소개하면 치료효과를 배가할 수 있다. 또한 이로 인해 치료 프로그램의 참여도를 높이고, 내담자는 사진 미디어에 대한 이해와 신뢰를 바탕으로 자신이 처한 문제를 극복할 수 있는 적절한 방안들을 찾는 데 집중할 수 있다.

사진 미디어는 얼마 전 서울에서 전시회를 마친 권오상과 김미루의 사진전을 보면 잘 알 수 있다. 권오상의 조각 사진은 사진과 조각이 만나 사진도 아니고 조각도 아닌 새로운 차원의 예술을 구현한다. 조각에 대한 전통적인 이해 방식으로부터 벗어나 예술을 현대적으로 재해석한 것이다. 조각과 사진이라는 두 개의 거대한 판이 서로 만나 조각 사진을 형상화한다. 사진이 로켓을 타고 자유롭게 우주 비행을 즐기는 것을 연상시킨다. 사진이 입체화 되어 영상으로 의사소통하는 단계를 뛰어넘어 이제는 공간을 재해석하고 더 나아가 자신에게 필요한 공간과 신인류까지 창조한다. 사진은 이와 같이 무한한 우주 공간처럼 모두에게 그 가능성을 제공한다.

권오상의 조각 사진전에서 청소기, 엔진 오일, 재즈 나팔, 재즈 기타 등의 소품은 세상을 변화시키는 요인들이다. 현대 문명을 상징하는 그것들은 프로메테우스가 훔친 불을 대신한다. 청소기 위에 매달린 해골은 신문명의 탄생을 예고한다. 유인원을 닮은 작은 동물은 새로운 진화의 단계를 거쳐 작가 자신의 모습으로 변신한다. 기나긴 창조의 시간이다. 성스러운 창조의 시간을 경험한 신인류는 도대체 아무런 표정이 없다. 재즈 기타를 어깨에 둘러맨 채 맨손으로 사자의 입을 가르는 당찬 그녀 역시 무표정이다. 신인류는 현대인보다 더 무시무시한 괴물이다.[3]

사진은 보는 것이다. 온 우주를 상상하고 그 속으로 끝없는 여행을 즐기는 것이다. 사진을 보면 누구든 과거와 현재, 미래에 대해 얘기할 수 있다. 사진은 세상만사를 순수한 빛과 시선으로 포착하고 있기 때문이다. 현대인은 사진 보는 재미로 산다. 언제, 어디서든 사진은 항상 곁에 있는 친근한 존재다. 보는 것의 불가해성은 인간의 의지작용과 자유, 위선 등을 굽어보면서 세상과 사람들에게 더욱 잘 보아야 한다고 말하고 있다.

이어서 김미루의 사진에 나타난 사진 예술에 대해 논의해본다.[4] "촉감을 통해 돼지우리에서 행복을 누리는 그녀는 바로 벤야민이 말한 미래의 예언가다. 사진을 아는 자가 미래의 예언가라고 했듯이, 그녀는 의사소통의 매체를 아주 적절히 활용하고 있기 때문이다. 돼지와의 촉감을 통해 감성의 시대를 알리고 있는 그녀는 전시장 안에서 돼지와 함께 있으면서 행복을 전하고 있었다.

---

3 권오상 조각 사진전, 서울: 아라리오 갤러리 2012; 김종대 「하이데거의 예술론 분석」, 하이데거학회 발표문, 서울, 2012.

4 김미루 사진전, 서울: 트렁크 갤러리, 2012.

그녀의 메시지는 행복에 대한 그 어떤 메시지보다 강력하다. 그녀는 매체를 어떻게 활용할 것인지 잘 보여주고 있다. 이제 매체에 대한 이해는 그녀에게서 완성되었다. 그녀의 전시를 본 관객들은 이제 더 이상 매체에 대해 고민할 필요가 없게 된 것이다. 그만큼 그녀는 매체를 잘 알고 있었고, 매체의 효과를 충분히 활용하고 있었다. 여기서 매체는 돼지의 몸이다. 우리가 알고 있는 그런 몸이 아니다. 인식을 초월한 감성 세계의 몸이다."[5]

사진 예술의 독특함에 대해 살펴보았다. 사진을 조금이라도 알게 되면 내담자는 좀 더 적극적으로 사진치료 행위에 동참할 수 있게 된다. 이어서 사진치료의 구체적 방법에 대해 살펴본다.

4. 사진치료의 방법

사진 미디어의 주요 특성들 가운데 '포커스', '클로즈업', '찍고 전시하기'를 중심으로 사진치료의 방법에 대해 논의하고, 다문화 가정 청소년들이 겪는 문제들을 해결할 방안들에 접근해본다. 사진치료는 내담자의 마음을 푸는 과정이다. 마음이 풀리면 행동이 바뀔 수 있다는 확신이 있기 때문에 우리는 사진치료의 효과에 대해 즐겨 말한다. 다음에서 '포커스를 맞춘' 사진을 활용한 치료에 대해 논의해 본다.

내담자가 처한 현재의 문제를 직시하고 마음의 문을 열어, 소통하고 배려하며, 상호문화적 적응행위를 할 수 있도록 사진의 포커스 기능을 활용한다. 가장 흥미 있거나 기억에 남는 대상이나 사건 혹은 인간관계에 포커스를 맞추어 자유롭게 바라보고, 연상하고, 서술하면서 기쁜 감정이나 슬픈 감정들을 표현해본다. 다문화가정, 학교생활, 문화 예술 행

5 김종대, 「하이데거의 예술론 분석」, 앞의 책.

위, 놀이 등의 테마에 포커스를 맞춰 말하고, 서술하고, 행동하도록 한다. 포커스 기능을 활용하면 다음과 같이 내담자 각자 직면해있는 내면의 문제들을 풀 수 있는 해결책을 스스로 발견할 수 있다.

일차적으로 가정, 학교, 사회로 구분해 내담자 자신이 처한 입장과 문제를 사진으로 표현해본다. 가정 폭력, 학교 부적응 및 폭력, 사회적 소수자 의식 등 내담자가 경험한 내용들을 우선 사진을 통해 표현하고, 더 나아가 내담자는 자신이 제시한 사진에 관해 설명을 한다. 이때 내담자는 사진의 포커스 기능을 미리 학습하고 적용해본다. 즉 포커스 기능에 따라 각자 처한 문제들을 몇 가지로 분류해 보는 연습을 한다. 문제를 직시하면 그 원인을 찾을 수 있는 방법을 발견할 수 있을 것이다. 특히 개인적으로 접근하기 어려운 문제들을 사진 몇 장으로 묘사하라고 하면, 내담자의 부담을 줄이고 관심과 참여도를 높일 수 있다.

사진의 포커스 기능을 익히고 적용할 때, 내담자는 유희하듯 사진을 다뤄보아야 한다. 여행, 동물, 식물 등 주변의 가벼운 테마들을 대상으로 포커스 기능을 충분히 연습한 후, 개별적 문제들에 접근하면 효과적이다. 포커스 기능을 잘 활용하면 내담자의 말과 행동을 변화시킬 수 있다.

이어서 '클로즈업한' 사진을 활용한 치료 기법에 대해 논의해 본다. 사진 미디어 기술의 '확대하고 부각시키기' 기능을 이용해 내담자의 심리적 갈등을 해소할 수 있는 '역할 놀이' 등을 한다. 클로즈업 기술은 참여자가 자신이 처한 문제들 가운데 우선적으로 해결해야만 하는 한두 가지 문제들을 선택하고 집중해 접근할 수 있다.

사진기의 기능을 활용해 현재 자신에게 부정적 혹은 긍정적 영향을 미치는 장면이나 사건 등을 클로즈업하면서 심리적 갈등을 해소한다. 내담자는 보고, 말하고, 클로즈업하면서 특정한 문제나 사건에 집착하지 않고 스스로 자유로워지는 경험을 할 수 있다. 클로즈업의 '확대하고 부각시키기' 기능은 문제를 단순히 벗어나는데 그 의미가 있다기보다는 문제의 본질을 파악하고 개인적 및 사회적 '관계 형성'의 중요성을 인식하는데 있다.

이어서 '찍고 전시하기'를 통한 치료에 대해 논의해본다. 누구든 쉽게 접근할 수 있는 사진 미디어의 찍고 전시하는 기능을 적절히 활용해 다문화 가정 구성원들의 마음을 치유해본다. '찍고 전시하기'는 마음을 여는 가장 효과적인 방법 가운데 한가지다. 스스로 혹은 집단으로 어울려 핸드폰 등을 사용해 사진을 직접 찍고, 이어서 그 사진들을 고르고 편집하는 과정에서 내면의 장벽을 허물고 타자와 어울려 잘 노는 경험을 할 수 있다.

사진 찍기를 통해 누구든 자유롭게 임의적 행동을 할 수 있고, 닫힌 마음을 열 수 있다. 사진을 찍으면서 세상 속으로 걸어 들어가고 세상과 만날 수 있다. 사진 전시하기는 병렬적 사유를 경험할 수 있는 좋은 기회다. 굳이 잘 찍은 사진일 필요도 없고 아무렇게나 찍은 사진을 주위의 편한 공간에서 자유롭게 전시할 수 있는 기회를 제공한다. 전시해보면 자신과 타자를 보는 시선이 달라질 수 있고, 전시의 의미를 체험할 수 있다. 전시하는 순간 내담자는 자신이 인생의 주인이며 공동체의 훌륭한 구성원이라는 것을 알 수 있다. 전시하는 순간 내담자는 그 전에 전혀 기대하지 않았던 완전히 새로운 순간이 눈앞에 펼쳐지는 것을 알 수 있다.

전시하기는 말하기, 회상하기 등의 단계를 넘어 사진치료의 최종단계다. 예를 들어 학교 폭력 문제를 다룬 사진들을 찍어 전시해보면, 우선 전시를 주관한 내담자뿐만 아니라, 전시를 찾은 사람들에게 직간접적으로 영향을 미칠 수 있다. 또한 사진 전시를 할 때 사진의 현실적 측면과 상상적 측면을 모두 활용해 보도록 한다. 표현 방식의 정도를 조절할 수 있을 것이다. 현실적 측면이란 현장 사진을 그대로 활용하는 것을 말하고, 상상적 측면이란 현장에 대한 은유적 표현이나 개별적 해석을 뜻한다.

위에서 살펴 본 사진치료의 방법들을 다문화담론에 적용하고 응용하기 위해서 다음에서 '문화제국주의와 상호문화소통'에 대해 논의해본다. 문화제국주의에 대한 논의를 위해 영화 "더 스토닝"(The Stoneing 2012)을 분석한다. 또한 상호문화소통에 관한 논의를 위해 야스퍼스의 '실존적 의사소통'에서 제기되었던 실존과 의사소통 간의 다문화적 의미에 대해 알아본다.

5. 문화제국주의 및 상호문화소통 담론

'문화 권력'에 종속되지 않는 상호문화소통에 대해 논의해본다. '문화산업'의 유령은 대중들에게 현존하는 문화 권력에 순응하는 것을 당연시해왔다. 다문화사회에서 상호문화소통이 절실히 요구되는 이유는 그동안 문화 권력에 의해 문화간 단절이 문화의 일반적 특성으로 이해되었기 때문이다. 상호문화소통을 통해 비정치적인 문화의 본래 모습을 되찾아야 할 때다. 상호문화소통에 대한 논의에 앞서 영화 한편을 분석해 다문화 담론 가운데 문화제국주의적 '현실'을 살펴본다.

다문화 가정 청소년을 위한 사진치료는 우선 문화제국주의에 대한 면밀한 '현실 인식'을 통해 가능하다. 문화는 사람들에게 자연과의 교감을 가능하게 해주고 또한 인간 상호간 유대감을 형성해주기도 하지만, 반면 '역사'의 탈을 쓰고 온갖 폭력, 불평등, 소외 및 부정 등을 일삼아왔다. 아쉽게도 인류에게 문화라는 용어는 어느 지역을 막론하고 가장 타락한 용어들 가운데 하나다. 다문화와 문화제국주의라는 용어 역시 이러한 부정적 요인들을 배제하기 어렵다. 그렇지만 사람들은 '문화의 밭'을 일구면서 삶을 영위한다. 문제는 인간에 의해 다져진 그토록 많은 주옥같은 터전들이 사실은 비문화적이고 비순수하다는데 있다. 문화제국주의의 실상을 파악해 다문화 담론 가운데 사진치료의 문화적 접근 가능성을 모색해본다.

1) 문화제국주의

학자들은 문화라는 표현으로 만족하지 못해 문화제국주의라는 말을 즐겨 사용한다. 이러한 경향은 단순히 표현력과 전달력을 강화하기 위한 수사적 전략으로 볼 수 있다. 문화라는 표현도 우리 스스로 감당해내기 어려운 수많은 모순들을 내포하고 있는 데, 또 다른 용어를 만들어내 우리를 무척 당혹스럽게 한다. 현재 여러 겹으로 둘러쳐진 문화의 덫에 걸리지 않을 재간은 그 어느 누구에게도 없다. 문화적 사고에 쉽게 전염되어 이 용어들은 별 의미 없거나 아주 평이한 말들에 불과하다고 간주해 버리기도 한다. 이에 대한 논의는 영화 "더 스토닝"에서 현장감 있게 전달된다.

영화 "더 스토닝"은 문화란 무엇인지 잘 보여준다. 영화에서 사람들은 한 마디로 구체적 사건과 행위를 통해 일상의 삶을 누린다. 영화의 서사를 통해 전달되는 사건과 행위의 불완전함은 이 영화의 주제라고 할 수 있다. 영화를 포함한 모든 예술은 인간사의 불완전함을 표현한다. 배우들의 표정, 몸짓, 행동 양상 등을 통해 드러나는 이러한 불완전함은 예술의 생명력이다. 예술에서 '완전성'의 구현을 주장한 바움가르텐(Baumgarten)과 달리 예술의 존재 이유는 바로 이러한 불완전함의 표현에 있다. 이로 인해 예술의 예술적인 재현 방식이 항상 새롭게 주변의 관심을 끈다. 이제 이 영화에서 사건과 행위의 불완전함과 문화가 어떻게 전달되는지 살펴본다.

하반신이 땅에 묻힌 채 마을 주민들에게 투석형을 당하는 여인의 절규하는 장면은 가장 현재적인 문화의 실상이다. 문화는 언제나 갈등을 일으키면서 존립해왔다. 주어진 환경과 사건을 대하는 인간의 행위와 태도는 언제나 부적절할 수밖에 없기 때문이다. 문화 행위를 하면서 인간은 타자와 적절한 관계를 유지하기 위해 윤리 의식 등을 고안해낸다. 하지만 윤리 의식보다 더 현실적인 것은 현장에서 경험하는 삶의 실제 모습이다. 윤리 의식이 인간의 모든 행위와 태도를 규정짓기에는 삶의 다양한 실제 모습들이 너무 순간적으로 변화하고, 세상적 기대를 넘어선다. 이 영화는 그 변화의 한 장면을 포착해 전달하고 있다. 특히 인간적 행위와 태도를 통해 풀지 못한 많은 문화적 모습들 가운데 종교, 공동체, 의사 결정, 제국주의, 여성 해방, 불평등, 식민주의, 국경 분쟁 등의 문제를 부각시킨다.

마을 사람들 가운데 투석형을 당하는 그 여인을 구할 수 있는 사람은 아무도 없다. 여인의 피흘리는 모습은 아가멤논이 주도하는 현대판 희생제의다. 문제는 우리가 사는 세상은 지속적으로 희생제의를 필요로 한다는데 있다. 인류의 생존 이래 이어져 내려온 인간의 종교적 제의는 현실 생활에서 단순한 종교 행사로 그치지 않는다. 문화 행위를 하면서 인간은 매순간 타자를 희생양으로 삼는다. 그 한 장면이 바로 투석형이 벌어지는 현장이다.[6]

지금도 세계 곳곳에서 이러한 희생제의는 문화의 탈을 쓰고 별 거리낌 없이 일어나고 있다. 전쟁, 인종, 종교, 기아, 폭력, 불평등 등은 바로 이러한 희생제의의 다른 이름이다. 우리가 누리는 '불안한' 평화는 이러한 문화적 희생제의 덕분에 가능하다. 용납할 수 없는 야만행위로 규정해 인간 사회에서 이미 사라진 구시대의 악습으로 간주되고 있고, 사실

---

6 김종대, 「하이데거의 예술론 분석」, 앞의 책.

문학예술에서나 존재하는 것으로 생각했던 과거의 희생제의는, 영화에서 보여주듯이 엄연히 현실 세계의 한 복판에서 더욱 기괴한 모습으로 생생히 되살아나고 있었다. 이 얼마나 기막힌 현실인가.

우리가 아는 문화는 투석형을 당하면서 피흘리는 여인의 모습을 그대로 닮았다. 상호 이해하고 협력해 공정하고 평화로운 세상을 만들기보다는, 긴장과 갈등을 통해 지배와 폭력 및 부정의를 일삼는다. 현재의 국제 질서나 문화간 소통을 다문화사회의 문화제국주의라고 일컫는 이유는 현실의 이러한 해결되지 못한 많은 갈등들 때문이다. 이로 인한 일방적 지배 문화로부터 벗어나기 위해서는 탈문화제국주의적 접근 방식이 필요하다. 현대판 희생제의를 제거하기 위해 중립적이고, 개별적인 '문화 향유 욕구' 충족 방안을 모색할 때다. 그 가능성을 상호문화소통에 관한 다음의 논의에서 살펴볼 수 있을 것이다. 야스퍼스의 실존적 의사소통의 개념을 중심으로 문화 교류의 모델을 제시해본다.

지금까지 영화 분석에서 다루어 본 문화 제국주의에 관한 논의들은 특히 다문화 가정 청소년들을 위한 사진치료 과정에서 문화를 현실적이고 실제적으로 접근하는 데 필요하다. 사진치료를 위한 문화 이해는 내담자가 직면한 현실적 문제들을 사진 미디어를 통해 어떻게 극복해 내느냐가 관건이다. 문화 간 갈등을 내담자의 정서와 기억 등에 의지해 적극적으로 표현하고 구체적으로 행위할 수 있도록, 제 삼장에서 제시한 사진 미디어 활용 방법들을 적용할 필요가 있다.

내담자가 개별적으로 여행하거나 거주하면서 경험한 지역 및 국가의 문화 현상들을 각각 포커스, 클로즈업, 찍고 전시하기 기능으로 구분해, 사진 미디어를 보면서 스스로 말하고, 사진 미디어를 기법에 따라 다양하게 다루고 처리하도록 한다. 이러한 방법을 통해 내담자는 자신이 현재 거주하는 사회의 문화적 특수성을 알게 되고, 과거 타 지역과 국가에서 경험했던 문화와의 차이를 넘어설 수 있는 방법들을 찾을 수 있다.

예를 들어 한국과 베트남의 경우 피식민지, 분단, 전쟁, 통일 및 산업 발전이라는 공통의 테마를 탈문화제국주의적 시각에서 개별적 체험과 정서를 바탕으로 접근해 본다. 이때 각 문화의 독자성과 내담자 자신의 주체성이 강조되고, 인격적인 상호 이해를 바탕으로 정서 불안 문제를 해소할 수 있다.

2) 상호문화소통

문화는 비록 기대와 다르게 부자유한 제국주의적 폭력으로 인식될지라도, 어느 특정 공간에 한정된 채 폐쇄적으로 머무르지 않고, 상호 소통의 원칙하에 교류하면서 영향을 주고받는다. 문화간 상호소통에 관한 논의에서 야스퍼스의 문화 담론을 중심으로 문화의 독자성과 개별적 속성을 규명해본다. 문화의 상호성에 대한 이해를 토대로 다문화 가정의 청소년을 위한 사진치료의 효과를 배가할 수 있을 것이다.

문화는 사람 사는 이야기다. 사람은 주어진 환경에서 보고, 말하고, 판단하고, 행위하면서 더욱 인간답게 살기를 힘쓴다. 이러한 인간다움을 실현하는 과정에서 인간은 주어진 역사적 환경에 따라 문화 권력의 중심에 서거나 혹은 그 주변부에 머무르기도 한다. 문화는 주로 수많은 분쟁을 일으키면서 상호 소통해왔다. 본고의 논의는 실존과 의사소통에 관한 야스퍼스의 견해를 중심으로 문화간 갈등을 극복할 가능성을 모색해본다.

야스퍼스는 실존을 인간 상호간 의사소통적 관점에서 접근한다. 실존의 가능성을 개체 혹은 문화의 독립적 및 주체적 자기반성과 확신을 통한, 경계를 넘어선 자율적 소통에서 발견한다. 세상에서 직면할 수밖에 없는 지극히 인간적인 "한계 상황들"을 타자와의 적절한 "기초 관계들"을 통해 넘어설 수 있다고 본다.

신앙의 공통 토대를 구성하는 것은 사고방식의 명확성, 진실성 및 공통의 기초 지식 등이 있다. 이 세 가지 요소들로 인해 비로소 신앙의 원천들이 진지하게 상호 영향 관계를 유지할 수 있는 경계없는 의사소통이 가능해진다.(Jaspers 1984, 7)

야스퍼스의 이러한 인간의 세상 속 실존에 대한 이해는, 인간의 '자아'와 '의지 작용'에 대한 피히테(Fichte)의 낭만적(romantic) 사유 및 반성 개념의 영향을 받았다. 현상에 대한 종교적이거나 초월적 접근 방식을 거부했던 피히테는 칸트적 사유 방식을 비판하며 자신의 자아 개념을 정립한다. 세상에서 현상에 대한 자아의 인식 불가능성과 인간적 불완전성을 마주할 때, 그 해결의 실마리를 어디에서 찾느냐에 따라 종교적 및 초월적 방식과 인간 중심적 방식이 대립한다. 피히테의 낭만적 자아는 인간의 주체와 근대적 개인을 완성해보려는 무척 야심찬 시도였다. 그것은 인간 이성에 대한 전폭적인 신뢰와 함께 혁명적 자아 숭배론으로 발전한다. 당시에 낭만적이라는 말은 혁명과 지속적 발견을 뜻했다. 자아 발견에 동참하지 않는 자는 반시대적이라는 낙인이 찍혔다.

피히테의 이러한 격정적 자아 개념은 근대 정치에서 결국 실패한 전략으로 입증되고 만다. 자아는 낭만적 천재 개념에서 볼 수 있듯이 그 지향점을 스스로 상실하고 회복하기 어려운 자기모순에 빠지고 만다. 인간을 위한 인간 이해를 우선했지만, 각성된 근대적 자아는 자유와 평등을 구현해 인류애를 실현해보겠다는 미명하에 온갖 폭력, 범죄, 지배욕, 불평등, 비리 등을 경험할 수밖에 없었다. 혁신적 자아 실험은 다시 인간의 주체와 행위에 대한 절망적 상황과 한계 앞에 이정표를 상실한다. 모든 형이상학적 논쟁과 자연과학적 발견은 결국 미완성된 민주국가체제하에 신기술을 개발해 지배 영역을 확장하는 데 몰두하고, 폭력을 정당화 하는 수단으로 변질된다. 인간 스스로 인간을 구할 수 있다는 낭만적 기대는 일시에 무너지고, 근대적 자아는 단지 허상에 불과하다는 것이 역사를 통해 입증된다.

야스퍼스의 실존적 의사소통 개념은 바로 이러한 야만적 근대성에 대한 반성에서 비롯된다. 인간에 대한 신뢰가 추락하고, 주체와 개인은 현란한 수사적 표현에 지나지 않는다고 평가받는다. 이러한 상황에서 야스퍼스는 다시 개인과 주체에 대해 논하기를 주저하지 않는다. 금기시된 개인과 주체에 대한 새로운 인식을 촉구한 것이다. 인간 스스로 그토록 폭력적이고 모순적인 비인간화된 '인간'을 위하지 않는다면, 세상에 그 어떠한 희망도 존재할 수 없다는 절박한 심정에서 그는 실존적 의사소통에 대해 논한다. 이제야 비로소 인간다움의 실현을 논할 수 있는 무대가 마련되었다고 본 것이다. 실존이라는 말이 등장하게 된 이러한 배경은 얼마나 아이러니한가.

야스퍼스가 말한 실존적 의사소통의 개념은 다문화 담론과 연계해 문화간 갈등과 충돌을 극복하고 상호 소통할 수 있는 방법을 제시해준다. 그는 인간이 곧 세상의 진리이자 동시에 악마라는 현실을 직시하고, 인간에 의한 평화로운 인간 사회의 공존 가능성을 제시한 것이다. 비록 이러한 야스퍼스의 논의들이 실현불가능해 보일지라도, 수많은 공허한 형이상학적 시도들에 비하면 훨씬 인간적이고 실제적이다. 어차피 진리라는 '거대한 성'에 도달 불가능한 인간은, 결국 '인간'을 바라보고, '인간'에 의지하면서 살아갈 수밖에 없는 막다른 선택이 주어져 있다. 그것이 야스퍼스가 말한, 허무와 경계를 넘어선 실존적 의사소통 방식의 본질이다.

야스퍼스에게 실존적이라는 말은 그 어떤 상위 존재자나 수단적 가치에서 도출될 수 없는 유일무이한 개체로서 자기와 남의 인격이 가진 고유성 또는 존엄성을 인정함으로써 서로가 생명체와 인격체로 계속 현존하고 또 생존하게 만드는 상태를 가리킨다... 실존적 의사소통의 핵심은 개별 생명체의 생존과 인격의 지속적 인정에 있으며, 그것이 공동체적, 사회적 차원으로 확대될 경우 다양한 신념을 가진 개체들의 공존으로 나타난다.(Habermas 2004, 58)

아무런 이상향과 전제조건 없는 인간 그 자체로서 개인과 문화는, 인간다움과 세상다움의 실현을 향한 상호소통의 기본단위들을 형성해낼 수 있는 무한한 가능성을 갖고 있다. 실존적 의사소통은 지역, 국가, 기술, 매체, 종교, 인종 등 상호 문화간 소통을 가능하게 한다. 개인과 각 문화 단위의 개별성과 특수성을 살려 공정사회와 세계 평화를 구축하려는 실존적 고뇌는, 결국 식민지 지배담론의 망령을 떨쳐버리고 타자와 타문화에 대한 경계를 넘어선 상호 이해와 배려 및 존중으로부터 비롯된다.

상호문화소통에 관한 논의에서 우리는 사진치료를 통해 자국 문화와 이국 문화간 상호소통하는 방법 및 인식의 문제를 다뤄본다. 방법상 자국 문화와 이국 문화의 차이점과 공통점에 대해 논할 수 있는 공동의 관심사를 다뤄 보고, 기존의 문화상호주의에 대한 인식의 전환을 위해 전통적인 일방적 문화 제국주의를 지양하고 문화 본래의 형태에 접근해 본다.

문화는 자생력이 있고, 상호 소통할 때 제 구실을 다한다. 실크로드, 민족이동, 아리안족의 인도 침입, 콜럼버스의 아메리카 침입, 불교의 아시아 포교, 기독교의 로마 제국 포교 등의 사례에서 보는 것처럼 문화는 충돌하며 상호 영향을 주고받고, 세력균형의 유무에 따라 주종관계를 유지하거나 대등하게 문화 전이를 수행한다. 문화는 신기술과 정보를 앞세워 폭력, 희생, 지배 등 부정적 측면도 전수하지만, 또 다른 한편 낯선 것을 동경하고 결핍을 메우려는 인간의 기본적 욕구와 연관되어 있다. 낭만주의 시대의 탐험과 모험 등 거침없는 낭만적 시도들은 이러한 인간적 욕구의 발산이었다.

인간은 문화 행위를 하며 산다. 어느 순간 정치 세력의 균형이 무너지면 전쟁이나 폭력이 발생하고, 중재 과정을 거쳐 위험한 동거를 하거나 휴식을 취하지만, 그렇다고 문화 행위의 기본 욕구를 막을 재간은 어느 누구에게도 없다. 문화는 상호 전이되면서 자생하기 때문이다. 다음에서 상호문화소통의 관점에서 사진치료 과정 중 적용 가능한 문화 수용과 그 독자성에 대해 이해해 본다.

'문화는 지배하지 않고 상호 소통한다'는 전제하에 사진치료 행위를 한다. 문화의 상호 소통적 측면은 미디어 시대인 현재 그 의미가 더욱 중요해지고 있다. 기존의 문화 수용 및 이해는 주로 기득권 세력을 중심으로 타문화를 지배하고 누리려는 성향이 강했던 반면, 양방향 소통이 중시되는 미디어 시대에는 권력이 어느 한쪽으로 집중되는 것을 경계한다. 고통 받는 자의 사진 한 장이나 간단한 동영상이 순식간에 사람들을 '혁명의 광장'으로 불러 모으는 시대가 되었다.

문화를 지배하고 소유했던 과거의 전통은 점차 사라져가고 있다. 이제 문화는 억압적 권력을 떠나 소통한다. 권력에 물든, 퇴폐적이고 폭력적인 문화에 의해 길들여진 과거의 대중들은 미디어 시대를 맞아 스스로 폭력을 자제하고, 평화와 자유의 메시지를 주고받으며 거리낌 없이 소통한다. 문화의 동의어는 곧 소통이다. 사소한 개인적인 것이나 지역적인 것일 지라도 공감하고, 전달하는 자들이 많으면, 얼마 안 있어 세계적인 것으로 인정받는다. 소통이 세상을 바꿔가고 있고, 과거의 지배적 권력은 이제 아무런 힘을 발휘하지 못한다. 문화가 제대로 인식되기 시작한 것이다.

상호소통의 관점에서 문화를 해석할 때 모든 문화는 동등한 가치를 지닌다.[7] 지배적 사유나 특권이 불필요하다는 것이다.[8] 이러한 논의를 하는 것은 현재 이루어지고 있는 국가간, 지역간 상호문화소통이 "서구의 정치·군사적 이익과 협력하여 활동하는, 초국적 대기업들의 상업적 이익 추구에 좌우되고 있다는 것과, 그러한 과정이 서구적 가치의 강압적 수용에 의해 전통문화가 파괴되는, 새로운 형태의 종속성에서 비롯된 결과"[9]라는 주장들이 아직도 상당한 설득력을 얻고 있기 때문이다.(H. Schiller 1969)

세상은 여전히 상호문화소통을 방해하거나 불가능하게 하는 많은 요인들이 잠재해 있다. 인종주의, 민족주의, 비민주적 국가, 정치·경제적 부패, 온갖 편견 등은 상호문화소통을 단지 부질없는 이상주의로 치부해 버리도록 한다. 사진치료를 문화 논리와 연계시키는 이유가 바로 여기에 있다. 사진치료가 가능하기 위해서는 우선적으로 이러한 기본 토대와 주변 환경에 대한 철저한 인식의 전환이 필요하다.

사진 치료는 위에서 밝힌 대로 상호문화소통의 원칙하에 가능하다. 예를 들어 인스타그램(instagram)이라는 온라인상 사진 전문 소통 기구를 활용하면 원하는 장소나 장면에 쉽게 접근할 수 있다. 누구든 자신이 처한 곳에서 사진을 찍어 온라인상으로 공유할 수 있기 때문에, 사진의 '보기, 포커스, 클로즈업, 찍고 전시하기' 기능을 직접 활용할 수 있다. 아무런 장벽이나 권위, 편견이 개입되지 않는 순수한 공간 이동이다. 이러한 상태에서는 누구든 문화 창출의 주인공이 되고, 어디서든 문화간 이동이 자유롭다.

사진치료에 응용할 수 있는 상호문화소통의 또 다른 예로, 다문화 가정 청소년들이 자신이 사는 지역 및 국가와 타 지역 및 국가 간 '문화픽토그램(culture pictogram)'을 상호 비교해보는 시도 등을 들 수 있다.[10]

---

7 R.A. Mall, *Was heißt 'aus interkultureller Sicht'?*, Amsterdam 1996.

8 주광순,「플라톤의 자기연관성에 대한 상호문화 철학적 이해」, 대동철학, 2010.

9 톰슨,『미디어와 현대성』 서울, 2010.

픽토그램은 주변에서 흔히 접할 수 있는 의사소통의 매체들 가운데 한 가지다.[11] 도로 표지판이나 동굴 벽화 등 표면에 그림을 그려 보여주는 방식을 쓰기도 하고, 재래시장이나 동상, 건축물 등 유형의 문화 이정표 방식을 채택하기도 한다.[12] 또한 인(仁), 의(義), 예(禮), 지(智) 등 무형의 정신적 유산을 픽토그램으로 볼 수도 있다. 일상적으로 스포츠나 군용 물자, 지도 등 도면 위에 픽토그램을 사용해 중요한 의사소통 수단으로 활용한다.

문화 이정표로 사용되는 픽토그램은 일정한 형태의 외적 공간을 공유할 때 가능하다. 문화 이정표는 대중의 정서가 반영되어 공간으로 구체화 된다. 이 때 공간은 특정한 기준점을 제시할 수도 있고, 미래의 나아갈 방향을 가늠해 주기도 한다. 무형의 정신적 유산을 픽토그램으로 볼 경우 특정 인물이나 국가, 지역, 시대, 사건 등이 여기에 해당된다.[13]

이러한 유형들의 픽토그램에서 나타나는 공통점은 생성과 변화다. 시대정신이 변화하듯이 픽토그램은 대중의 욕구를 반영해 항상 새로운 방식으로 지시 형태를 규정한다. 동시대인의 현대적 사고방식을 이미 지나간 낡은 이념으로 한정해 표현할 수 없기 때문이다. 픽토그램은 항상 새로운 가치관과 지시 형태를 갖는다. 생동하는 역사적 현장과 더불어 동시에 존재하고 역사의 현재와 미래를 지시하는 기능을 하기도 한다.[14] (김종대, 2012)

다문화가정 청소년을 위한 사진치료 과정 중 활용 가능한 문화 픽토그램으로는 예를 들어, 한국적 전통 명절, 예절, 의상, 풍속 등을 고국의 전통 명절 등과 비교 설명하는 일들이 있다.

---

10 김종대, 「픽토그램을 통한 광고 커뮤니케이션」, 철학과 문화, 2012.

11 문화 이정표로 쓰이는 픽토그램에 관한 논의는 김종대(2011)의 설명을 참조.

12 김종대, 「공공디자인에서 픽토그램의 활용방안 연구」, 수사학, 2009.

13 M. Krampen, *Die Welt der Zeichen*, Ludwigsburg, 2007.

14 박재진, 「광고언어에 대한 통시적 분석」, 광고학 연구, 2008.

6. 결 론

인간 세상에서 치료 행위는 무척 성스러운 일이다. 인간은 유한한 존재이기 때문이다. 또한 인간은 누구든 치료받는 존재다. 언제 어디서든 자연과의 관계를 회복하고, 타인과 적절한 유대 관계를 맺으면서 살기를 희망한다. 현실적으로 불안, 과도함, 긴장, 불평등 등을 적절히 해소하지 못한 채 살기 때문이다.

성녀 마더 테레사는 가난과 질병으로 고통받는 자들을 위해 비의료적 치료를 가장 훌륭히 수행한 인물로 평가받는다. 신에 대한 기도와 명상을 통해 세상에 대한 근원적 사랑을 실천한 그녀의 경우에서 보는 것처럼 치료는 성스럽고, 또한 무척 어려운 일이다. 근원적 사랑을 실천하기 위해 그녀가 보여준 태도는, 다름 아닌 치료받을 사람들을 직접 만나고, 껴안아주고, 그들의 얘기를 들어주고, 몸과 마음의 상처를 치료하고, 그들에게 필요한 것을 주는 것이었다. 생명 존중 사상과 인간에 대한 경외심 및 기독교적 사랑을 실천한 마더 테레사를 통해 우리는 치료란 과연 무엇인지 배울 수 있다.

다문화가정 청소년을 대상으로 이루어지는 사진치료는 청소년 상담치료에 대한 사회적 인식을 제고하고 공동체 문화 의식을 함양할 수 있다. 사진치료를 통해 더불어 살면서 타인을 배려하는 성숙한 다문화 사회를 준비할 수 있고, 상호문화소통의 관점에서 문화 이동과 전이가 갖는 의미를 이해할 수 있다.

이러한 시도들은 더 나아가 청소년 학교, 아버지 학교, 행복한 가정 꾸리기, 인성교육 등에 직접 활용할 수 있을 것이다. 그리고 학교 폭력 대처방안, 감성교육 방안 등에 관한 논의로 확대하고, 다문화 교육을 좀 더 체계적으로 실시할 수 있는 방안을 모색해 볼 수 있을 것이다. 사진치료 기법들을 잘 활용해 내담자의 마음과 행동에 변화를 일으키는 것

못지않게 더욱 중요한 것은, 대한민국 국민들이 각각 가정, 학교, 사회에서 폭력과 차별을 근절해 삶의 질을 개선하도록 노력하는 일이다. 누구든 공동체의 동등한 구성원으로 살면서 사회적 편견과 부패의 피해를 입지 않는, 실존적으로 자유와 평화를 추구하는, 균형 잡힌 사회를 기대해본다.

참고문헌

권오상 사진전, 청담동 아라리오 갤러리, 서울, 2012.

김미루 사진전, 트렁크갤러리, 서울, 2012.

김종대, 「공공디자인에서 픽토그램의 활용방안 연구 - 도로표지판을 중심으로」, 『수사학』, 2009.

______, 「말터와 디자인 수사학」, 『독일어문학』, 2011.

______, 「픽토그램을 통한 광고 커뮤니케이션」, 『in: 철학과 문화』, 서울, 2012.

______, 「하이데거의 예술론 분석 - 표현과 낭만에 대해」, 2012 한국하이데거학회 봄학술대회 발표문, 서울, 2012.

김혜순, 「결혼이주여성과 한국의 다문화사회 실험 결혼이주여성과 한국의 다문화사회 실험」, in: 韓國社會學, Vol. 42 No. 2, 2008.

박소현, 『사진치료의 이론과 실제』 : 가족사진을 통한 사진치료 연구, 서울 2004.

박재진, 「광고언어에 대한 통시적 분석」, 광고학연구, 2008.

변학수, 「치료로서의 문학」 - 독서행위와 치료적 전략, 독일어문학 2002.

설진아, 『미디어 교육의 이론과 실제』, 서울 2007.

전순영, 「미술치료관점에서 본 프란시스 베이컨의 인물화에 나타난 해체와 왜곡된 이미지에 관한 연구」, in: 美術治療研究, Vol. 15, No. 4, 2008.

정유성, 「한국 사회의 다문화 담론 한국 사회의 다문화 담론」, in: 환경과생명, Vol. 62, 2009.

조진호, 「대학생의 자기효능감 증대를 위한 사진치료 프로그램 개발에 관한 연구」, in: AURA, Vol. 25, 2011.

주광순, 「플라톤의 자기 연관성에 대한 상호문화 철학적 이해」, in: 大同哲學, Vol. 53, 2010.

최정화, 「사진활동 집단상담 프로그램이 중학생의 자아존중감에 미치는 영향」, in: 상담심리연구, Vol. 8, No. 1, 2008.

톰슨, 존 B., 강재호 외 역, 『미디어와 현대성』, 미디어의 사회이론, 이음 출판사, 서울, 2010.

Fryrear, Jerry L, 『사진 미술 치료』, 북스힐, 2011.

한건수, 「한국의 다문화사회 이행과 이주노동자 한국의 다문화사회 이행과 이주노동자」, in: 철학과 현실, Vol. 91, 2011.

한경구·한건수, 「다문화사회 개념과 한국사회 다문화 담론에 대한 성찰 다문화사회 개념과 한국사회 다문화 담론에 대한 성찰」, in: 한국사회학회 사회학대회 논문집, 2007.

하버마스, 위르겐, 『의사소통의 철학』, 홍윤기 옮김, 민음사, 서울 2004.

Benjamin, Walter, *Das Kunstwerk im Zeitalter seiner technischen Reproduzierbarkeit,* suhrkamp, Frankfurt/M., 2001.

Jaspers, K., *Der philosophische Gluabe angesichts der Offenbarung*, Muenchen, 1984.

Kimmerle, H., *Interkulturelle Philosophie*, Hamburg, 2002.

Krampen, Martin u.a., *Die Welt der Zeichen*, Ludwigsburg, 2007.

Mall, R.A., *Was heißt 'aus interkultureller Sicht'?*, in: Mall, R.A. u.a., Ethik u. Politik aus interkultureller Sicht, Amsterdam, 1996.

Thompson, J. B., *The Media and Modernity*, Cambridge, 1995.

찾아보기

[가]

[바]

[사]

[아]

[자]

[차]

[카]

[타]

[파]

[하]

[娼]

[生]

[白]

[絕]

[野]

저자

박치완 (한국외국어대학교 철학과 교수)

한국외국어대학교 불어과 및 철학과를 졸업하고, 동대학원에서 철학석사를, 프랑스 부르곤뉴대학교에서 철학박사를 취득했다. 프랑스현대철학, 문화예술철학 등을 주로 강의하고 있으며, 최근에는 문화콘텐츠 관련 연구에 몰두하고 있다. 저서로는 『문화콘텐츠와 문화코드』(공저), 『상상력과 문화콘텐츠』(공저)등이 있고, 번역서로는 『현자에게는 고정관념이 없다』(공역) 등이 있다.

신규섭 (한국외국어대학교 이란어과 및 교양학부 외래교수)

페르시아 어·문화권 국가에서 널리 퍼져있는 '신비주의'와 중세 페르시아 대시인들에 관해 관심을 갖고 있다. 저서 『페르시아 문화』와 역서 『신비의 혀(페르시아 소네트)』를 비롯해 이란, 파키스탄, 아프가니스탄, 중앙아시아와 관련하여 30편에 이르는 논문이 있다.

강정구 (경희대학교 학술연구교수)

2004년 계간 『문학수첩』 신인상 평론 부문, 2012년 계간 『예술가』 신인상 시인 부문으로 등단했다. 주요 평론으로 「계몽의 반성-박영근 論」, 「신경림 시에 나타난 민중의 재해석」 등이 있다.

이성혁 (서울과학기술대학교 문예창작학과 외래교수)

한국 현대시를 전공하고 현재 아방가르드 문학예술에 대해 관심을 가지고 있다. 한국 시단에서 현장 평론 활동을 하고 있으며 「노동시」, 「시와 정치」 등에 대한 주제의 글을 발표한 바 있다. 저서로 『불꽃과 트임』, 『불화의 상상력과 기억의 시학』, 『서정시와 실재』 등이 있다.

이명희 (건국대학교 교양교육원 강의교수)

글쓰기와 인문학을 강의하고 있으며, 시를 중심으로 실천적 인문학의 행보에 관심을 갖고 있다. 『미친년-여자로 태어나 미친년으로 진화하다』, 『호모엔젤리너스』, 『엔젤리더스』 등의 저서와 「백석의 시 쓰기에 나타난 음식서사와 치유의 관련양상」 등의 연구물이 있다.

박영기 (덕성여자대학교 교양학부 초빙교수)

2006년 『아동문학평론』에서 평론 부문 신인상을 수상했으며, 인문학과 아동문학을 강의하고 있다. 저서로 『한국근대아동문학교육사』, 『아동문학프리즘』 등이 있다.

신주철 (한국외국어대학교 한국어교육과 교수)

한국현대시를 전공한 후, 근래에는 "한국어교육에서의 문학교육", "한국사회의 다문화화, 그 문학적 의미" 등에 관심을 가지고 공부하고 있다. 논문으로 「한국어 교육에서 문학작품의 통합적 위계화 방안」, 「人權과 易地思之 觀點에서의 多文化敎育」 등이 있고 저서로 『한국어교육에서 한국문학교육의 이론과 실제』, 『1960년대 한국시문학의 탐구』 등이 있다.

박남용 (한국외국어대학교 중국어대학 중국학부 외래교수)

중국현대시를 전공했으며, 최근 한중 현대문학 비교연구와 현대 대중문화 연구에 관심을 갖고 있다. 박사학위 논문으로 「애청의 근대체험과 시적 이미지 연구」, 저서로 『중국 현대시의 세계』, 『한중 현대문학 비교연구』, 『중국현대문학과의 만남』(공저) 등이 있으며, 시집 『소래 포구에서』, 번역시집 『낙인』, 『빅토리아 항을 지나며』 등이 있다.

변광배 (프랑스 인문학연구모임 '시지프' 대표)

20세기 프랑스를 대표하는 철학자·작가·지식인 장 폴 사르트르를 전공한 후, 최근에는 오토픽션, 사르트르 미학, 기부 문화, 1950-60년대 프랑스 지성사 등에 관심을 가지고 공부하고 있다. 저서로는 『존재와 무 - 자유를 향한 실존적 탐색』, 『나눔은 어떻게 인간을 행복하게 하는가』 등이 있고, 번역서로는 『사르트르 평전』, 『변증법적 이성비판』, 『사르트르와 카뮈 - 우정과 투쟁』 등 20여 권이 있다.

이석호 (원광대학교 학술연구교수 / 도서출판 아프리카 대표)

(사)아프리카문화연구소장 일을 맡고 있다. 최근 런던에 Southern Voices Press 라는 출판사를 차리고 비서구 문학을 중심으로 한 세계문학전집을 출간 중이다. 매년 인천에서 열리는 AALA(아시아/아프리카/라틴아메리카) 문학포럼의 집행위원 일을 맡고 있다. 번역서로는 프란츠 파농의 『검은 피부, 하얀 가면』 등 20여 권이 있고, 쓴 글로는 「비서구 문학의 현재성」 등이 있다.

송태미 (한국외국어대학교 대학원 불어불문학과 박사과정 수료)

현재 외국어 교육 분야에서 상호문화 커뮤니케이션 교육을 주제로 논문을 준비하고 있다.

김종대 (한국외국어대학교 철학과문화연구소 초빙연구원)

독일 현대 소설가 마틴 발저의 초기 문학인 라디오방송극과 후기 문학에 나타난 인간의 실존문제를 연구해 「일상성의 기술」이라는 제목으로 박사학위논문을(Oulu, 2005) 저술했고, 실존에 관한 연구와 독서교육, 미학, 수사학, 미디어 커뮤니케이션 연구를 수행하고 있다. 최근에는 다문화 가정 청소년들을 상대로 '미디어 치유' 프로그램을 한국미디어문화학회 구성원들과 공동 운영하고 있다. 논문으로 『말터와 디자인 수사학』, 『Uebersetzung des Mythos bei Hoelderlin』, 『발저의 라디오방송극과 추』, 『픽토그램을 활용한 광고커뮤니케이션』 등이 있다.

탈식민주의의
안과 밖

초판 인쇄 2013년 2월 15일
초판 발행 2013년 2월 25일

지 은 이 변광배 · 신규섭 · 이명희 외
발 행 인 박 철
발 행 처 한국외국어대학교 출판부
130-791 서울특별시 동대문구 이문로 107
전화 02)2173-2495~7
FAX 02)2173-3363
홈페이지 http://press.hufs.ac.kr
전자우편 press@hufs.ac.kr
출판등록 제6-6호(1969. 4. 30)
편집·디자인 (주)이환디앤비 02)2254-4301
인쇄 · 제본 SM C&P 02)468-6100

ISBN 978-89-7464-758-2 94100 정가 18,000원
ISBN 978-89-7464-739-1 (세트)

[철학과문화연구소 에피스테메총서]

* 잘못된 책은 교환하여 드립니다.